내게 꼭 맞는 배우자 찾기

Originally published in English under the title

FINDING THE RIGHT ONE FOR YOU

by H. Norman Wright

Copyright © 1995 by Harvest House Publishers
Eugene, Oregon 97408
www.harvesthousepublishers.com

All rights reserved.

This Korean edition copyright © 2019 by Kyujang Publishing Company

이 한국어판의 저작권은 저작권사와 독점 계약한 규장에 있습니다.
신 저작권법에 의하여 한국 내에서 보호 받는 저작물이므로 무단 전재와 무단 복제를 금합니다.

내게 꼭 맞는 배우자 찾기

H. 노먼 라이트 지음 | 유정희 옮김

규장

PART 01   진정 결혼을 원하는가?

- 01   결혼은 무엇인가 ♥ 8
- 02   관계 속에 찾아오는 두려움 ♥ 38
- 03   아직 회복되지 못했다면 기다려라 ♥ 59

PART 02   내게 꼭 맞는 배우자를 찾는 법

- 04   나를 알고 그 사람을 알라 ♥ 92
- 05   어디에서 만나 무슨 말을 해야 할까? ♥ 133
- 06   단기적인 관계에서 장기적인 관계로 ♥ 159
- 07   사랑의 종류와 정의 ♥ 188

contents

PART 03 다시 생각해볼 필요가 있을 때

08 위조된 사랑의 유형들 ♥ 216

09 건강하지 않은 관계는 끊어라 ♥ 242

10 서로 잘 맞는 걸까? ♥ 264

11 두 번째 도전 ♥ 295

부록 새로운 관계를 위한 질문 목록

미주

FINDING THE *RIGHT ONE* FOR YOU

PART 01

진정 결혼을 원하는가?

chapter 01

결혼은 무엇인가

대학을 졸업하고 두 달 후, 대학원 진학을 한 달 앞두고 나는 큰 결단을 내렸다. 결혼을 한 것이다. 22년간의 독신생활을 끝낸 나는 정말로 결혼을 기대하고 있었다.

하지만 뭘 기대해야 하는지 실제로 알고 있었을까? 아니다. 남편 노릇을 어떻게 해야 하는지 알았을까? 정말로 아니었다. 그러니 내가 앞으로 맞닥뜨릴 상황에 대해 완전히 무방비 상태였다고 할 수도 있을 것이다. 하지만 나는 배우면서 성장하기 시작했다.

결혼. 당신은 결혼을 하기 원할 것이다. 그렇지 않다면 이 책을 들지 않았을 테니 말이다. 사실상 당신은 멋진 동반자로서 당신의 모든 필요를 채워주고 당신을 온전히 완성시켜줄 특별한 사람을 찾고 있다. 하지만 그런 사람은 찾지 못할 것이다! 당신이 발견하는 사람은 하나같이 결함이 있을 것이다.

그러나 괜찮다. 모든 결혼생활은 그런 상태로 시작된다. 계속 찾되, 당신이 최선의 상대를 발견하더라도 실제로 처음부터 100퍼센트 잘 맞지는 않을 것이라는 사실을 명심하라. 그렇지만 당신들은 서로 맞춰갈 수 있다.

처음 5년에서 10년간 서로 맞춰가기 위한 계획을 세우라. 이는 결혼생활의 주요 목표이기도 하다. 당신이 노력한다면 그로써 충분하다. 노력하지 않으면 서로 맞춰가는 법을 결코 배우지 못할 것이다. 그것은 두려운 일이다. 그렇지 않은가?

나는 당신이 경각심을 갖기 바란다. 당신이 결혼을 하고, 또 그 결혼이 당신에게 만족스러운 경험이 되기 위해 무엇이 필요한지 깨닫기 원한다. 잠시 당신 자신과 결혼에 대해 생각해보자.

설령 결혼을 고려하고 있지 않더라도 당신에겐 결혼에 대한 희망과 꿈이 있을 것이다. 정확히 당신은 결혼에서 무엇을 기대하는가? 나는 여러 교회에서 대학부와 독신자 그룹을 이끌면서 이 질문을 던졌다.

"당신이 싱글로 남는다면 얻지 못할 무엇을 결혼생활에서 얻을 것인가?"

현실적이고 명확한 답을 하려면 많이 생각하고, 기도하고, 믿을 만한 친구 혹은 결혼한 커플들과 함께 이야기해봐야 할 질문이다. 여기서 '현실적'이라는 단어에 주목하라!

결혼할 때 무슨 일이 일어나는가

당신이 결혼할 때 지금 알고 있는 삶이 결혼생활 속에서 지속될 것이라고 기대한다면 당신과 당신 배우자는 중대한 정면충돌을 경험하게 될 것이다. 각자가 대청소를 하고 지금 알고 있는 자신의 세계를 포기해야만 할 것이다. 그래야만 새로운 삶과 새로운 문화를 형성할 수 있다. 우리 대부분은 그렇게 급격한 변화를 기대하지 않는다. 하지만 당신은 자신과 똑같이 생각하고 행동하며 생활하는 복제인간과 결혼하는 것이 아니다.

누가 항복하고, 변하고, 맞춰갈 것인가? 어떤 방법이 최선일까? 그것은 함께 발견해야 할 것이다. 결혼 후에 이런 것들 때문에 충격을 받고 환멸을 느끼는 것보다 결혼 전에 이런 문제들을 가능한 한 많이 직면하는 것이 훨씬 더 수월할 것이다. 누군가 말했듯이 "결혼은 50대 50의 동등한 비율에 기초하는 것이 아니다. 오히려 90대 10의 관계에 더 가깝다. 때로는 당신이 90을 주기도 하고, 90을 받기도 한다. 그러나 그것을 계산하지 말라."

결혼하면 연인관계가 바뀔 것이다. 당신이 가지고 있던 모든 의식적, 무의식적인 기대들이 이제 테스트를 받을 것이며, 어떤 것들은 부족하다고 드러날 것이다. 결혼 자체는 오랫동안 겉으로 드러날 때를 기다리며 잠재되어 있던 근본적인 희망과 두려움, 필요, 갈망들을 촉발시키는 방아쇠 역할을 한다.

결혼이 의미 있는 변화들을 가져올 것인지 의문이 든다면 다음 내용에 대해 생각해보라. 결혼하고 처음 1년 동안 일어나는 일들에 대한 설문조사에서, 신혼부부의 50~60퍼센트가 이렇게 말했다고 한다(그들 중 절반은 결혼 전부터 동거해왔다).

- 결혼 후 말다툼 횟수가 달라졌다.
- 서로를 비판하는 성향이 달라졌다(대부분 더 많이 비판하게 되었다).
- 자신감에 변화가 생겼다.
- 자기 가족과의 관계가 달라졌다.
- 일에 대한 태도가 바뀌었다.
- 멋진 집을 소유하는 것에 대한 관심이 달라졌다.[1]

그뿐 아니라 40~50퍼센트는 종종 결혼생활을 지속할 수 있을지 의심이 들었고, 부부간에 중대한 문제들이 있으며, 생각했던 것보다 결혼생활이 훨씬 더 힘들나는 것을 알게 됐다고 말했다.[2]

이 조사에서 또한 충격적이고 정신이 번쩍 들게 하는 사실이 드러났다. 그것은 결혼을 계획하고 있는 이들에게 큰 도움이 될 수 있을 것이다. 결혼한 부부들은 처음 1년간의 결혼생활에 대해 후회하는 경우가 많았다. 거의 모두가 다르게 살았어야 했다고 말했다. 가장 자주 언급된 요소는 결혼 전에 목표를 세우고 그들의 필요를 명확히 하는 것과 관련이 있었다. 그들은 관계의 성공을 위해 더 많은 책임을 졌어야 했다고 말했다.[3]

이 조사에서 이혼한 사람들의 경우, 모두 다 문제가 결혼생활 초기에 시작되었다고 말했다. 그러나 많은 이가 문제들을 부인하거나 무시하다가 너무 늦어버린 것이다.[4]

감당하기엔 너무나 압도적이고 거의 불가능한 일로 들리지 않는가? 물론 당신 자신의 힘으로 하기에는 그렇다. 나는 부부들이 하나님께 복종하는 법을 배우지 않고 어떻게 이 문제를 해결해내는지 모른다. 클레어 클로닝거는 자신의 책에서 결혼의 기적을 너무나 잘 묘사했다.

나는 두 삶을 결합하는 일의 난이도가 허리케인의 경로를 변경하는 것과 맨해튼 시내에서 주차할 곳을 찾는 일의 중간쯤 될 것이라고 생각한다. 오직 하나님만이 결혼생활이 정말 잘되게 해주실 수 있다고 믿는다. 또한 하나님께서 그분의 방식대로 일하실 때 그것은 하나님의 최고의 기적 중 하나일 것이다. 홍해의 기적도 멋졌지만, 내가 보기엔 이것이 더 훌륭하다. 하나님께서 두 사람의 헌신된 삶을 통해 만들어내실 수 있는 것은 "우리가 감히 요구하거나 상상하는 것을 훨씬 더 초월한다."[5]

하나님을 통해 우리는 결혼생활 속에서 은혜를 경험하는 법을 발견할 수 있다. 결혼생활을 계속해가면서 결혼 전 당신의 라이프스타일을 버리는 것은 물론 당신 자신을 하나님의 뜻과 그분의 힘에 맡겨야 한다. 당신이 아무리 결혼 준비를 잘했어도 갑자기 멈추고 이렇게 말하는 날이 있을 것이다.

"이것은 내가 기대했던 게 아니야. 과연 이 결혼이 나에게 최선의 결정이었을까? 그때는 그렇다고 생각했는데…."

이런 일이 일어날 때는 현실적인 사랑의 깊이와 헌신이 당신의 결혼생활을 지탱해주어야 할 것이다(이것은 뒷장에서 논의할 것이다).

결혼에 관한 에세이집에서 마이크 메이슨은 이렇게 말했다.

"결혼생활을 지속하려면 매일매일 새롭게 결단해야 한다. 그것은 인간의 힘으로는 도저히 할 수 없는 일이기 때문에 오직 하나님의 은혜를 통해서만 할 수 있다."[6]

혼전 동거의 결과

동거는 어떠한가? 많은 커플이 동거가 해답이고 이혼을 방지해줄 것이라고 믿는다. 결혼생활의 파멸에 기여하는 가장 해로운 신화 중 하나가 '결혼 전 동거가 부부에게 더 좋은 결혼생활의 기반을 제공해줄 것'이라는 것이다.

그러나 모든 연구 조사에서 이러한 패턴이 부부관계에 치명적이라는 사실이 드러났다. 노골적으로 말하면, 결혼 전에 동거할 때 그 커플은 실패를 예상할 수 있다. 이런 경우 이혼율이 훨씬 더 높다. 그런 커플들에게 일어나는 일을 설명하자면, 동거를 시작한 100커플 중 40커플은 결혼 전에 관계가 깨질 것이다. 결혼하는 60커플 중에 적어도 35커플은 이혼할 것이며, 최종적으로 100커플 중 25커플만 남는다.[7]

이 놀라운 결과에 대해 많은 이가 이렇게 말할 것이다.

"하지만 우린 예외예요. 우린 다르거든요. 우린 잘해낼 거예요."

하지만 그렇게 큰소리로 항변하는 사람들이 대개 통계 수치에 들어간다.

동거할 때는 자신들이 이혼할 수도 있다는 사실을 부인한다. 다른 사람과 함께 산다는 것은 연극 배역을 맡기 위해 오디션을 보고 통과되기를 바라는 것과 다르다. 당신은 소꿉놀이를 하며 남편 혹은 아내 역할을 위한 오디션을 보는 것이 아니다. 동거하거나 혹은 단지 성적으로 활발한 관계를 가질 때 의사결정의 객관적 타당성이 흐려진다. 나는 많은 커플에게서 이것을 보았다. 어떤 커플이 결혼 전 성적인 관계를 갖거나 동거할 때 객관적인 결정을 내리거나 문제를 이성적으로 바라보기가 어렵다. 그보다 그냥 데이트를 할 때 문제를 파악하고 분별하기가 훨씬 더 쉽다.

동거를 통해 결혼생활의 과정을 똑같이 따라할 수는 없다. 항상 이런 태도가 깔려 있기 때문이다.

"이건 테스트야. 시운전 같은 거라고. 이 관계에서 벗어날 수 있게 문제들을 찾아보자."

이것은 "우리가 함께 노력하고 서로 맞추어갈 수 있게 문제들을 발견해보자"라는 태도와 완전히 다르다. 동거할 때는 감정적으로뿐만 아니라 재정적으로도 당신이 투자하는 것에 한계가 있다. 대개는 자녀를 갖지 않으며, 다른 가치관을 가진 다른 사람들과 함께 있을 때 거북하고 불편함을 느낀다. 당신이 어떤 그룹과 함께 있느냐에 따라 이 관계를 제한적이고 선별적으로 받아들인다. 그것은 마치 어느 정도 결혼한 상태를 유지하되 규칙에는 매이지 않으려고 하는 것과 같다.

동거할 때 당신은 모순을 드러내는 것이다. 즉, 당신은 독신으로 사는 것을 원치 않으나 결혼생활도 원치 않는다. 그것은 두 세계에서 가장 좋은 것을 취하는 것이 아니다. 사실상 더 나쁘다. 당신은 독신이지만, 새로운 관계를 구축할 자유가 없다. 완전히 결혼한 상태가 아니기 때문에 또한 온전히 친밀한 관계로 발전할 수도 없다. 관계에 항상 불확실성의 구름이 드리워 있다.[8]

동거는 당신에게 친밀감을 키워갈 기회를 주지 않는다. 오히려 그것은 누가 쇼핑을 할지, 누가 요리를 할지, 누가 청소를 할지 등의 문제들을 제기한다. 관계 안팎에 한 발씩 걸치고 있는 것이다.

혼전 성관계, 기다려야 하는 이유

이제 할 말들은 매우 조심스럽지만 꼭 해야 하는 말들이다. 동거하거나 혼전 성관계를 가질 때 그것은 의사결정 과정을 흐릴 뿐만 아니라 덜 성숙하고 순간적인 만족을 추구하는 사람들의 태도를 나타내는 것이기도 하다. 성숙한 사람일수록 만족을 미룰 수 있으며, 건강한 경계선을 형성할 수 있다. 그럴 때 자기 자신과 자신의 정체성에 대해 건강한 생각을 갖는다.

동거는 대개 여자보다 남자에게 더 편리함을 제공한다. 여자들은 자기를 원하고 보살펴주는 남자와 함께 살고자 한다. "그래, 우린 잘해낼 거야!"라고 말하는 대신 동거를 시작한 후 "과연 잘될까?"라는 고민을 하는 데 많은 에너지를 쓴다.

혼전 성관계의 즉각적인 만족의 문제는 이미 언급했다. 하지만 결혼할 때까지 성관계를 갖지 말아야 하는 다른 중요한 이유가 세 가지 있다.

하나는 성경의 명백한 가르침이다. 성경이 오늘날의 현실과 맞지 않다거나 혼전 순결을 가르치지 않는다고 말하는 사람과 사귀고 있다면 당신은 성경을 제대로 모르거나 하나님의 계획보다 자신의 욕망을 앞에 두는, 혹은 둘 다인 사람을 만나고 있는 것이다!

두 번째 이유는 이미 언급했듯이, 현명한 결정을 내리는 데 필요한 합리성을 흐리기 때문이다.

세 번째 이유는 결혼 전에 성적인 관계를 갖는 사람들이 이혼할 가능성이 더 높다는 것이다. 사회학적 증거는 처녀가 아닌 여자들이 이혼할 확률이 60퍼센트 정도 높아진다는 것을 보여준다.[9]

짐 탤리는 바비 리드와 함께 쓴 《Too Close, Too Soon》(너무 가깝고 너무 빠른)이라는 책에서 성적인 관계에 대한 흥미로운 통찰을 보여준다. 그는 책에서 "남자와 여자는 서로 다르게 친밀감에 다가가는 경향이 있다. 남자들은 육체적 친밀감이 종종 감정적인 몰입보다 앞서지만, 여자들은 보통 데이트 상대에게 육체적으로 가까워지기 전에 먼저 감정적으로 다가간다"라고 말한다. 이로 인해 불가피한 오해가 일어난다.

여자가 감정적인 친밀감 뒤에 육체적인 접촉이 따른다고 믿는다면, 그녀는 상대방이 자신처럼 감정적으로 그 관계에 빠져 있다고 가정할 것이다. … 그녀는 상대방이 육체적 친밀감을 느끼기 시작하면 바로 청혼을 할 것이라고 기대하기 시작한다. 그녀에게는 완벽하게 논리적인 것이 아마도 그에게는 무서운 일일 것이다. 이 시점에서 그 관계는 끝날 것이다. 상대방이 자신에게 느끼는 감정적인 애착의 깊이에 너무나 놀란 남자는… 아마도 자신은 아직 진지한 관계를 가질 준비가 되어 있지 않다고 설명하고 뒤로 물러설 것이다.

함께하는 여러 경험을 통해 관계의 각 면에 신뢰가 쌓이듯이 참된 친밀감은 오랜 시간에 걸쳐 생겨나는 것이다. … 육체적 친밀감과 감정적 친밀감이 남자와 여자에게 서로 다른 우선순위를 갖는 경향이 있다는 사실을 인식하고 인정하는 것이 바로 그러한 차이점들을 해결하는 첫걸음이다. 두 번째 단계는 상호 간에 인내심을 발휘하는 것이다.[10]

물론 인내심은 대부분의 요즘 연애에서 나타나는 특징이 아니다. 성적 친밀감이 표준이며, 그것은 마치 포드 자동차에 로켓 부스터를 장착하고 빠른 속도로 고속도로를 내달리는 것과 같다. 탤리 박사는 또 다른 비유를 사용하여 그 위험을 묘사한다.

혼전 성관계는 관계를 불안정하게 만든다. 그것은 마치 지면에 막대기 몇 개를 놓고 그 위에 이층 건물을 지으려 하는 것과 같다. 죄책감이 생기고, 아무도 헌신은 하지 않으면서 결혼에 대한 비현실적인 기대를 갖게

되며, 그것을 지탱해줄 우정의 기반 없이 관계 속에 격렬함만 있게 된다.[11]

당신은 "자제한다는 건 너무 어려울 뿐만 아니라 불가능한 일입니다. 비현실적이고 자연스럽지 않아요"라고 말할지 모른다. 정말 그럴까? 이것을 생각해보자.

사회적 분위기는 우리의 성적 욕구를 반드시 만족시켜야 하는 것 같다. 우리는 정상적이고 건강한 삶에 그것이 필요하다고 듣는다. 우리가 살기 위해 먹고, 마시고, 성관계를 갖는 것이다. 그러나 그것은 명백한 거짓말이다. 성관계를 갖지 않고도 충분히 정상적이고, 건강하고, 행복한 삶을 살 수 있다. 만일 당신이 먹고 마시지 않는다면 죽을 테지만 성관계를 갖지 않는다고 해서 죽지는 않는다. 이 사실을 인정하지 않기 때문에(어쩌면 거부한다고 표현해야 할 것 같다) 많은 사람이 자신의 성생활과 관련하여 정직하게 절제를 고려하지 못하는 것이다. 절제는 가능할 뿐만 아니라 크리스천 미혼자들에게 반드시 필요한 것이기도 하다. 그것은 우리를 위한 하나님의 삶의 원칙이며, 우리가 하나님과 동행하려 한다면 반드시 추구해야 한다.

절제를 위한 싸움에 도움이 될 만한 몇 가지 일들을 제안해보겠다.
첫째, 절제는 그것을 위해 노력하려 하지 않는 사람에겐 불가능한 일이다. 절제는 어떤 사람이 되겠다는 단호하고 분명한 결단에서 시작된다. 자신과의 약속을 가볍게 여기는 사람은 반드시 실패하게 되어 있으나,

정직하게 성관계를 하지 않기로 결단하는 사람은 성공할 것이다.

나는 개인적으로 성관계를 갖지 않기로 결심하는 자들에게 '확실한 성공'이 따른다는 것을 강조하고 싶다. 자신을 잘 아는 사람의 진실한 약속은 성공을 가져올 것이다. 나는 지금 생사가 걸린 결단에 대해 말하는 것이다.[12]

결혼생활을 성공으로 이끄는 요소들

결혼생활을 지속시켜주는 요소들은 무엇일까? 만족스러운 결혼생활을 하는 부부들은 자신의 배우자를 인생에서 가장 중요한 사람으로 여긴다. 그들의 본래 가족(부모와 형제자매)은 이제 부수적이다. 그들은 감정적으로 건강하게 가족들로부터 분리되었거나 혹은 어떤 문제들이 있었든 화해했을 것이다. 이제는 본래 가족에게 의존하지 않고 성인으로서 제 역할을 하고 있다.

무조건적인 헌신

부부간의 결속을 유지해줄 접착제는 사랑이 아니다. 대체로 우리 문화에서는 의미나 적용 면에서 점차 생소해지는 단어가 바로 '헌신'이라는 말이다. 많은 사람이 어떤 사람이나 대상에게 헌신할 수 있다고 말한다. 모든 것이 잘 돌아갈 때는 그들의 헌신이 잘 유지된다. 다만 상황이 어려워지면 진정한 헌신의 정도가 분명하게 드러난다.

결혼은 무조건적인 헌신이며 계약이 아니다. 일부 심리학자들, 결혼 상담가들과 사역자들은 결혼이 계약이라고 말했고, 많은 사람이 그 말에 선뜻 동의한다. 하지만 정말 그럴까?

모든 계약에는 조건이 있다. 회사든 개인이든, 당사자 간에 계약할 때는 양측이 책임지고 수행해야 할 부분이 있다. 이런 것들이 조건절(if)이다. 만약 당신이 이것을 한다면 다른 사람이 저것을 해야 하고, 다른 사람이 이것을 한다면 당신은 저것을 해야 한다. 하지만 부부관계에는 조건절이 없다. 어느 결혼식에서도 목사가 "남편이 아내를 사랑한다면 아내는 계속해서 계약을 유지합니다"라거나 "아내가 남편에게 순종한다면 남편은 그 계약을 수행합니다"라고 말하지 않는다. 결혼은 두 사람이 시작하는 무조건적인 헌신이다.

대부분의 계약에는 면책조항들이 있다. 면책조항은 첫 번째 당사자가 자신의 책임을 수행하지 않을 경우 두 번째 당사자는 책임을 면하는 것이다. 한 사람이 합의한 내용에 따르지 않으면 상대방은 계약을 해지할 수 있다. 그러나 결혼에는 면책조항이 없다.

헌신은 사람마다 다양한 의미를 갖는다. 감정적 또는 육체적으로 어떻게 느끼느냐에 따라 헌신의 강도가 달라진다. '헌신하다'라는 단어는 동사이며 '행동하거나 수행한다'는 뜻이다. 그것은 법적 구속력이 있는 서약 또는 약속이다. 또한 여러 사람 앞에서 공개하는 개인적인 서약이다. 어떤 장애물이나 난관에도 불구하고 완수해야 하는 서약이다. 그것은 상대방에게 자신을 온전히 내어주는 것이다. 당연히 매우 위험하지만 삶에 만족감을 주는 일이다.

번지점프 비유가 헌신을 잘 묘사한다고 생각한다. 일단 결단을 내렸으면, 당신이 번지점프대에서 뛰어내리는 순간 끝까지 전념해야 한다는 것을 안다. 다시 생각하거나 마음을 바꿀 시간이 없다. 다시 돌아갈 수는 없다.

내 친구는 무엇이 자신의 결혼생활을 지속시켜주었는지 이야기해주었다.

"노먼, 우리는 각자 서로에게 헌신하고 또 결혼생활에 헌신했어요. 서로를 향한 헌신도가 낮아질 땐 결혼생활에 대한 헌신이 우리를 결속시켜주었어요."

그 혹은 그녀가 죽을 때까지 상대방에게 헌신한다는 것이 어떤 사람들에게는 이상적으로 보인다. 헌신이 그럭저럭 할 만하고 불편하지 않을 때는 그것을 지속해간다. 하지만 어떤 문제가 발생하면 그것은 유효하지 않다. 헌신은 끝까지 참으며 배우자의 잘못된 선택을 감내하며 견디는 것 이상의 의미가 있다. 그것은 단순히 유지하는 것이 아니라 투자하는 것이다. 단순히 견디는 것이 아니라 그 관계를 성장시키기 위해 애쓰는 것이다. 단순히 배우자의 부정적이고 파괴적인 행동양식들을 수용하고 참는 것이 아니라, 변화를 위해 노력하는 것이다. 그것은 환경에 상관없이 어떤 사람과 계속 함께하는 것이다. 내 친구의 아내의 이야기를 들어보자.

1988년에 나는 엡스타인-바 바이러스 감염(만성피로증후군)이라는 진단을 받았다. 그것은 실제로 흥분과 활력이 가득했던 내 삶을 바꾸어놓았다. 남편 켈리는 이 몇 년간의 적응 기간 동안 내내 나와 함께하며 나의 보호자가 되어주었다. 내가 힘이 없을 땐 그가 우리 가족을 보살펴주었다. 병원에서 지낸 10일간을 비롯하여 우울했던 기간 내내 내 손을 잡아주었다. 그는 자기에게 더 많은 부담이 주어짐에도 불구하고 나에게 휴식이 필요하다고 단언했다. 희망적인 치료법을 발견하면 아무리 돈이 많이 들어도 부담해주었다. 그는 남편 이상의 존재였다. 그는 나의 가장 좋은 친구였다. 가족보다 더 가까이 지내온 친구였다. 내가 그를 만났을 때 그는 나의 '백마 탄 왕자님'이었고, 결혼생활 14년 반 동안 정말로 그런 존재라는 것을 증명해 보였다. 가끔씩 나는 그가 '구원'이었다고 말한다. 그의 힘이 아니었으면 내가 과연 여태 견뎌왔을지 모르기 때문이다. 그의 격려가 없었다면 내가 계속 주님과 동행해왔을지 모르겠다. 그를 알게 된 것은 내 인생에서 가장 위대한 경험이었다.

당신의 결혼생활이 잘되기 원한다면 결혼생활을 하는 동안 기복이 있을 것이란 사실을 마음에 새겨두라. 엄청난 변화들이 있을 것이다. 예측할 수 있는 것들도 있고 강압적인 것들도 있다. 그 변화들은 성장을 위한 잠재력인 동시에 매우 위험하다. 너무 많은 커플이 관계와 사람들이 변한다는 필연적인 사실을 무시하기 때문에 많은 결혼생활이 파경을 맞는 것이다.

한 아내는 다음과 같은 이야기를 했다.

우리는 50년 동안 결혼생활을 해왔다. 그동안 얼마나 많은 변화를 겪어 왔을지 상상이 갈 것이다. 3번의 전쟁, 11명의 대통령, 5번의 경기침체, 포드 모델 A부터 달나라 여행까지, 시골길에서부터 초고속 정보통신망까지 변화를 거쳐왔다. 우리 주변의 이런 변화들도 매우 컸지만 하나님께서 서로를 통해 우리 안에 일으키신 개인적인 변화들은 훨씬 더 컸다. 우리는 종종 하나님께서 우리 삶 속에서 어떻게 일하고 계신지 그 당시에는 볼 수 없었지만, 지금 돌아보면 우리의 결혼생활이 인격 성장을 위한 학교였다는 것을 깨닫는다. 하나님께서는 나의 삶 속에서 내 남편을 사용하셨고, 남편의 삶 속에서 나를 사용하여 우리가 더욱더 그리스도를 닮아가게 하셨다.

그렇다면 우리가 그 과정을 통해 배운 교훈들은 무엇일까? 너무나 많다. 50년간의 결혼생활을 통해 우리는 서로의 다른 점들이 우리를 성장시키고, 위기들이 우리를 갈고 닦으며, 사역이 우리를 하나 되게 한다는 것을 알게 되었다.

첫째, 하나님께서는 우리의 다른 점들을 사용하여 우리가 성장하도록 도와주셨다. 정말 많은 위기가 있었는데, 하나님께서는 그 일들을 사용하여 우리를 성장시키셨다. 첫 번째 위기는 정말 컸다. 결혼하자마자 이혼 위기가 찾아온 것이다. 우리는 전시에 연애했다. 교회에서 만나 두 달 동안 데이트를 했으며, 약혼한 지 3주 만에 결혼했다. 그리고 결혼한 지 겨우 두 달 뒤에, 우리는 서로 떨어져 2년 동안 보지 못했다. 지미가 2차세계대전 중 남태평양으로 떠나게 된 것이다. 2년 뒤 그가 돌아왔을 때 우리는 완전히 낯선 사람들이었다. 하지만 우리는 결혼한 상태였다!

당신이라면 이런 상황에 어떻게 대처했겠는가? 힘들고 갑작스럽고 고통스러운 변화들을 어떻게 다룰 것인가? 당신은 변화가 존재한다는 사실을 기꺼이 직시해야 한다. 당신은 변할 것이고, 당신의 결혼생활도 변할 것이며, 당신의 배우자는 당신이 변하기를 원할 것이고, 당신도 배우자가 변하기를 원할 것이다.

당신이 결혼할 때 틀림없이 변화되었으면 하는 배우자의 행동과 반응들이 있을 것이다. 그것이 정상이다. 하지만 이것을 명심하라.

언제나 결혼 후 당신의 배우자가 마법처럼 변할 것이라고 믿는 것이 잘못이다. 모든 사람은 변한다. 그러나 결혼을 하면 유익한 변화가 저절로 일어날 것이라고 기대하는 것은 위험한 바람이다. 많은 사람이 결혼하면서 견딜 수 없는 상태들이 개선될 것이라고 믿는다. 물론 결혼생활에 대한 헌신이 충분히 강하다면 그런 상태들이 개선될 것이다. 그러나 많은 경우에 그것들은 좋아지기에 앞서 더 악화된다.

이렇게 악화되는 시기가 나타나는 이유는 우리가 풍파를 일으키기를 꺼리기 때문이다. 즉 우리의 감정을 차단하고 혼자서 상황에 직면하려 한다. 문제들이 그냥 저절로 사라질 것이라는 희망은 떨쳐버리기 힘든 매혹적인 환상이다.[13]

만일 당신이 비판하기보다 격려하는 사람이고, 상처를 쌓아두기보다 용서하는 사람이며, 개혁가보다 조력자라면 미래의 배우자에게 영향을 끼칠 수 있다. 나는 결혼생활이 부부 중 한 사람 혹은 둘 다를 억압하고 제한하는 경우들을 많이 봐왔다. 하지만 좋은 결혼생활은 각 사람을 자유롭게 하여 최대 역량을 발휘할 수 있게 해준다.

도널드 하비(상담 사역가)는 그의 책에서 이렇게 말한다.

제도로서의 결혼에 헌신하는 것이 하나의 판결문이 되어서는 안 된다. 그것의 의도는 보호와 안정을 주기 위한 것이다. 모든 부부는 갈등을 겪는다. 모든 결혼생활에는 적응이 필요하다. 배우자의 결혼에 대한 헌신 안에서 안정감을 느끼면 갈등을 해결하고 필요한 적응을 할 수 있는 기회가 생긴다. 이로써 결혼생활에 회복력이 생기는 것이다.

제도로서의 결혼에 대한 헌신이 강하다면, 그 결혼생활은 안팎에서 오는 많은 상처를 견딜 수 있다. 성장하려면 이런 종류의 헌신이 필요하다.[14]

당신의 삶 속에서 좋은 일들과 나쁜 일들을 겪으면서 계속 지켜왔던 헌신은 무엇인가? 또 헌신했으나 어려움 때문에 버렸던 것은 무엇인가? 직장, 학교, 친구들, 다른 사람과의 약속, 교회를 향한 헌신과 관련하여 이 질문들을 생각해보라. 더 열성적일 때가 있었는가? 만일 당신이 다른 사람에게 관심이 있다면(혹은 관심이 생긴다면), 그 사람은 자신의 삶 속에서 그 헌신들을 어떻게 다루어왔는지 당신은 아는가? 그것에 대해 이야기해보았는가? 결혼 전에 먼저 이 패턴을 알아보는 것이 반드시 필요하다.

헌신은 당신의 감정과는 거의 상관이 없다. 그것은 마음과 의지의 행동이다. 기본적으로 당신이 어떤 결정을 하고 그것을 지키는 것이다. 어떤 사람과 결혼을 고려하고 있다면 이제는 당신과 상대방의 헌신의 정도를 살펴보아야 한다.

관계를 지켜가겠다는 당신의 결심이 결혼생활을 지속시킬 수 있다. 이 결혼이 '우리 둘 중 한 사람이 죽을 때까지' 지속될 것이라는 믿음을 가지고 결혼생활을 시작한다면, 당신의 관점은 이혼이 하나의 선택사항이라고 믿을 때와 다를 것이다. 여기서 키워드는 '태도'이며, 그것은 하나님의 말씀에 기초를 둔다.

나에게 정말 큰 의미가 있었던 구절이 있는데, 나는 결혼 전 상담을 하는 커플들에게 이 구절을 기초로 결혼생활을 세워가라고 권한다.

내 형제들아 너희가 여러 가지 시험을 당하거든 온전히 기쁘게 여기라 이는 너희 믿음의 시련이 인내를 만들어내는 줄 너희가 앎이라 약 1:2,3

대개 이런 구절을 읽고 "그래, 좋은 말씀이야"라고 말하기는 쉽다. 그러나 그것을 실천하는 것은 또 다른 문제다.

여기서 '여기라'라는 단어는 실제로 무엇을 의미하는가? 그것은 시련과 삶의 환경이 우리에게 영향을 미치도록 허용하는 내적인 마음 자세를 가리킨다. 야고보서 1장 2절은 이렇게 번역될 수도 있다.

"시련을 환영하거나 기뻐할 일로 여기기로 결심하라."

당신은 어떤 태도를 취할지 결정할 수 있다. 당신은 문제 앞에서 이렇게 말할 수 있다.

"정말 끔찍해. 완전 최악이야. 내 인생에서 가장 원치 않았던 일이야. 어떻게 그런 일이 지금 일어난 거지? 나한테 왜?"

똑같은 어려움을 받아들이는 다른 방법은 이렇게 말하는 것이다.

"이건 내가 원하거나 기대했던 것은 아니지만 엄연히 닥친 현실이야. 힘든 시기들이 있겠지만, 어떻게 하면 내가 그 시기들을 최대한 잘 활용할 수 있을까?"

이 말씀에 사용된 '여기다'라는 동사는 행동의 단호함을 나타낸다. 체념의 자세가 아니다. '그래, 그냥 포기하겠어. 나는 이 문제를 안고 살아야 해. 삶은 원래 그런 거야.' 당신이 이렇게 체념하고 받아들인다면 그저 가만히 앉아서 아무 노력도 하지 않을 것이다.

'여기다'는 말은 실제로 당신이 시련을 부정적으로만 여기는 자연적인 성향을 거슬러야 할 것임을 나타낸다. 전혀 그런 노력을 기울이고 싶지 않은 순간들이 있을 것이며, 그때 당신은 이렇게 생각해야 할 것이다.

'아니야, 이것에 더 잘 대처하는 방법이 있을 거야. 주님, 제가 그것을 다른 관점에서 바라보도록 도와주시길 원합니다.'

그럴 때 당신의 마음은 좀 더 건설적인 반응으로 옮겨갈 것이다. 이것은 종종 많은 노력을 필요로 한다.

하나님께서는 삶에서 찾아오는 예기치 못한 사건들에 대해 어떻게 반응할지를 결정할 수 있는 능력과 자유를 다 가진 자들로 우리를 창조하셨다. 당신은 솔직히 어떤 사건이 일어나지 않았으면 더 좋았을 것이라고 생각할 것이다. 하지만 당신은 사실을 바꿀 수 없다.

아내와 나는 결혼생활 고위험군에 속했다. 우리 둘째 아이는 심한 정신지체아였다. 우리 사회에서 어떤 종류든 장애를 가진 아이를 키운다는 것은 결혼생활에 파괴적인 영향을 미친다. 장애아를 둔 부부의 약 80퍼센트가 결국 이혼한다. 우리 아들은 22살 때 세상을 떠났다. 죽음으로 아이를 잃은 부부의 70~80퍼센트는 이혼한다. 우리는 하나님의 은혜와 위로, 그분의 말씀이 주는 안정감으로 살아남는 법을 배웠다.

야고보서 1장 2,3절에 나타난 태도는 인생에 어떤 문제나 실망스러운 일들, 어려움을 만날 때 놀라거나 충격받을 이유가 없음을 의미한다. 당신의 배우자는 당신이 기대한 모습과 다를 것이고 당신을 실망시킬 것이며, 당신도 당신의 배우자에게 그럴 것이다. 그것은 정말이지 전혀 새로운 사실이 아니다. 문제는 당신이 그것을 어떻게 다룰 것인가이다. 그 상황을 어떻게 할 수 있을까? 어떻게 하면 당신이 성장할 수 있을까? 어떻게 다르게 반응할 수 있을까?

건강한 관계를 원한다면 그렇게 해야 한다. 오늘날 사람들은 특권의식이 있다. "나는 내가 원하는 걸 가질 자격이 있어. 그렇지 않다면 난 여기서 벗어날 거야", "난 이것을 위해 10년을 기다리고 싶지 않아. 지금 그걸 원해"라는 말 속에 반영된 즉각적인 성취감이 있다. 나는 신혼 때

부터 부모님이 30년간 열심히 일해서 달성한 경제적 수준을 누리며 살기 원하는 부부들에게서 이런 모습을 매우 자주 본다. 부부관계가 당신이 원하는 수준에 이르려면 오랜 시간이 필요할 것이다.

나는 헌신이 관계에 주는 유익에 관하여 닐 워렌이 한 말을 좋아한다.

헌신은 버림받는 것에 대한 두려움을 상당히 덜어준다. 정말 많은 사람의 중심에 이 두려움이 있다. 그것은 종종 가장 강한 두려움이다. 우리가 어려서 자신을 보살필 수 없을 때는 수많은 군중 속에서 길을 잃을까 봐, 학교에서 부모가 데리러 오기를 기다리면서 자신이 잊혔을까 봐, 또는 부모님이 돌아가셔서 홀로 남을까 봐 걱정했다. 이런 두려움은 평생 계속된다. 우리는 바로 버려진다는 생각 때문에 두려워 떤다.

변함없이 헌신하겠다는 배우자의 약속이 그토록 큰 의미를 갖는 이유가 여기에 있다. 당신의 배우자는 어떤 상황에서든 충실할 것이다. 그것이 당신을 근본적으로 자유롭게 해준다. 가장 깊은 수준에서 당신 자신이 될 수 있게 해주고, 위험을 무릅쓰고 성장하게 해주며, 버려질 것에 대한 두려움 없이 진정한 자신이 되게 해준다.[15]

어느 남편의 헌신에 대한 묘사가 그것을 잘 가장 잘 요약하고 있는 것 같다.

헌신은 위험한 것이다. 혹사를 당할 수도 있다. 만약 내 아내가 나의 헌신을 당연시한다면 그녀는 너무 쉽게 안주할 것이다. 어쩌면 헌신은 단지 지금 서로의 모습뿐 아니라 함께 달성할 수 있는 가장 큰 잠재력에 대한 것이어야 할 것이다. 그럴 때 현 상태의 결혼생활뿐 아니라 역동적인 과정으로서의 결혼생활에 대한 헌신이 될 것이다. 나는 평생의 모험, 즉 이 여자와 함께 사는 모험에 헌신하겠다. 이 모험의 경로는 먼저 간 사람들에 의해 희미하게 흔적만 남아 있다. 나는 특별하고 내 아내도 특별하기 때문에 우리의 결혼생활 또한 특별할 것이다. 우리는 함께 이 모험을 시작하고 어떤 길이든 따라가기 위해 전념한다. 결혼생활의 흥미진진함은 어떤 즐거움 또는 슬픔이 찾아올지 미리 알 수 없다는 데 있다. 그러나 우리는 수많은 도전에 직면하게 될 것을 확신할 수 있다. 헌신은 그러한 도전들에 직면하여 앞으로 나아가는 계기를 마련해준다.[16]

당신은 그러한 헌신을 할 수 있겠는가? 그렇다면 결혼을 고려해보라. 결혼생활에 뛰어들기 전에 알아야 할 것이 또 무엇이 있을까?

갈등 잘 해결하기

성공하거나 실패하는 결혼생활에 대한 다양한 연구 결과를 보는 것이 도움이 된다. 《Why Marriages Succeed or Fail》(결혼의 성공과 실패의 이유)이라는 책을 보면, 부부가 어느 관계에서나 피할 수 없는 갈등을 해결할 능력이 있을 때 결혼생활이 지속된다는 사실을 보여준다. 수년간 너무 많은 부부가 건강한 결혼생활과 행복한 부부의 특징은 갈등의 정도를 낮추는 것이라고 말해왔다. "우리는 절대 싸우지 않는다"는 것이 그들의 모토다. 하지만 관계는 서로 다른 점들을 직시하고 화해함으로써 세워지고 더 강해지는 법이다. 이것이 바로 결혼생활을 더 큰 행복과 만족으로 이끈다.

그러나 모든 사람은 저마다 불화를 해결하는 방법이 다르다. 앞에서 언급한 책의 저자는 문제 해결 방법에 따라 세 가지 유형의 부부가 있다는 것을 알아냈다.

첫 번째 유형은 부부들이 자주 합의를 보는 '타당한 부부'이다. 그들은 문제가 드러날 때마다 각자가 만족할 수 있도록 침착하게 갈등을 해결한다.

그리고 건전하지 못하다고 간주되어 온 두 가지 유형이 더 있는데, 이 책에 나오는 사례는 아닌 것 같다. 두 번째 유형인 '갈등 회피형 부부'는 서로의 의견 차이를 인정하지만 좀처럼 그들의 문제에 정면으로 대응하지 않는다. 결국 교착 상태에 이를 것을 알기에 의논하려 하지 않는 것이다. 그들은 관계 속에서 감사하는 부분에 초점을 두고 긍정적인 면을 강조하며, 나머지 해결되지 않은 부분들은 그냥 받아들인다.

세 번째 유형은 자주 심한 다툼이 일어나는 '변덕스러운 부부'다. 언성이 높아지고 경청은 최선이 아니다. 그들은 이런 순간들을 즐기는 듯하며, 이런 부부들은 다른 부부들보다 서로에게 더 다정한 경향이 있다(개인적으로 나는 두 번째 유형과 세 번째 유형에 몇가지 단점이 있다고 생각한다). 세 경우 다 다양한 방법으로 그들의 불화를 해결한다.

그렇다면 이 세 가지 유형 속에 행복을 가져오는 요소인 공통된 줄기가 있을까? 그렇다. 그리고 그것은 매우 단순하다. 함께하는 동안 긍정적일 때가 부정적일 때보다 '5배' 많으면 당신의 결혼생활은 만족스러울 가능성이 더 크다.[17]

어떤가? 지금 당신이 어떤 관계 속에 있다면 부정적인 면에 비해 긍정적인 면이 어느 정도인가? 결핍된 상태보다는 유리한 입장에서 결혼생활을 시작하는 것이 훨씬 더 좋다. 결혼 전에 갈등을 해결하는 법을 배우지 못한다면 더 기다려야 한다는 것이 내 생각이다. 조화를 이루는 법을 배우지 못했는데 왜 계속 나아가는가? 이것은 누구나 배울 수 있는 기술이지만, 그 기술을 연마할 시기는 결혼 서약을 하기 전이다.

연약함과 친밀함

행복한 결혼생활에 이를 가능성을 더 높이기 위해 할 수 있는 일이 또 뭐가 있을까? 배우자 선택에 관하여 이 책에 나오는 지침과 제안들을 따르는 것이 첫 단계이다. 숙련되고 아는 것이 많은 상담가나 사역자와 함께 결혼 전 상담을 진행하는 것도 필수다.

건강한 결혼생활에는 고도의 연약함과 친밀함이 있다. 두 사람 다 그들의 감정과 필요들을 잘 알고 있다. 이것들이 무엇이고 어떻게 충족되기를 원하는지 표현하고 싶어 한다. 또한 그들은 갈등이 드러나면 물러서지 않는다. 그러나 반드시 두 사람 다 이렇게 할 수 있어야 한다는 사실을 명심하라. 결혼생활은 한 사람이 이끌어가는 것이 아니다.

수용

성공하는 결혼생활에는 서로의 결함과 차이점들을 수용할 수 있는 두 사람이 있다. 그들은 서로 긍정적인 영향을 끼치고 서로 안에서 최선을 이끌어내는 법을 배웠다. 변할 수 있는 것이 무엇이고 변할 수 없는 것이 무엇인지를 배웠다. 개인의 성격유형과 특성들은 변하지 않는다. 그런데 행동 습관은 틀림없이 변할 수 있다. 이 영역에서 당신이 갖춘 능력은 무엇인가?

서로의 언어로 말할 수 있는 능력

두 사람이 함께 살기 위한 계획을 세울 때 서로 대화가 통해야 한다. 또한 여러 모로 우리는 외국인과 결혼하는 것과 마찬가지이기 때문에 상대방의 언어를 배우는 것이 좋다. 복잡한 의사소통 과정의 핵심 요소가 있다면 바로 이것이다. 배우자의 언어로 말하는 법을 배워라. 그러면 당신이 찾는 친밀감이 생길 수 있다.

예를 들면, 한 사람은 길게 말하는 '확장형'인 반면에 다른 사람은 '압축형'이라는 단순한 차이가 두 사람 사이를 틀어지게 할 수 있다. 확장형인 사람은 어떤 것을 설명하는 데 상세하고 서술적인 문장들을 사용하는 사람이다. 이 사람은 자신의 배우자도 그와 같이 하기를 바란다. 압축형은 단 두 문장만으로 요점만 간단히 말하는 사람이며 때로는 한 줄로도 충분하다. 이 사람은 자신의 배우자도 그와 같이 하기를 바란다. 그들은 배우자가 장황하게 말하면 완전히 무시해버릴 수 있다.

하지만 각 사람이 대화할 때 자신의 자연적인 스타일을 배우자의 스타일에 맞춘다면 더 잘 반응할 수 있을 것이다. 우리는 이것에 대해 나중에 좀 더 이야기해볼 것이다.

어느 날 상담을 하던 중 한 남자가 말했다.

"저는 제가 이해할 수 있고 남자 친구들과 지내듯이 그렇게 사이좋게 지낼 수 있는 여자를 만나고 싶지만, 그건 불가능한 일이겠죠."

나는 이렇게 말했다.

"아니요, 그렇지 않습니다. 당신이 기꺼이 유연한 사람이 된다면 가능한 일이에요. 그래서 남자와 여자는 서로 다르며, 당신은 남녀 간의 문화적 차이에 대해 배워야 하고, 그 차이점들을 골칫거리로 여기기보다 당신의 삶을 풍요롭게 해줄 수 있는 배움의 도전으로 여겨야 한다는 걸 깨닫는다면 말이죠. 그렇게만 한다면 당신은 잘 지낼 수 있을 겁니다!"

성격, 성별, 학습 스타일을 비롯하여 우리만의 독특한 의사소통 방법에 기여하는 여러 요소가 있다. 당신이 배우고, 그 배운 것을 시행할 때 관계의 친밀감이 자라날 것이다.

두 사람 모두 자신이 누구인지 확실히 알고, 배우자가 자신의 정체성이나 자존감 문제의 해답이 되어주기를 기대하지 않는 부부들이 관계 속에서 훨씬 더 행복하다. 다른 사람의 소명이 현재 당신의 삶에 결핍된 것이나 어릴 때 당신과 부모와의 관계에 결여되어 있었던 것을 대신 채워줄 수 없다. 당신이 먼저 당신 자신과 행복한 결혼을 하지 않으면 다른 사람과 행복한 결혼생활을 할 수 없다는 것을 명심하라. 당신의 배우자는 당신이 자신에 대한 올바른 자아상이나 정체성을 갖게 해줄 책임이 없다. 그것은 당신과 예수 그리스도와의 관계에서 얻어야 하는 것이다.

영적 친밀감

결혼생활을 안정시키고 부부가 추구하는 깊은 친밀감으로 나아갈 문을 열어주는 결정적인 요소가 있다. 영적 친밀감은 부부의 마음과 생각과 영혼이 하나님과 서로를 향해 열려 있는 결혼생활의 요소다. 그것은 예수 그리스도와의 인격적인 관계를 비롯하여 당신에게 중요한 요소인 서로 비슷한 신앙을 갖고 있다는 뜻이다. 또한 그것은 당신의 영적 상태에 대한 감정과 생각들을 자유롭게 나눌 수 있다는 뜻이다. 성경이나 당신이 읽고 있는 자료에서 배운 새로운 통찰들을 서로 나눈다. 서로를 위해 기도하고, 함께 기도하며 예배를 드린다. 영적으로 교제를 나누며 편안함과 친밀감을 느끼고 예수 그리스도를 당신의 삶과 관계의 주인으로 삼기 위해 노력한다.

내가 결혼생활보다 관계라고 말한 것은 이 친밀감의 차원이 관계의 성장과 발전의 핵심적인 부분이 되어야 하기 때문이다. 그것은 당신이 결혼한 후에 저절로 되지 않을 것이다. 당신이 결혼을 고려하는 동안 사랑의 관계를 키워가는 것과 얽혀 있기 때문에, 그것은 필수적이고 자연스러운 관계의 한 부분이 된다.

결혼의 정의

성공적인 결혼생활과 관련하여 말할 수 있는 다른 많은 요소가 있다. 나는 그것을 지난 몇 년 동안 발전시켜온 결혼의 정의로 요약해보겠다. 그것은 결혼이 무엇인지, 무엇이 될 수 있는지, 당신이 원하는 결혼이 되려면 무엇이 필요한지를 말해준다.

"크리스천의 결혼은 두 사람이 예수 그리스도의 인격과 서로에게 완전히 헌신하는 것이다. 그것은 아무것도 망설이지 않는 헌신이다. 결혼은 모든 영역에서 서로 충실하겠다는 서약이다. 그것은 상호 간의 복종과 섬김의 파트너십이다."

크리스천의 결혼생활은 남자와 여자를 해방시켜 그들 자신이 되게 하고 하나님께서 의도하신 모습이 되게 하는 용매와 비슷하다. 결혼은 하나님께서 우리에게 원하시는 남자와 여자의 모습으로 성장시키기 위해 사용하실 정련 과정이다.

여전히 결혼을 하고 싶은가? 그렇다면 당신이 생각하는 것보다 더 많은 것이 필요할지도 모른다. 이 마지막 생각을 마음에 새겨두라.

참된 성공은 결코 쉽게 달성할 수 있는 것이 아니다. 행복하고 만족스러운 결혼생활은 극심한 노력의 산물이다. 그것은 갈망하고, 찾고, 얻기 위해 싸우고, 계획해야 하는 것이다. 결코 저절로 되는 것이 아니다. 부부들은 자주 나에게 그들의 결혼생활이 그냥 무너져버렸다고 불평한다. 어느 순간 갑자기 사랑이 식었고… 남편을 향한 관심이 없어졌고… 다른 사람 혹은 일과 사랑에 빠졌다고 말이다. 경험이 나에게 가르쳐준 것이 있다면, 좋은 일이든 나쁜 일이든 그냥 일어나는 일은 없다는 것이다. 건강한 결혼생활은 한 길을 따른다. … 그것은 계획된 길이다. 당신은 실패하기 위한 계획을 세울 필요가 없다. 그것은 계획하지 않아도 이루어질 수 있다. … 대체로 그렇다. 하지만 성공하기 위해선 반드시 계획을 세워야만 한다.[18]

chapter 02

관계 속에 찾아오는 두려움

이성을 보고 멋지다고 느꼈던 때를 기억하는가? 중학생 때였는가? 고등학생이나 대학생 때였을 수도 있겠다. 그 혹은 그녀를 볼 때마다 당신의 심박동이 빨라지고 속이 울렁거렸다. 당신은 그를 만나 데이트를 하고 싶었다. 그러나 어떻게 할 것인가?

당신은 계획을 세우기 시작했다. 그 멋진 사람에 대해 친구들에게 물었다. 그 사람의 수업 시간표를 알아냈고, 어떤 경로로 수업을 들으러 가는지 알아내서 그 길로 다니기 시작했다. 또는 그 사람이 어디서 일하는지 알아내서, 그를 보기 위해 하루에 세 번씩 햄버거와 감자튀김을 주문하기도 했다.

하지만 어떻게 용기를 내어 데이트 신청을 하거나 당신에게 시간이 있다는 것을 알릴 수 있었는가? 절대로 할 수 없는 일이었다! 그 생각만 하면 당신은 얼어붙었다. 당신의 생각을 입 밖으로 내뱉을 수 없었다. 당신은 두려움에 얼어버렸다. 그 사람이 거절하면 어떻게 할 것인가? 당신을 보고 비웃는다면? 다른 사람들에게 다 말해서 그들 모두 당신을 비웃는다면? 계속되던 사춘기의 혼란이 끝났을 때 당신은 매우 기뻤다. 하지만 당신은 단지 그것이 끝났다고 생각했을 뿐이다. 20대, 30대, 그 후로도 사람들은 계속해서 그와 같은 혼란을 경험한다. 그것을 두려움이라고 부른다.

많은 독신자는 스스로 자초한 두려움의 감옥에서 살고 있다. 많은 사람이 적합한 사람을 발견했지만 두려움 때문에 결혼이라는 중요한 단계로 나아가지 못하고 있는 것을 보았다. 어떤 이들은 두려움이 자신의 삶의 독재자가 되도록 허용하기도 했다.

우리는 모두 새로운 관계를 추구할 때 두려움을 느낀다. 왜 그런가? 그 안에 위험이 내포되어 있기 때문이다. 당신은 남은 평생 동안 홀로 지내는 것에 대한 두려움이 있을지 모른다. 그러나 지속적인 관계를 향해 나아갈 때 또 다른 두려움을 만난다. 여기에는 친밀함에 대한 두려움, 의존에 대한 두려움, 거절에 대한 두려움, 헌신에 대한 두려움, 실패나 실수할 것에 대한 두려움 등이 포함된다. 한 여성은 이렇게 말했다.

"저는 결혼을 하면 저 자신에 대해 예전엔 결코 알지 못했고 알고 싶지도 않은 점들을 발견하게 될까 봐 두려워요!"

많은 독신자가 말하지 않는 근심거리를 존 파월은 이렇게 썼다.

"나는 당신에게 내가 누구인지 말하기가 두렵다. 내 모습을 당신이 좋아하지 않을 수도 있기 때문이다. 그게 내가 가진 전부다."

어쩌면 여러 두려움의 공통분모는 '고통에 대한 두려움'일 것이다. 우리는 변명거리를 만들어내는 데 매우 능숙해진다. 많은 이가 최소한의 거리를 두기 위해 일종의 가면을 쓰는 법을 배운다. 어떤 사람들은 부정을, 또 다른 이들은 일이라는 가면을 쓴다. 어떤 이들은 광대가 되고, 또 어떤 이들은 자신의 지성을 이용한다.

현재 당신 안에 살고 있는 관계에 대한 두려움은 무엇인가? 그것은 일반적인 수준의 두려움인가, 아니면 당신의 삶을 지배하고 있는가? 우리는 두려움에 이끌리도록 창조되지 않았고 희망을 따라가도록 창조되었다. 당신은 이 문장을 어떻게 완성하겠는가?

"내가 관계 속에서 가장 두려워하는 것은…."

헌신에 대한 두려움

오래 지속되는 결혼생활의 중심에 있는 '헌신'에 대한 두려움을 생각해보자. 이 두려움은 우리 대부분이 경험하는 두려움, 곧 거절에 대한 두려움과 정반대인 것처럼 보인다. 어떤 사람들은 그들이 너무 성공할까 봐 두려워한다. 그들은 헌신이 자유의 상실과 너무 많은 책임을 동반하는 것을 본다. 어떤 사람은 그것을 이렇게 표현했다.

"내가 결혼한 후에 더 좋은 사람이 나타나면 어쩌지? 그럼 난 꼼짝 못할 텐데!"

"내가 결혼한 사람이 내가 생각했던 사람이 아니면 어떡하지? 난 실수하고 싶지 않아."

블레인 스미스는 헌신의 두려움이 흔히 나타나는 네 단계를 제시한다. 아마도 당신은 어떤 식으로든 이것을 목격하거나 경험해보았을 것이다.

어떤 사람들은 마치 탈옥하듯이 커져가는 관계에서 매우 극적으로, 급하게 탈출한다. 관계 속에 갇혀버렸다는 생각이 밀려오면 공포에 질린 행동을 하게 되는데, 이는 다른 사람의 감정을 거의, 혹은 전혀 고려하지 않는 모습을 보여준다.

또 다른 사람들은 변덕스러운 관계의 유형을 통해 그들의 두려움을 나타낸다. 헌신이 약화되면 그들은 다시금 관계에서 편안함을 느낀다. 하지만 그 관계가 헌신을 향해 나아가면 또다시 의심이 그들 마음을 지배하기 시작하고, 곧 그들은 후퇴한다.

어떤 사람들은 계속해서 반대 감정이 병존하는 것을 느끼는데, 그 이유는 그들의 헌신에 대한 두려움이 결혼에 대한 갈망의 수준과 부합하기 때문이다. 관계는 진지하지만 결혼에 대한 논의는 보통 '가능성'의 영역에 속한다. 결정은 언제나 손이 닿지 않는 곳에 있다. '결국'이라는 단어가 두 사람을 결속시키지만, 관계가 일정 수준을 벗어나면 그 사람은 두려움에 얼어붙고 만다. 수년 동안 이런 관계가 지속된다는 것은 얼마나 불행한 일인가.

마지막 단계는 정상적인 불안이다. 이런 상황에서는 결혼에 대한 갈망이 헌신에 대한 두려움을 능가한다. 이 두려움은 당신이 관계를 명확히 바라보고 어쩌면 긍정적인 성장의 단계들을 밟도록 도와줄 수 있다.[1]

헌신을 통해 관계를 영구적으로 이어가는 것에 관하여, 미묘한 "…하면 어쩌지?"란 생각의 싹이 우리의 마음속에 침범해 들어오기 시작한다. "결혼한 후에 다른 사람에게 마음이 끌리면 어쩌지?", "이것이 내 인생을 향한 하나님의 뜻이 아니면 어쩌지?", "헌신했는데 관계가 잘못되면 어쩌지?", "헌신했는데 상처받으면 어쩌지?" 끊임없는 "…하면 어쩌지?"라는 질문들이 결혼생활을 강건하게 만드는 데 도움이 되는 헌신과 친밀감을 방해한다.

팀 티몬스와 찰리 헤지스는 세 가지 중요한 헌신에 대한 두려움을 언급한다.

첫째, 사랑을 주었으나 사랑을 받지 못하는 것에 대한 두려움이 있다. 우리는 모두 주는 만큼 사랑받기 원한다. 그리고 결혼생활에서 받지 못하고 주기만 하는 것은 매우 고통스러운 일이다.

둘째, 이용당하는 것에 대한 두려움이 헌신을 억제한다. 특히 한 사람이 자신의 개인적인 정보를 다 알려준 후에는 더 그럴 수 있다.

셋째, 헌신을 방해하고 가장 무력하게 만드는 두려움 가운데 하나가 버림받는 것에 대한 두려움이다. 버림받는 것은 궁극적인 형태의 거절이다. 과거에 버림받은 적이 있는 사람의 내면 깊은 곳에는 항상 버림받는 것에 대한 두려움이 도사리고 있어 미래의 헌신을 막는다.[2]

당신 자신이 어떤 경우에 해당하는지 알았는가? 당신이 헌신에 대한 두려움을 경험하고 있다면 결혼할 때 포기하거나 잃을 것 같은 것들을 모두 적고 평가해보라. 당신은 정말로 그것들을 완전히 포기할 것인가? 당신이 잃을 것들에 대해 슬퍼하는 시간을 가지라. 그것들과 작별을 고하고, 이제 당신이 얻게 될 모든 것과 새롭게 인사하라.

거절에 대한 두려움

거절에 대한 두려움은 우리를 계속 방어적이고 조심스럽게 만든다. 그것은 상처를 주지만, 때로는 우리 스스로 너무 많은 상처를 자초하기도 한다.

케이는 어린 시절, 가정과 몇몇 남자들과의 관계 속에서 거절당한 경험이 있는 매우 예민한 사람이었다. 함께 이야기를 나눌 때 그녀는 자신의 감정이 어느 정도인지 말해주었다.

저는 저 자신이 마음에 들지 않아요. 제가 지나치게 예민하다는 걸 알아요. 선생님과 만날 약속을 할 때 과연 선생님이 절 내담자로 받아주실까 의심스러웠어요. 그리고 오늘 아침에 여기 왔는데 선생님이 약속 시간보다 3분 늦으셨을 때 예전에 거절당했던 느낌이 다시 표면으로 기어나오기 시작했어요. 선생님 잘못이 아니라 제가 너무 예민한 거예요. 누군가가 저와의 계획을 변경하거나 제가 생각하거나 원하는 것에 동의하지 않을 때마다 그런 감정이 생겨요. 언제든 다른 사람이 제가 원하는 것에 동의하지 않으면 거절당한 기분이 들기 시작해요. 그러면 속에서 화가 나요.

어떤 남자와 데이트를 할 때 제가 그 사람을 좋아하면 조금만 거절의 기미가 보여도 훨씬 더 예민해져요. 하지만 거절당했다고 느낄 때 전 너무 강하게 나타나 어떤 식으로든 사랑과 수용을 요구해요. 그것이 그 사람을 문 밖으로 쫓아내고 마는 거예요! 그럴 때 전 정말 처참해요. 제가 거절을 자초했다는 걸 알아요. 하지만 뭘 어떻게 해야 할지 모르겠어요! 제가 거절에 대한 두려움에 대응하는 방식은 그것뿐만이 아니에요. 때로는 정말로 그 사람에게 거리낌이 느껴져서 제가 물러나기도 해요. 저의 참된 자아를 드러내고 거절당하는 것이 두렵거든요. 하지만 제가 그렇게 물러나는 것이 또한 거절을 초래하기도 해요. 그 사람은 저를 정말 형편없는 사람으로 보게 되거든요. 제가 그 사람을 좋아하고 그의 관심과 수용을 갈망한다는 걸 그 사람에게 알릴 수가 없어요. 그래서 포기하는 거예요. 그런데 또다시 저는 화가 나요! 악순환에 빠진 것 같아요. 하지만 거기서 빠져나오는 법을 모르겠어요!

케이의 말이 옳았다. 거절에 대한 두려움은 쉽게 악순환이 되며, 이것은 매우 흔한 일이다. 당신이 거절에 대한 두려움을 가지고 산다면 이런 현상이 나타날 것을 예상할 수 있다. 거절에 대한 두려움은 다른 사람들에게 받아들여지고 싶은 욕구를 상승시킨다. 하지만 그럴 때 당신은 다른 사람들이 당신을 받아들이지 못하도록 행동하는 경향이 있다. 나는 그 일이 둘 중 한 가지 방식으로 일어나는 것을 본다. 어떤 사람들은 너무 폐쇄적이고, 절제되어 있고, 소심하여 당신이 다가가려면 망치를 사용해야 할 것이다. 또는 너무 요구가 많고 통제하려 하여 특별한 사람을 자신의 삶에서 몰아내는 사람들도 있다. 어떤 선택을 하든 결과는 거절로 나타날 것이고, 그들의 두려움은 자기 충족적 예언이 된다.

당신이 거절을 경험한다면 상처를 받을 것이다. 종종 그것은 분노로 바뀐다. 하지만 당신의 분노를 표출하면 무슨 일이 일어나는가? 거절이다. 따라서 분노가 차오르면 그것이 두려움을 키우고, 곧 그 패턴이 반복된다. 이것은 관계가 어디로도 가지 못하게 막는다.

우리 중 어떤 이들은 조그만 거절의 조짐에도 특히 예민한 반응을 보인다. 그리고 이런 성향 때문에 실제로 거절당하지 않은 상황에서도 말과 행동에서 거절이 나타난다. 우리는 거절의 유령들과 함께 살고 있다. 과거에 경험한 모든 거절이 현재 일어나는 상황에 대해 지나치게 예민하게 반응하도록 만드는 것이다. 과거의 거절에 대한 아픔이 우리와 함께 있어 현재의 관계들을 오염시킨다. 불행히도 어떤 사람들은 어릴 때 원치 않는 짐짝 같은 취급을 받았다. 어린 시절에 겪은 거절의 느낌은 경멸하는 말이나 육체적, 언어적인 긍정의 결핍 때문일 수 있다. 어린 시절에 거절을 당한 사람은 어른이 되어서도 상처에 더 예민하다.

필은 모든 식구가 일에 얽매여 있고 매우 바쁜 가정에서 자랐다. 감정적인 친밀감이나 육체적인 애정 표현, 또는 아이들을 향한 관심의 표현이 없었다. 부모님은 먹고살기에 바빠서 그의 학교 성적에는 거의 관심을 보이지 않았다. 십대 시절에 필은 왜 자기 가족들이 그렇게 자기에게 무관심한지 궁금해지기 시작했다. 자신의 부모가 자기의 어떤 면을 좋아하지 않는 것인지 궁금했다. 그들은 그를 매몰차게 대하거나 학대하지 않았다. 그들은 점잖고 친절했으나, 반응이 없었다. 필은 이렇게 말했다.

나는 왜 그들이 그토록 멀리 있는지 이해할 수가 없었다. 우리는 한 가족으로서 함께 있어도 서로 멀리 떨어져 있는 것 같았다. 그래서 나는 나에게 무슨 잘못이 있는지 의문을 갖기 시작했다. 부모님이 늘 나에게 쓸 것을 제공해주시는데도 나는 짐짝처럼 느껴졌다. 그들은 내가 짐이라고 말씀하신 적이 없다. 다만 내가 그렇게 느꼈을 뿐이다.
어린 시절의 경험 때문에 나는 항상 누군가에게 가까이 다가가는 것이 너무나 조심스러웠다. 어쩌면 나에게 무슨 문제가 있는데 내가 보지 못하는 것일 수도 있다. 때때로 다른 사람들이 나를 거절하는 공상을 하고 꿈을 꾼다. 이성 관계 속에서도 나는 깊은 관계를 갖는 것이 매우 조심스럽다. 부모님이 그랬듯이 나를 무시할까 봐 두렵다. 무시당하는 것은 누군가가 내게 이렇게 말하는 것만큼 상처가 된다.
"너한테 고약한 냄새가 나. 넌 아무 짝에도 쓸모없어. 난 널 좋아하지 않고, 널 원하지 않아."
내 주변 사람들은 정확히 이렇게 말하진 않았지만 그들의 행동이 마치 그렇게 말한 것처럼 느껴지게 만들었다.
관심 있는 여자를 만나면 이런 의문이 들기 시작한다. '그녀가 정말 나를 좋아할까, 나를 원할까?' 그녀가 나에게 관심을 보이거나 다가오기를 기다리려 한다. 그것이 더 안전하니까. 행여나 그들이 나를 거절할까 싶어 먼저 다가가려 하지 않는다.

그러나 사실을 직시하자. 당신은 인생의 동반자를 찾을 때 거절을 경험할 것이다. 영속적인 관계 속에서도 당신은 때때로 거절을 경험할 것이다. 그리고 우리가 인정받는 것에 집착할수록 거절에 대한 두려움은 더 커진다. 그러나 거절이 비록 아픔을 동반할지언정 세상의 끝은 아니다.

거절이 등장할 때 우리 마음의 부정적 사고가 발동하여 "나에게 뭔가 문제가 있는 게 틀림없어. 난 '이도 저도' 아닌 사람이거나 너무 …한 사람인가 봐"라고 말하기 시작할 때가 너무 많다. 그리고 우리는 최고의 (또는 최악의) 비평가가 된다.

이 생각을 마음에 새겨두자. 당신이 거질을 당할 때 거절하는 당사자가 당신에 대해 말하고 있는가 아니면, 그 사람 자신에 대한 얘기를 더 많이 하고 있는가? 그것이 정말 당신 안에 있는 문제인가, 아니면 그 사람의 문제인가? 당신 자신에 대한 부정적인 관점 대신 이런 자세를 취하기 시작한다면 무슨 일이 일어날 것인가? 거절은 불쾌할 수 있다. 하지만 그것이 꼭 당신의 자존감과 자신감을 파괴할 필요는 없다. 당신은 견뎌낼 것이다.

거절에 대한 두려움을 갖고 산다면 당신은 선택적인 기억을 갖고 활동할 것인데, 그것을 새로운 방향으로 보낼 필요가 있다. 어쩌면 당신이 인정받았던 그 모든 시간에 초점을 두는 대신 거절을 경험했던 때를 지나치게 중요시하는지도 모른다. 어떤 면에선 당신이 당신 자신을 거절하는 것일 수도 있지 않을까? 우리가 우리 자신에 대해 거부하고 부정적인 말을 많이 할수록 다른 사람들도 똑같이 하는 것을 보게 된다. 지금이 그런 경우일 수도 있지 않을까? 때때로 이런 성향은 다른 사람들이 우리를 거절할 만한 행동을 하게 만든다. 우리 스스로 거절을 자초하는 것이다.

거절감에 대처하는 자세

거절당할 때 당신이 할 수 있는 일들이 있다. 어떤 사람이 거절하는 태도로 당신에게 반응할 때, 그것은 그날 그에게 안 좋은 일이 있기 때문일 수 있다는 것을 기억하라. 또는 그 사람이 당신의 반응을 잘못 해석했을 수도 있다. 아니면 그들이 너무 비판적이고 상처를 잘 주는 사람일지도 모른다. 그것은 다른 사람의 문제일 수 있고, 또 누구의 잘못도 아닐 수도 있다. 당신이 거절당한 기분을 느끼게 만든 그 사건은 설명할 수 없는 이유로 그냥 일어난 것이다. 거절당한다는 것은 꼭 당신이 행동이나 말을 잘못했다는 뜻이 아니다. 그것은 당신에게 결함이 있다는 의미가 아니다.

만약 당신이 거절을 야기할 만한 실수를 하더라도, 미리 거절당할 것이라고 예상하지 말라. 당신이 잘해냈던 수많은 시간에 초점을 두고 감정의 균형을 유지하라. 당신의 작은 실수를 삶의 긍정적인 면에서 바라보라. 이것을 글로 쓰는 것이 그냥 생각만 하는 것보다 당신에게 더 큰 영향을 미칠 것이다.

특별한 사람에게 받은 비판과 거절은 당신이 다른 사람의 반응을 믿는 만큼만 당신을 속상하게 할 수 있다. 당신은 그것이 계속 남아서 당신을 파괴하게 만들 수도 있고, 아니면 당신이 앞서 나갈 수도 있다. 물론 거절은 마음을 아프고 불편하게 한다. 하지만 지나치게 크게 반응하지 말라. 거절당한 느낌에 빠져 있지 말라. 한 번의 거절이 또 다른 거절로 이어질 것이라고 믿거나 당신의 세상이 무너지는 것처럼 생각하지 말라. 대신 그런 일이 일어나면 그 상황에 대해 책임지고 용기 있게 반응함으로써 부정적인 것을 긍정적인 것으로 만들라. 그 비판이 타당하다면 그것 또한 잘 생각해보아야 한다.

당신이 거절당할 때 상대방은 한 사람으로서 당신의 가치를 판단할 권리도, 능력도 없다는 사실을 명심하라. 그 부정적인 반응들이 당신의 가치를 결정하게 하지 말라. 사람들은 당신의 가치를 판단하는 전문가들이 아니다. 그것은 하나님께서 아신다. 나는 데이비드 번즈 박사가 인정과 반대에 대해 한 얘기를 좋아한다.

인정을 받으면 기분이 좋은 것이 사실이다. 그것은 잘못이 아니다. 자연스럽고 건강한 것이다. 또한 반대와 거절을 받으면 대개 쓸쓸하고 불쾌한 것도 사실이다. 이것이 인간의 모습이며 충분히 이해가 가는 사실이다. 하지만 만일 당신이 계속해서 인정과 반대가 당신의 가치를 측정하는 합당하고 궁극적인 척도라고 믿는다면 당신은 깊고 요동하는 물 속에서 헤엄치고 있는 것이다.[3]

거절에 대한 두려움을 안고 살아갈 때 당신은 감정에 근거한 추정들을 가지고 사는 것이다. 당신의 감정이 실제 사건과 관계들에 대해 무엇을 믿어야 할지를 당신에게 말해준다. 감정은 당신이 거절당할 것이고 거절당하고 있다고 말한다. 이런 감정들에 대해 실제 사실들로 대항하라. 당신이 거절당할 만한 행동을 하지 않는 한, 대부분 당신은 거절당하지 않을 것이다. 그러나 당신이 거절을 당하더라도 그것을 당신의 잘못이라고 생각하지 말라.

나 역시 거절을 느꼈다. 나의 말과 글, 또는 나의 조언을 좋아하지 않는 사람의 거절을 느꼈다. 나의 사상들이 거절당했고, 개인적으로 나는 다른 사람들에게 거절당했다. 또 연애하는 동안 거절을 경험했다. 나는 거절당하는 것을 좋아하지 않는다. 사실 거절당하는 느낌은 매우 불편하다. 누가 어떤 이유로 거절에 대한 두려움을 안고 살기를 원할까 종종 생각했다.[4]

친밀함에 대한 두려움

우리가 결혼생활로 들어가는 것을 방해하는 또 한 가지 두려움은 바로 친밀함, 특히 감정적인 친밀함에 대한 두려움이다. 이것은 매우 아이러니하다. 왜냐하면 친밀감이 외로움의 고통을 없애주기 때문이다. 어떤 사람은 이렇게 말했다.

"난 친밀감을 원하지만, 너무 많은 시간을 요구해."

오랫동안 독신자들과 상담을 해오면서 알게 된 사실은 감정적 친밀감을 피하는 이유 중 하나가 바로 낮은 자존감 때문이라는 것이다. 당신이 계속해서 당신 자신을 비판한다면 아마도 다른 사람들이 당신의 본을 따라 당신을 비판할까 봐 두려울 것이다. 어떤 여성은 이렇게 말했다.

"한 남자가 가까이 다가오기 시작하면 저는 도망쳐요. 그 사람이 나를 비판하게 되리라는 걸 아니까요. 나 자신에 대한 비판은 이미 충분해요. 그 사람의 비판까지 필요하지 않아요."

다른 사람에게 비판받는 것에 대한 두려움이 그녀를 막고 있다. 당신이 다른 사람에게 연약함을 드러내고 사랑과 친밀감을 경험하기 원한다면 먼저 당신 자신을 받아들이고 사랑해야 한다. 그것이 가능한 이유는 하나님께서 어떤 분이시고 우리를 어떻게 바라보시는가에 있다.

친밀감 때문에 어려움을 겪지 않는 남자를 발견하기란 힘든 일이다. 남자들은 친밀감이 주는 혜택들을 사랑하면서도 종종 친밀감이 수반하는 일에 헌신하지 않는다. 인정하는 사람은 거의 없겠지만, 대부분의 남자가 친밀감을 두려워한다. 그리고 이 두려움은 그들의 아내나 가족, 친구들과 상호작용하는 모습에서 드러난다.

왜 남자들은 친밀감을 회피하는가? 몇몇 이들의 대답을 들어보자. 그것은 실제 이유라기보다 합리화를 나타낸다.

"그냥 본래 남자들이 다 그래요. 우린 여자들처럼 친밀하지 않거든요. 그걸 좋아하지 않을지도 모르지만, 우리 남자들은 그냥 그래요."

"다른 건 모르겠어요. 우린 그걸로 충분해요."

"마음을 열고 자신의 감정을 나누면, 다른 사람들이 당신을 이용하려 할 거예요. 그건 안전하지 않아요. 그것이 부메랑이 되어 당신을 괴롭힐 거예요."

"남자다우면서 동시에 연약함을 드러낼 순 없어요. 그렇게는 안 돼요. 그리고 굳이 그 방법을 배우고 싶지도 않아요."

"아주 솔직히 말하면, 전 감정적으로 친밀해지는 법을 모르겠어요. 여자들이 듣고 싶어 하는 말을 묘사할 단어도 모르겠어요. 괜히 시도해봐야 이상하게만 들리는 걸요. 전 승자가 되고 싶지 패자가 되고 싶지 않아요. 그래서 시도하지 않을래요."

"제가 아내와 친밀해질 수 없는 주된 이유는 제가 시도해도 제가 표현한 감정이 진짜인지 아닌지를 아내가 판단하려고 한다는 거예요. 저는 정말로 마음을 열고 그녀가 요구하는 만큼 다가가려고 해요. 하지만 어딘가에 여자들만 아는 감정과 친밀감에 대한 원칙들이 있는 것 같아요. 그녀의 관점에서 보면 저는 절대 제대로 할 수 없어요. 그런데 뭐하러 시도하겠어요?"

"제가 그녀에게 모든 걸 편안하게 말하는지 아닌지 잘 모르겠어요. 제가 그녀를 화나게 하는 행동을 하면 그녀는 그것을 나에게 불리하게 이용하려 해요. 저는 우리 둘만의 일이라고 생각하는 걸 자기 친구들한테 다 얘기해요. 저는 그게 기분 나빠요. 저는 사적인 대화에 관한 한 여자들이 현명한 판단을 하고 있다고 생각하지 않아요."

여자들과의 친밀감에 관한 남자들의 주된 염려는 신뢰다. 어떤 남자들은 삶 속에서 여자들에게 자신을 드러낸 후에 안 좋은 경험을 한 적이 있다. 그들은 과연 누구를 믿을 수 있을까? 많은 남자가 여자들은 정보를 다르게 인식한다고 믿는다. 그리고 그녀들은 남자들이 개인적인 일이라고 생각하는 것을 공개적으로 얘기한다.

남자들의 또 다른 염려는 통제의 문제에 뿌리가 있다. 한 남자가 누군가에게 가까이 다가가기 위해 개인적인 생각과 느낌들을 나눌 때 그는 잠재적으로 그 사람이 자신에게 영향력을 미칠 수 있게 하는 것이다. 그 사람은 그 정보를 가지고 그에게 유리하거나 불리하게 사용할 수 있다. 그것은 위험한 일이다.[5]

여자들도 친밀감에 대한 두려움과 싸운다. 여자가 친밀한 관계를 두려워하는 몇 가지 이유가 있다. 하나는 우리가 이미 이야기했던 거절에 대한 두려움이다. 이 문제는 많은 두려움의 중심에 있는 듯하다. 아이린은 다시 독신생활에 적응하려고 노력했던 젊은 이혼녀였다. 하루는 그녀가 내게 불평을 늘어놓았다.

저는 4년 동안 그 관계에 저 자신을 쏟아부었어요. 제가 솔직하게 대하면 다 잘될 거라고 생각하고 아무것도 감추지 않았어요. 하지만 그렇지 않았어요. 그가 저의 삶에서 떠나갔을 때 저는 버림받았다고 느꼈어요. 저는 주고 그 사람은 받았어요. 그런데 결국 저만 남겨졌어요. 뭐하러 그렇게 관심을 쏟아붓죠? 뭐하러 그렇게 가까워질까요? 가까워질수록 그 사람이 떠나면 더 마음이 아픈데 말이에요.

저는 아버지와 아주 친하게 지냈는데, 아버지가 43세에 돌아가셨을 때 마치 저의 일부가 같이 죽은 것 같았어요. 짐이 "아주 오래됐다"고 말한, 불과 1년 전의 일이었어요. 어떤 사람을 너무 많이 사랑하면 그 사람이 떠날 때 우리를 감정적으로 죽일 거예요. 다시는 그러고 싶지 않아요.

당연히 친밀한 관계가 무너지면 마음이 아프다. 하지만 관계 속에 친밀감이 없으면 그 관계가 깨질 가능성이 훨씬 더 크다! 당신이 다른 사람들로부터 자신을 격리시킬 때 바로 당신이 가장 두려워하는 결과, 즉 버림받는 일을 초래하는 것이다. 친밀감의 위험을 감수하는 용기는 남자와 여자 모두의 삶 속에 엄청난 성취감을 가져다줄 수 있다. 종종 우리는 결혼 전 상담을 하면서 관계 속에 친밀감의 결핍이 나타날 가능성을 예측할 수 있다. 그것은 결합 과정의 핵심 요소이며, 당신에게 한 요소가 결핍되어 있으면 결합은 이루어지지 않을 것이다.

여자들은 또한 한 남자와의 친밀한 관계 속에서 자신의 정체성을 잃어버리는 것에 대한 두려움과 싸운다. 물론 여자들은 남자들보다 친밀감을 권하고 더 편안하게 받아들이는 경향이 있지만, 어떤 여자들은 남자와 너무 가까워지면 독립심과 자율성을 잃어버릴 것 같아 두려워한다. 나는 이런 두려움이 너무 많이 나타나는 것을 보았다.

우리는 모두 우리 자신의 공간과 사생활, 분리를 필요로 한다. 그것은 정상이다. 하지만 어떤 여자들은 친밀함과 나눔에 대한 남자들의 요구가 그들에게서 너무 많은 에너지를 가져가게 될까 봐 두려워한다. 그들은 남자가 그들의 삶에 너무 많이 침범하기 시작할까 봐 두려워한다. 또 어떤 경우에는 남자가 긍정적인 것이든 부정적인 것이든 자신의 연약함과 가장 깊은 감정들을 드러낼 때 여자는 그가 너무 연약해서 자신이 갈망하는 보살핌을 받지 못할까 봐 두려워하기도 한다.

두려움을 극복하기 위한 단계들

당신은 두려움에 대해 무엇을 할 수 있을까? 첫 단계는 두려움이 어떤 면에서 당신의 삶을 지배하고 있을지도 모른다는 사실을 직시하고 받아들이는 것이다. 그리고 그것이 사실이라면 그 두려움이 무엇인지를 확인해야 한다. 두려움들을 적어보고, 각각의 강도가 어느 정도인지 0부터 10까지 평가해보라. 0은 전혀 두렵지 않은 것이고, 5는 보통이며, 10은 매우 강한 것이다.

당신 자신에게 질문해보라.

"나는 이 두려움이 내 삶 속에 계속 머물러 있게 하기 위해 무엇을 하고 있는가?"

그 대답에 당신은 깜짝 놀랄지도 모른다. 당신을 도와줄 수 있는, 믿을 만한 친구와 당신의 두려움에 대해 이야기하라. 두려움에 이끌려 사는 것과 모험을 감수하는 사람이 되는 것의 결과들을 적어보라. 당신이 두려워하는 일을 함으로써 당신의 두려움에 직면하라. 이것이 두려움의 힘을 무너뜨린다.

하나님의 말씀에서 인도하심과 지혜, 당신의 두려움을 다스리는 힘을 발견하라. 내가 제일 좋아하는 말씀 중 하나는 시편 37편이다. 시편 37편은 "불평하지 말라"는 말로 시작되며, 뒷부분에서도 그 말들이 반복된다. '불평하다'(fret)의 사전적 정의는 '좀먹다, 물어뜯다, 분하게 만들다, 성가시게 하다, 염려하다, 불안하게 하다, 닳게 만들다'이다.

나는 이 말씀을 들을 때마다 매년 와이오밍에 있는 그랜드티톤 국립공원(Grand Teton National Park)의 스네이크강(Snake River)을 따라 하이킹을 하며 보는 광경이 떠오른다. 그 강둑을 따라 살고 있는 비버 가족들, 그리고 그들이 갉아 먹은 나무들의 여러 단계를 종종 살펴본다. 어떤 나무들은 둘레에 작은 띠들이 있다. 이제 막 비버들이 갉아 먹기 시작한 것이다. 어떤 나무들은 껍질이 몇 센티미터는 먹혀서 없어졌고, 비버들이 몸통을 갉아 먹어서 이미 땅에 쓰러진 나무들도 있다. 염려와 두려움도 우리에게 똑같은 영향을 끼친다. 그것들은 점차적으로 우리를 갉아 먹어 마침내 우리를 파괴할 것이다. 그리고 우리가 관계 속에서 원하는 사랑을 얻지 못하게 할 것이다.

시편 37편은 우리에게 불평하지 말라고 말함과 동시에 염려를 대신할 긍정적인 태도를 제시한다.

첫째, "여호와를 의뢰하라"(3절). 의뢰란 독립적인 삶을 살려고 하거나 혼자서 어려움들을 이겨내려고 하지 않는 것이다. 그것은 더 큰 힘의 원천으로 나아가는 것을 뜻한다.

둘째, "또 여호와를 기뻐하라"(4절). 기뻐한다는 것은 하나님과 하나님께서 우리를 위해 행하신 일들을 즐거워한다는 뜻이다. 하나님께서 당신의 삶의 기쁨을 주시게 하라.

셋째, "네 길을 여호와께 맡기라"(5절). 맡긴다는 것은 명확한 의지의 행위이며, 당신의 염려와 걱정들을 하나님께 내어드리는 것이다.

넷째, "여호와 앞에 잠잠하고 참고 기다리라"(7절). 이것은 하나님께서 정하시는 일에 조용히 순종하되 그가 당신의 삶 속에서 행하실 일들을 기대하며 준비하고 있어야 한다는 뜻이다.

이 질문을 생각해본 적이 있는가?

"왜 하나님께서는 우리가 두려워하는 피조물이라는 걸 아시면서 성경에 '두려워하지 말라'는 말씀을 그렇게 많이 주셨을까?"

하나님의 "두려워하지 말라"는 말씀은 하나님께서 당신에게 필요한 것들을 공급해주셨다는 또 다른 표현이다. 하나님께서는 당신의 삶이 시시하고 따분한 삶이 되기를 원치 않으신다. 당신이 두려움이 아니라 소망을 따라 살기를 원하신다. 그리고 그분이 "두려워하지 말라"고 말씀하실 때는 당신에게 필요한 소망을 주신다.

당신은 다른 사람들에 대한 두려움 때문에 당신의 본모습을 타협하지 않는 자유로운 사람이 될 수 있다. 삶은 위험한 모험이지만, 모험은 믿음으로 사는 삶을 배울 수 있는 큰 기회를 제공해준다. 당신이 허락하지 않으면 두려움은 더 이상 당신의 삶을 지배하지 못할 것이다. 당신의 상상력은 당신에게 주신 하나님의 가장 큰 선물 중 하나이다. 그것을 사용하라! 당신의 상상력은 두려움을 낳을 수도 있고, 삶에 하나님의 평안을 가져오는 도구가 될 수도 있다.

이사야 선지자는 이렇게 말했다.

주께서 심지가 견고한 자를 평강하고 평강하도록 지키시리니 사 26:3

결혼이 당신의 꿈의 일부라면, 한 사람이 아니라 두려움이 당신의 삶의 동반자가 되게 해서는 안 된다. 독신으로 남는 것이 당신의 선택이라면, 그것은 당신의 두려움 때문이 아니라 당신을 향한 하나님의 소명 때문이어야 한다.

chapter 03

아직 회복되지 못했다면 기다려라

"헤어진 지 3년이 지났다. 이쯤이면 유령에게 시달리지 않고 새로운 관계를 시작할 수 있을 거라고 생각하지 않는가? 나는 지난 관계에서 일어난 일 때문에 모든 새로운 관계를 망쳐버리는 것 같다. 내게 상처가 있다는 것은 안다. 하지만 대체 언제쯤이면 그 상처가 영원히 사라질까? 나는 괜찮다고 생각하지만, 어떤 사람과 감정적으로 깊어지면 상처와 분노가 다시 모습을 드러낸다. 그럼 내가 그것을 누구에게 쏟아붓겠는가!"

깨진 관계에서 회복되는 것은 힘든 일이다. 당신을 사랑해주는 사람과 사랑에 빠진다면 정말 좋은 일이다. 하지만 그렇지 못할 경우, 어떤 사람에겐 세상이 끝난 것 같다. '내가 과연 치유될 수 있을까'라는 의문이 들 때가 있다. 아주 오랜 관계, 약혼, 또는 결혼생활이 끝났을 수도 있다. 그 모든 일이 고통으로 가득하며, 특히 당신이 거절당한 경우라면 더욱 그럴 것이다. 또 만일 자녀가 있다면 그 고통이 완전히 사라지지 않을 것이다. 남은 평생 동안 어떤 식으로든 자녀들을 통해 그 사람과 연결되어 있을 테니 말이다.

관계가 붕괴될 때 당신은 죽음에 직면한다. 꿈과 소망, 열망, 그리고 실제로 그 관계 속에서 누리던 것들의 죽음이다. 당신은 개인의 삶의 역사와 한 부분을 잃어버렸다. 당신이 그 관계를 끝낸 당사자라 하더라도 죽음은 여전히 존재한다. 비록 그것이 안도감과 섞여 있더라도 말이다.

몇몇 경우를 제외하고는 대부분 관계가 깨질 때 각 사람이 서로 다른 역할을 한다. 한 사람은 거절하고 다른 한 사람은 거절을 당한다. 거절하는 사람도 당하는 사람만큼 힘들 수 있다. 이 말이 이상하게 들릴지 모르지만, 당신이 어떤 역할을 했는지보다는 그 관계에서 가장 많은 감정적 투자를 한 사람이 누구냐는 것이 더 중요하다. 관계가 어떻게 끝나든 간에, 잃는 것이 가장 많은 사람이 있다. 여자들이 남자들보다 이별할 때 더 많은 상처를 받을까? 꼭 그렇지만은 않다. 그들이 슬퍼하는 모습이 서로 다르듯이 상처도 다르게 받을 뿐이다.

남자와 여자는 서로 다른 시각으로 관계를 바라보는 경향이 있다. 예를 들면, 남자들은 대개 관계의 성공이나 실패로 자존감을 규정하지 않는다. 반면에 여자들은 관계의 질을 더 중시하는 경향이 있다. 여자들은 자책하며 더 오랫동안, 더 깊이 상처를 받을 것이다. 그들은 이렇게 질문할지도 모른다.

"내가 어디서부터 잘못한 걸까?"

당신이 이미 다른 사람을 찾는 중이라면 이 장은 당신에게 더없이 중요하다. 아직도 지나간 관계에 감정적 에너지를 소진하고 있다면 당신은 새롭고 건강하고 영원히 지속될 수 있는 관계로 들어갈 수 없을 것이다. 당신은 회복되었다고 생각할 것이고, 어쩌면 회복되었다가 또다시 나빠졌을지도 모른다. 어떤 사람들은 아직 회복되지 않았으나 새로운 관계의 한가운데로 들어가기 전까지 그것을 인식하지 못한다. 그러다 갑작스레 강타를 당한다. 그 상처의 예상치 못한 등장으로 그들의 삶은 엉망이 된다. 그들은 아직 관계를 완전히 정리하지 못했다는 것을 깨닫게 된다.

이별의 세 가지 역할

관계가 깨질 때 사실상 당사자들의 세 가지 역할이 있다. 과거의 관계들 속에서 당신은 그 세 가지를 모두 경험했을 수 있다.

한 가지 역할은 '자발적 거절자'다. 이 위치에서 당신은 결혼을 했든 연애를 하던 중이든 간에, 스스로 감정적, 지적으로 다른 사람과 단절된다. 그것은 미묘한 감정처럼 서서히 일어나기도 하고, 혹은 화산 폭발처럼 갑자기 일어나기도 한다. 관계를 끝낼 때 당신의 행동은 당신의 생각과 일치한다. 현 상황에 대한 책임이 당신에게 있기 때문에 당신이 거절당한 입장일 때보다 회복은 더 빠를 것이다. 당신은 이 결정과 행위에 대해 스스로 준비할 시간이 더 많았다. 당신의 고통과 죄책감이 아무리 크다 해도, 당신의 전 배우자나 애인이 겪고 있는 고통보다 크진 않을 것이다.

어떤 사람은 결국 '본의 아닌 거절자'가 된다. 이런 경우, 당신의 고통과 불편함은 거절당하는 사람이 느끼는 것과 같을 수 있다. 어떤 사람이 이렇게 하소연한다.

"진짜 미치겠어요. 저는 가해자인 동시에 피해자가 된 기분이에요. 어떻게 이런 일이 일어난 걸까요?"

그것은 사실이다. 당신은 결국 가슴이 찢어지는 아픔을 느낄 수 있다. 당신이 그 관계를 끝낸 당사자이며, 그렇기에 당신이 가해자인 것처럼 느껴지는 것이다. 하지만 당신이 여전히 그 사람을 사랑한다면 당신 또한 피해자인 것처럼 느낀다. 마치 당신이 겪는 감정적 고통이 관계를 끝낸 것에 대한 안도감을 덮어버린 것 같다.

때로는 어떤 식으로든 상대방에게 이미 거절당한 느낌을 받았기 때문에 당신이 결별의 조치를 취하기도 한다. 당신의 연인이나 배우자는 여전히 당신 곁에 있으면서 다른 사람을 사귈 수도 있고, 또는 일이나 스포츠에 빠져 있을 수도 있다. 때로 그들은 다른 사람이 아니라 어떤 일이나 활동에 정신이 팔려 있다. 그래서 어떤 때는 그 사람을 거절하는 행동이 그를 정신 차리게 만들어서 관계를 보호하려는 행위이기도 하다. 나는 상대방이 일에 사로잡혀 있거나 본인의 가족에게 지나치게 매여 있거나, 약물이나 술, 음란물 등에 빠져 있을 때 이런 일이 일어나는 것을 보았다.

본의 아닌 거절자의 어려움은 고통을 면하기 위해 관계를 끝내기를 바라면서도 또 관계가 잘되기를 바라는 이중적인 감정에 있다. 당신은 책임감과 슬픔을 동시에 경험하거나 번갈아가며 느낀다. 이것은 의사결정을 방해한다. 당신이 가해자이자 피해자일 때 그 둘을 화해시키는 것은 어려운 일이다. 때로는 당신이 그 사람을 떠나게 한 결별의 원인이 사라졌길 바라며 잠깐이나마 그 사람에게 돌아가기도 한다. 몇몇 연인들이 헤어진 후 돌아갔다가 다시 떠났다가, 또 돌아갔다가 떠났다가를 몇 년 동안 반복하는 것을 보았지만, 종종 그 관계는 지속되지 못한다. 그러나 많은 경우에 부부간의 별거가 효과를 발휘하는 것을 보았는데, 그 이유는 연인관계보다 부부관계에 대한 감정적 투자가 훨씬 더 크기 때문이다. 헤어질 경우 잃는 것이 더 많은 것이다.

관계가 깨질 때 전형적인 피해자는 사실상 '거절당한 사람'이다. 그들은 일어나는 상황을 통제할 수 없기 때문이다. 때때로 당신은 이런 일이 일어날 것 같은 조짐을 느끼고 걱정한다. 혹은 분명한 신호들을 보면서도 부인한다. 그러나 이 경우에도 당신은 그것을 의식하지 못할 수 있고, 그것은 큰 충격으로 다가온다. 한 지인이 내게 이런 이야기를 해주었다.

어느 날 저녁 그의 아내가 외식을 하자고 제안했고, 식사하는 동안 그의 아내는 그들의 32년간의 결혼생활이 끝났다는 것을 매우 사실적으로 알려주었다고 했다. 그리고 그녀는 다음 날 아침, 이혼 신청을 했다. 그동안 어떤 어려움이나 그녀가 불만을 느끼는 조짐이 전혀 없었기 때문에, 이 일은 그에게 완전히 충격으로 다가왔다. 그는 그 후 몇 년 동안 감정적, 경제적으로 파탄에 빠졌다. 너무 큰 충격이었고, 너무 큰 거절이었다. 결별을 인식하지 못하고 갑작스럽게 맞을수록 충격과 고통은 더 크다. 당신이 여전히 관심이 있는 그 사람을 잃을 뿐만 아니라 당신 자신의 한 부분, 당신의 자존감을 잃기 때문이다.[1]

지난 몇 년 동안 당신은 셋 중 어느 쪽이었는가? 자발적 거절자, 본의 아닌 거절자, 혹은 거절당한 사람 중에서 말이다. 어떤 패턴이 있는가? 만일 있다면 이것은 당신의 관계에 대해 무엇을 말해주는가? 당신은 최근에 어느 쪽이었는가? 회복에 이르는 0부터 10까지의 척도에서 당신은 지금 어느 정도 회복되었는가?

고통은 얼마나 지속되는가?

"보통 얼마나 걸리나요? 이 고통이 얼마나 오래 지속될까요? 제가 회복되는 데 얼마나 걸릴까요? 언제쯤이면 제 생활을 계속해나갈 수 있을 만큼 그 생각과 감정과 기억들이 잊힐까요?"

나는 이런 질문을 자주 듣는다. 어떤 식으로든 관계의 상실로 인해 슬픔을 겪는 사람들을 많이 만나기 때문이다. 이 질문에 정확한 답을 줄 수는 없다. 추정 수치가 다양하기 때문이다. 예를 들면, 소위 정상적인 죽음으로 사랑하는 사람을 잃었을 때 회복 기간이 평균 약 2년이라고 알고 있다. 사고로 죽는 경우에는 3년이 걸린다.

상처받은 마음에서 회복되는 내용을 다룬 책 《Letting Go》(놓아주기)의 저자들은 우울증, 스스로 부족하다는 느낌, 자존감의 상실로 고통받는 사람들을 대상으로 한 인터뷰에 근거하여 보통 정상적인 생활로 돌아가고 고통스러운 기억이 없어지는 데 걸리는 시간이 그 관계가 지속된 시간의 절반 정도라고 봤다. 그러니까 4년 동안 결혼생활을 했거나 관계를 지속해왔다면 회복되는 데 2년이 걸릴 것이고, 12년간 결혼생활을 했거나 관계를 지속해왔다면 6년이 걸린다는 말이다. 나는 이것을 가이드라인으로 삼아야 하는지 잘 모르겠다. 왜냐하면 모든 관계와 개인, 상황이 다 다르기 때문이다. 만약 슬픔의 치유 과정을 거쳐 회복을 향해 나아가지 않는다면 그것이 정확할 것이다. 그러나 저자들은 또한 제시된 원칙들을 따른다면 언급된 징후들이 3개월 만에 사라질 수도 있다고 말한다.[2]

다른 두 저자는 당신이 헤어질 때 느끼는 감정을 '사랑 충격'이라고 묘사했다. 그것은 기본적으로 무감각, 방향감각 상실, 공허감, 뒤죽박죽 섞인 수많은 감정의 혼합이며, 위기에 대한 반응이나 어떤 상실에 대한 슬픔과 비슷하다. 그들은 대부분의 사람이 '사랑 충격' 경험을 끝내는 데 약 1년이 걸리지만, 그보다 더 오래 걸리는 경우도 흔하다고 말한다.[3]

경험상 당신이 위기에 대처하는 법을 배우고 삶의 상실과 슬픔에 대해 많이 알고 있을수록 더 잘 회복할 수 있을 것이라고 생각한다.

관계가 끝나면 무슨 일이 벌어지는가?

친밀한 관계가 끝나면 당신의 일부는 새로운 관계를 다시 시작하고 싶어한다. 그러나 당신의 또 다른 부분은 "잊어버려! 그건 모험할 가치가 없는 일이야!"라고 말한다. 당신은 과거가 반복되어 당신의 새로운 관계 또한 가슴 아프게 끝날까 봐 두려워한다. 혹은 이별의 아픔과 상실감이 늘 따라다녀서 다시 누군가에게 다가가 사랑할 수 없을 것 같은 두려움을 느낀다. 이 두려움은 당신이 이별을 회상할 때마다 더 강해진다. 당신의 기억 속에 있는 그 경험을 다시 떠올릴 때마다 감정적인 커다란 망치가 당신을 다시금 내려친다. 나는 이 단계를 거치는 동안 미쳐버리는 것 같았다는 사람들의 얘기도 들었다.

과거가 반복될 것 같은 두려움은 정상적인 새로운 관계 형성 과정을 마비시킨다. 이 두려움은 새로운 애정의 대상에게 에너지와 사랑을 쏟고 마음을 여는 것을 주저하게 만든다. 당신은 "이런 일이 다시 생기면 어떡하죠?"라고 묻는다. 새로운 관계로 나아가기를 두려워하는 많은 사람은 또한 사랑하는 사람 없이 홀로 남겨지는 것을 두려워한다. 그러나 너무 빨리 새로운 관계를 시작하면 그 관계에 악영향을 미치고 예전 관계를 정리하는 것을 회피하게 된다. 당신은 다시 사랑하는 것에 대한 두려움과 다시 사랑받지 못할 것이라는 두려움 사이에 갇힌 것 같다. 이혼 시 거절당한 입장일 때는 그것이 더 극심해 보인다.

다시 사랑하는 것에 대한 두려움을 부추기는 부수적인 감정들이 있다. 그중 하나가 죄책감이다. 즉, 자기 자신과 자신의 이상을, 우리 주님이나 혹은 다른 사람을 실망시켰다는 느낌이다. 특히 성적인 관계를 가졌거나 동거를 했을 경우에 더 그렇다. 때때로 당신은 "내 인생의 4년을 허비했어!"라고 느낀다. 이 죄책감은 당신이 거절을 당했든, 거절을 했든 상관없이 존재할 것이다. 해결되지 않은 죄책감은 자존감을 손상시키며, 낮은 자존감은 더 큰 두려움을 낳는다.

만일 당신이 깨진 관계에 대해 죄책감을 느낀다면 그 감정이 사실(약속을 어겼거나 다른 사람을 향해 무책임하게 행동한 것 같은)에 기반한 것인지 상상(실제로 당신의 책임이 아닌 것에 대해 책임을 떠맡는 것)에 근거한 것인지 확인하는 것이 중요하다. 나는 많은 이별 뒤에 일어난 고통스러운 결과들에 대해 들었다. 어떤 여자의 약혼자는 그녀와 헤어지고는 그녀의 여동생과 결혼했다. 그녀가 어떤 기분이었을지 상상이 가는가? 또 다른 젊은 여자는 자신에게 푹 빠져 있는 50살 남자를 만나고 있었다. 하루는 그가 자신의 28살짜리 아들을 그녀에게 소개해주었다. 5주 뒤에 그녀와 그 아들은 결혼했다.

이별할 때 당신은 한때 누렸던 관계를 갈망한다. 어떤 이들에게 이 갈망은 깨어 있는 모든 순간을 지배하는 강박관념이 된다. 그 관계를 되찾기 전까지는 아무것도 의미가 없다. 그래서 한 사람에게 집착하게 되는 사람들이 있다. 우리는 이것을 강박적인 사랑이라고 부른다. 이것은 오직 마법 같은 이 한 사람만이 자신의 필요를 채워줄 수 있다는 믿음이다. 그 고통을 상쇄하기 위해 어떤 사람들은 하룻밤 관계를 즐기거나 마치 내일 먹을 것이 다 사라질 것처럼 마구 먹어대기 시작한다.

정확히 예전과 같은 관계를 되찾는 것은 매우 드문 일이다. 통제 불능의 느낌은 특히 더 충격적이다. 당신이 할 수 있는 일이 아무것도 없기 때문이다. 당신은 애원하고, 간청하고, 뇌물을 주고, 자살하겠다고 협박하는 등 이런저런 일을 해볼 수 있지만, 다 소용없다. 아무것도 효과가 없는 것 같고, 효과가 없을 것이며, 효과가 없다. 당신은 버림받고, 배신당하고, 홀로 남았다고 느낀다.

회복의 단계

누군가 죽었을 때 경험하는 슬픔처럼, 당신이 잃어버린 관계에서 회복되기 위해 거쳐야 할 단계들은 예측할 수 있다. 이 단계들은 정상적이고 건강한 회복 과정을 구성한다. 치유가 완전하다면 당신에게 일부 감정적인 흉터는 남겠지만 벌어진 상처는 없을 것이다. 나는 15년 넘게 여전히 상처에서 피가 흐르는 사람들과 이야기를 나누어보았다. 그것은 슬픈 일이다. 당신이 슬퍼하지 않는다면 치유는 완전해지지 않는다. 그 관계가 끝나도록 해야 한다. 그렇지 않으면 당신은 시체를 끌고 다니는 것이며, 시간이 지나면 악취가 나기 시작한다.

여기서 언급하는 단계들은 관계의 지속 기간과 끈끈함의 정도에 따라 기간과 강도가 달라진다는 것을 명심하라. 그 이별이 당신이 주도하거나 원한 일이 아닐 경우, 결과는 훨씬 더 강렬하다.

보통 애정 관계가 깨지면 다섯 단계를 거치게 된다. 처음 세 단계를 거치는 동안 고통이 가장 클 것이다. 각 단계를 통과할 때마다 고통의 강도는 줄어들 것이나, 가장 예상치 못한 순간에 그것이 다시 으르렁거리며 돌아올 수 있다. 멀리 갈수록 두려움이 더 줄어드는 것을 경험하게 될 것이다. 최악의 경우는 한 단계에 갇혀서 그 과정을 완수하지 못하는 것이다.

이 단계 중 어떤 것들은 중복되며, 당신은 한동안 그 단계들 사이를 왔다 갔다 할지도 모른다. 그것은 치유 과정의 일부로 지극히 정상이다. 따라서 당신이 다음 단계로 들어갈 때 이전 단계가 다시 모습을 드러내더라도 당황하지 말라.

1단계 : 충격

처음 사랑의 관계를 잃었을 때 당신은 충격에 사로잡혀 할 말을 잃는다. 우리는 이것을 위기 속의 충격 단계라고 부른다. 이별이나 이혼을 예상하고 있었더라도 그것이 현실이 되면 특별한 결과를 낳는다. 종종 아무 감각이 없어지기도 한다. 어떤 사람들은 일상생활을 이어가지 못한다. 심지어 먹는 것과 자는 것도 잘 못한다. 이 단계에서 당신은 당신의 감정에 따라 산다.

그것을 인식할 수 있든 없든 간에, 당신은 혼자라는 혹은 영원히 버림받았다는 강한 두려움을 경험할 것이다. 그러나 치유 과정을 통해 앞으로 나아가려면 이런 감정들을 겪을 필요가 있다. 이 단계에서 당신은 주변 사람들이 필요하다. 당신이 그들과 함께하는 것을 좋아하든 좋아하지 않든 말이다. 다른 사람들이 같이 있어주는 것만으로도 외로운 감정이 완화되는 데 도움이 될 수 있다.

2단계 : 슬픔

슬픔의 단계는 매우 광범위할지도 모른다. 당신이 그와 함께 나눈 것은 물론 함께 나눌 수 있었던 것들의 상실을 안타까워하고 슬퍼하는 것이 포함되기 때문이다. 이 기간 동안 분노를 경험할 수도 있는데, 어떤 식으로든 그것이 표출되어야 한다. 당신은 당신 자신에게, 하나님께, 또 당신의 슬픔을 이해하지 못하는 사람들에게 화가 날 것이다. 깨진 관계와 미래의 관계에 대한 희망이 사라진 것에 대해 우울해질 것이다. 그리고 당신은 이와 같은 관점에서 모든 사람을 바라볼 것이다. 충분히 슬퍼하고 앞으로 나아가려면 관계가 끝났다는 사실을 받아들여야 한다. 당신은 사랑하는 사람이 떠났다는 것을 깨닫고, 이제 공허감을 느낀다.

끝난 관계의 결과가 이혼일 경우, '이혼 신화들'이 고개를 든다. 첫 번째는 "아무도 이해하지 못한다"는 것이다. 당신의 상황은 매우 독특하고 이례적이며, 따라서 다른 사람이 이해할 수 있을 것이라고는 생각도 할 수 없다. 그러나 이 일을 이미 겪은 사람들은 이혼의 모든 면을 이해한다. 이 사실을 깨닫는 것이 중요하다. 그들은 버림받은 느낌, 자책감, 타인을 향한 원망, 분노, 죄책감, 칼로 찌르는 듯한 고통과 괴로움을 모두 이해한다.

"난 죽을 거야"라는 것이 지배적인 감정이다. 이 필터를 통해 모든 것을 보게 된다. 그러나 어떤 사람이 묘사한 것처럼 지금의 상태는 "지금 내가 가장 많이 힘들까? 그렇다. 나는 차라리 죽고 싶은가? 그렇다. 죽을 수 있으면 좋겠는가? 아니다"이다.[4]

많은 사람이 가벼운 피해망상을 경험한다. "모든 사람이 내 얘길 하고 있어", "모두들 나를 피하고 있어", "아무도 내 곁에 있고 싶어 하지 않아"라는 말을 자주 한다. 불행히도 그 사람은 종종 이런 말들을 믿으며, 더 나쁜 경우 일부 편협하고 사랑이 없는 교회에서는 이런 말들이 실제 사실일 때도 있다. 이때 감정이 매우 민감해지며 남의 시선을 의식하게 되는 것이 일반적이다.

이혼한 사람들의 또 다른 일반적인 신화는 이런 것들이다. "모든 사람이 날 미워해", "하나님은 날 싫어하셔", "하나님은 내게 매우 화가 나계셔." 이런 생각들은 사실이 아니다. 하나님께서는 이혼 행위를 싫어하시지만 이혼한 사람을 미워하지는 않으신다. 사람들이 당신에게 다르게 반응하는 것은 당신의 결함 때문이 아니다. 그들은 무슨 말을 해야 할지 모르기 때문에 남의 시선을 의식힐 수 있다. 어떤 사람이 관계의 붕괴를 경험하고 있을 때 어떻게 반응해야 하는지 누가 우리에게 알려준 적이 있는가![5]

이런 생각들과 더불어, 전반적인 증상들이 당신 안에 나타나기 시작할 것이다. 다른 유형의 강박적인 생각이 당신을 사로잡기 시작한다. 그것은 당신이 그 관계를 아직 붙잡고 있다는 표시이다.

1. 상대방과 일부러 우연한 만남을 갖는다.

2. 당신의 생각이 온통 그 사람에게 사로잡혀 있다.
3. 전화기에 귀를 기울이고 있다가 전화벨이 울리면 얼른 뛰어간다.
4. 슬픈 노래를 들으며 그것이 당신과 헤어진 그 사람에 관한 노래라고 생각한다.
5. 어디서나 당신의 예전 애인과 그 사람의 차를 본 것 같다.
6. 그 사람에게 연락하고 싶지만 거절당할까 봐 두렵다.
7. 헤어진 애인인 것 같아서 다른 사람이나 차를 따라간다.
8. 그 사람에 대해 생각하며 많은 시간을 보낸다. 무슨 말을 할지 또는 어떻게 그 사람이 돌아오게 할지 계획을 세우거나, 사귈 때 그가 했던 말들이 거짓이었을까 생각한다.
9. 당신은 이 관계가 당신에게 최고의 관계였다는 것을 알 뿐이다. 어떤 사람은 상대방이 원치 않는 선물을 보내거나, 계속 전화하거나, 그 사람의 집이나 직장으로 차를 몰고 가거나, 예고 없이 나타나거나 심지어 미행을 하기도 한다! 안타깝게도 어떤 사람들은 한 걸음 더 나아가 그들을 돌아오게 하기 위한 노력을 포기하고 보복하려 한다. 사랑 대신 분노가 생긴 것이다.[6]

당신은 어떤 다른 생각들을 하는가? 그 생각들을 죽 적어보고 그것들을 잠재우기 위한 조치를 취하는 것이 도움이 될 것이다.[7]

생각을 멈추는 것은 꼭 필요한 과정이다. 그래야만 당신의 삶에 거점을 확보할 기회를 현실이 다시 한번 갖기 때문이다. 당신이 이런 패배하는 삶을 살고 있다면 당신의 강박적인 생각과 느낌, 행동들을 중단시켜야 한다. 한 가지를 가라앉히면 다른 것들도 뒤따를 것이다. 이것은 전화를 하거나, 갑자기 나타나거나, 선물이나 편지 등을 보내지 않는 것을 의미한다.

어떤 생각들이 계속 반복될 때도 희망이 있다. 그 생각들을 쫓아버릴 수 있다. 여기 구체적인 두 단계가 있다.

첫째, 소리 내어 기도하며 당신의 문제를 털어놓고, 구체적으로 하나님께서 이런 생각들을 어떻게 해주시길 원하는지 이야기하라.

둘째, 우리의 생각을 어떻게 다스릴 수 있는지 알려주는 다음 구절들을 큰 소리로 읽으라.

"주께서 심지가 견고한 자를 평강하고 평강하도록 지키시리니 이는 그가 주를 신뢰함이니이다"(사 26:3).

"오직 너희의 심령이 새롭게 되어"(엡 4:23).

"그러므로 너희가 그리스도와 함께 다시 살리심을 받았으면 위의 것을 찾으라 거기는 그리스도께서 하나님 우편에 앉아 계시느니라 위의 것을 생각하고 땅의 것을 생각하지 말라"(골 3:1,2).

"하나님 아는 것을 대적하여 높아진 것을 다 무너뜨리고 모든 생각을 사로잡아 그리스도에게 복종하게 하니"(고후 10:5).

"아무것도 염려하지 말고 다만 모든 일에 기도와 간구로, 너희 구할 것을 감사함으로 하나님께 아뢰라 그리하면 모든 지각에 뛰어난 하나님의 평강이 그리스도 예수 안에서 너희 마음과 생각을 지키시리라 끝으로 형제들아 무엇에든지 참되며 무엇에든지 경건하며 무엇에든지 옳으며 무엇에든지 정결하며 무엇에든지 사랑받을 만하며 무엇에든지 칭찬받을 만하며 무슨 덕이 있든지 무슨 기림이 있든지 이것들을 생각하라 너희는 내게 배우고 받고 듣고 본 바를 행하라 그리하면 평강의 하나님이 너희와 함께 계시리라"(빌 4:6-9).

이런 생각들을 다스리는 또 한 가지 방법은 약간 격렬하다. 가장 끈질기거나 불편한 생각, 다른 것들보다 더 자주 머릿속에 떠오르는 생각을 확인하라. 가장 차분한 시간을 선택하라. 할 수 있다면 울거나 화내지 말고 큰 소리로 그 생각을 말하라. 그게 잘 안 된다 해도 괜찮다. 시간이 지나면 할 수 있을 것이다. 문장의 마지막 부분을 말할 때, 예를 들면 "그 여자는 어떻게 그렇게 나를 속이고 비열할 수 있어?"에서 '비열할 수 있어?'를 말할 때 책이나 자로 테이블을 쾅 소리 나게 치거나 손뼉을 쳐라. 성가신 생각이 떠오를 때마다 그 문장을 반복하면서 한 단어에 맞춰 소음을 내는 것이다. 그러다 보면 언젠가 이 생각이 떠오르기도 전에 가로막힐 것이다. 이렇게 되면 당신에게서 이 생각을 가져가주신 하나님께 감사하라.[8]

3단계 : 탓하는 마음

분노가 동반되는 원망은 당신의 배우자, 약혼자, 애인, 또는 당신 자신에게도 향할 수 있다. 이 단계에서 이런 감정들을 떨쳐버리기 위한 당신의 행동에 깜짝 놀랄 것이다. 당신의 행동들이 예전 모습과 달라 보일 것이기 때문이다. 쇼핑이나 폭식, 폭음, 문란한 성행위 같은 충동적인 행동을 하게 될지도 모른다. 이 단계에서 사람들이 그런 어리석은 결정들을 하는 것은 드문 일이 아니다. 거절, 고립, 또는 개인의 무능함에 대한 두려움이 종종 자신의 가치체제에 반하는 행동을 하게 만드는 것이다.

프레드는 35세인데, 그의 아내가 그와 이혼하고 그녀의 고용주와 결혼했다. 그는 이혼으로 받은 엄청난 충격을 극복하고 점차 다시 데이트를 하기 시작했지만, 새로운 관계들을 잘해나가지 못했다.

하루는 프레드가 이렇게 말했다.

서는 저를 떠난 아이린에게 계속 화가 나 있는 것 같아요. 히지만 그녀가 저한테 한 걸 그대로 갚아줄 방법이 없고, 그녀에게 분노를 퍼부을 수도 없어요. 그래서 아마 새로운 관계를 시작해도 잘되지 않나봐요. 만나는 여자들이 마음에 들어도 잘 대해주질 못해요. 그들에게 화가 나고 자주 무례해져요. 원래 저는 그렇지 않은데 말이에요. 아마 다른 여자들에게 분노를 쏟아부으면서 전 아내에게 복수하려는 것 같아요. 그건 그들에게나 저에게나 좋지 못한 일이에요. 아마 아내처럼 그 여자들도 저에게 상처를 줄까 봐 두려워서 제가 먼저 상처를 주려고 하는 것 같아요. 전 정말로 다시는 그렇게 상처받고 싶지 않거든요!

다행히 프레드는 자신의 행동을 이해할 수 있는 통찰력이 있었고, 마침내 이 단계를 넘어갔다.

슬픔과 원망의 단계에서 흔히 범하는 실수들이 회복을 방해할 수 있다. 어떤 관계가 깨진 후 일반화하는 것은 하기 쉬운 행동이다. 당신은 하나의 신념이나 경험을 일반적인 삶에 적용하려 한다. 내게 상담받는 사람들이 이렇게 말하는 것을 얼마나 많이 들었는지 모른다. "여자들은 다 타산적이에요", "남자들은 다 패배자들이에요", "모든 남자는 짐승이에요.", "모든 여자는 너무 감정적이에요. 생각을 할 줄 몰라요." 이런 일반화는 자동차 시동을 걸지 못하게 하는 장치와 같다.

또 자주 하는 실수는 자기 완성적 예언에 따라 사는 오류에 빠지는 것이다. 어쩌면 당신은 이런 말을 들어보거나 한 적이 있을 것이다.

"난 절대로 다른 사람을 찾지 못할 거야. 나는 삶 속에 갇혔어. 이젠 계속 독신으로 살아갈 거야."

이런 잘못된 믿음이 우리의 눈을 가려 우리 주변의 가능성들을 보지 못하게 한다. 그것은 우리에게 패배자의 모습을 갖게 한다. 우리의 자기 완성적 예언은 우리가 어디로 가는가보다 어디서 오는가에 대해 더 많이 이야기한다. 이런 예언들은 관계를 약화시키고 손상시킬 뿐이다.

우리가 깨진 관계에서 가져오는 또 한 가지 잘못은 비현실적인 기대들이다. 우리는 "해야 한다"는 말을 사용하고, 어떤 일들이 정확히 우리의 믿음대로 되지 않으면 계속 실망하며 살아간다. 우리 자신과 다른 사람들을 향해 이런 기대들을 품는다.

"누군가 나를 사랑하려면 내가 완벽해져야 해."

"그 사람의 모든 요구를 충족시켜주지 않으면 그가 나를 사랑하지 않을 거야."

"그녀가 나에게 관심이 있다면 …할 것이고 …하지 않을 거야."

"그 사람을 볼 때 전 배우자나 애인이 생각난다면 그를 만나선 안 돼."

자기 연민은 관계가 끊어진 후 자주 빠지는 감정의 덫이다. 자기 연민은 회복을 방해하고 다른 사람들이 가까이 오는 것을 막는다.

가장 파괴적인 반응 중 하나가 거울을 보지 못하는 것이다. 어느 날, 상담받으러 온 한 남자가 이런 말을 했다.

"노먼, 저의 삶에서 어떤 일이 일어난 후로 제 모습을 마주하는 걸 견딜 수가 없어요."

때로 이런 사람들을 가장 좋게 말해서 '경주마'라고 한다. 그들은 자신의 상황과 감정을 다루는 것을 회피하기 위해 계속 일한다. 그들은 자신을 직시하고 싶어 하지 않는다. 익숙한 패턴은 쉴 새 없이 일하고, 놀고, 밤마다 외출하고, 자고, TV를 보고, 더 나쁜 경우에는 술과 마약에 빠지는 것이다. 정신없이 서두르며 바쁘게 사는 것은 소극적이고 무기력하게 있는 것만큼 나쁘다.[9]

상실의 고통을 극복하고 반격을 가하기 위해 범하는 매우 흔한 실수는 '보복하는 사랑'이다. 상처받은 사람이 분노한 나머지 너무 일찍 새로운 관계에 빠지는 것이다. 이 보복은 세 가지 유형으로 나타날 수 있다.

하나는 단순히 다른 사람이 질투하게 만들기 위해 새로운 관계를 시작하는 것이다. 실제로 전 애인이나 배우자가 새 커플을 보게 만들어야 하기 때문에 이 방법에는 상당한 에너지가 소모된다.

보복하는 사랑의 또 한 가지 형태는 전 애인의 행태를 새 사람에게 하는 것이다. 예를 들어 과거에 학대가 있었고 당신이 피해자였다면, 이제는 형세가 역전된다. 속았던 경험이 있다면, 다시는 상처받지 않기 위해 이것이 당신의 무기이자 방어기제가 된다.

마지막 유형의 보복하는 사랑은 당신이 통제하는 관계를 만드는 것이다. 그래서 아무도 당신을 통제할 수 없고 다시 상처를 줄 수 없도록 말이다. 그러나 이 세 가지 보복 유형 모두 결국은 당신 자신과 새로운 사람 모두 상처받고 불행해지며 만족을 얻지 못한다.[10]

에너지를 소모하는 더 나은 방법이 있다. 보복은 아무 소용이 없다. 원망과 분노는 다른 사람보다 우리에게 더 큰 벌이 된다. 대부분 다른 사람은 우리 감정의 강도가 어느 정도인지 모르기 때문이다.

과장하는 것도 관계가 깨진 후에 빠지는 함정과 실수 중 하나이다. 당신은 헤어진 사람에 대해 생각하며, 당신이 절망과 낙담 속에서 사는 동안 그 사람은 인생 최고의 시간을 보내고 있을 것이라고 과장하여 받아들인다. 당신의 전 애인이 인생을 즐기고 있다고 확신하는 한편, 당신은 매여 있고 갇혀 있다고 느낀다. 당신 사전의 주요 문구는 "그는 아마…" 또는 "그녀는 아마…"일 것이다.

과장은 쉽게 극심한 고통으로 이어질 수 있다. 당신이 그대로 내버려 둔다면 말이다. 우리는 모두 스스로 어떻게 반응할지를 선택할 수 있다.

4단계 : 작별인사

최종 결과와 관련이 있기에, 이 단계는 종종 직면하기가 어렵다. 하지만 이 단계를 무시하거나 소홀히 한다면 어떠한 회복도 일어나지 못할 것이다.

당신은 최종적으로 이렇게 인정한다.

"관계는 끝났어. 이 사람은 이제 내 인생에 없고, 나는 계속 살아가야 해."

나는 수많은 사람이 이 단계의 문턱에 걸려, 때로는 1년 이상, 꼼짝 못하는 것을 보았다. 그중 어떤 사람들은 앞으로 나아가는 듯 보이지만, 3주 뒤에도 같은 질문을 하며 절대 일어나지 않을 재결합에 대해 똑같은 이야기를 한다. 최종적인 이별을 고하고 싶지 않은 것이다.

당신은 어떻게 작별 인사를 하는가? 모든 이별에는 일종의 추도문 같은 것이 필요하다. 제일 먼저 당신의 감정들에 직면해야 한다.

분노와 억울함에 대해 생각해보자. 어쩌면 분노와 억울함을 극복하는 첫 단계는 철저히 조사하여 상처와 분노와 원망을 확인하는 것일지 모른다. 어느 이혼남이 이런 글을 썼다.

- 나는 당신의 거짓말과 부정 때문에 당신에게 정말 화가 나.
- 당신에게 양육 수당을 지급해야 한다는 사실이 분해. 당신이 한 짓을 그대로 당해봐야 해.
- 나는 당신이 우리의 결혼 서약을 배신했다는 사실에 상처받았어.

- 아이들이 당신에게 있어서 그 아이들이 당신의 형편없는 생활과 도덕성에 그대로 영향을 받고 있다는 사실이 화가 나.

이렇게 분한 일들을 목록으로 적다 보면, 묻혀 있던 상처와 감정들이 다시 장벽을 넘어오기 시작한다. 이 목록은 당신 혼자 사용하기 위한 것이며, 하나님 외에 다른 누구에게도 이야기하면 안 된다. 이것은 쉬운 경험이 아니다. 당신은 감정적으로 매우 진이 빠지는 것을 발견할 것이다.

목록을 작성한 뒤에는 방으로 들어가 의자 두 개를 마주 보게 놓으라. 한 의자에 앉아 당신의 전 배우자가 맞은편에서 당신의 이야기를 듣고 있다고 상상하라. 카드에 그들의 이름을 쓰거나 사진을 사용하라. 당신의 말투와 억양으로 감정을 표명하며 큰 소리로 그 목록을 읽으라. 당신의 말을 수정하고 다듬는 것은 신경 쓰지 말라. 그냥 말하면 된다.

어떤 사람들은 며칠 동안 그 목록을 갖고 다니며 다른 것들이 생각날 때마다 추가하기도 한다. 또 어떤 이들은 앉아서 이렇게 여러 번 말하는 것이 상처 치료에 도움이 된다는 것을 발견하기도 한다. 분노와 우울함, 격렬함, 당혹감, 또는 불안감을 느끼는 당신 자신을 발견하더라도 놀라지 말라.

당신의 이야기를 마치고 나면 몇 분 동안 기도하며 하나님께 이런 감정들을 털어놓고, 당신을 이해하고 도우시는 하나님께서 당신의 삶 속에 계신 것을 감사하라.

분노와 원망을 내려놓고 자유를 누리며 앞으로 나아가는 것과 관련된 또 한 가지 단계가 더 있다. 바로 '용서'이다. 용서가 언제 가능할지 당신에게 말해줄 수 있는 사람은 아무도 없다. 어느 정도 시간이 걸리는 과정이기에 이를 재촉할 수 없다.

우리는 대부분 다른 사람을 용서하지 않는 자기 나름의 이유들이 있다. 말하자면 우리가 그 사람을 놓아주지 않는 것이다. 당신의 삶 속에 용서가 들어오게 하는 방법 중 하나는 당신에게 그렇게 큰 상처를 준 사람을 용서하고 싶지 않은 이유들을 확인하는 것이다.

빈 종이에 당신의 전 애인의 이름을 넣어 다음과 같이 적으라.

친애하는 ○○에게

나는 _____에 대해 당신을 용서합니다.

그리고 전 애인이 했던 일 중에 여전히 당신에게 상처를 주고 화나게 하는 것을 적어 완성하라. 그다음 제일 처음 떠오르는 생각은 무엇인가? 그것은 아마 당신이 표현하려고 하는 용서와 사실상 반대되는 감정이나 생각일 것이다. 당신이 방금 쓴 내용에 대한 감정적인 반박 또는 항의일 것이다. 계속해서 "나는 _____에 대해 당신을 용서합니다"라는 문장을 쓰며 표면에 떠오르는 모든 생각이나 감정을 확인하라.

당신의 목록은 아마 한두 페이지를 채울 것이다. 당신의 분노의 항의가 용서의 개념과 반대되거나 너무 확고하고 격렬하여 전혀 용서를 표현한 것처럼 보이지 않는다 해도 낙심하지 말라. 당신은 그를 용서하는 과정 중에 있다. 그러니 모든 원망의 주머니가 빌 때까지 기록하라. 다시 말하지만, 이 목록은 아무에게도 보여주지 말라. 다만 빈 의자를 사용하여 마치 거기 앉아 있는 사람이 당신의 말을 듣고 있는 것처럼 큰 소리로 목록을 읽으라.

다음은 어떤 여자가 이혼한 전 남편에게 쓴 글이다.

친애하는 짐에게

나는 당신이 나에게 당신의 감정을 털어놓으려 하지 않았던 것을 용서합니다.

아니, 그렇지 않아. 나는 여전히 당신에게 속고 있는 기분이야. 연애할 때는 안 그랬는데 결혼하자마자 달라졌어.

내가 우리 문제에 대해 이야기하려 했을 때 당신이 나를 피했던 것을 용서합니다.

나는 여전히 당신의 침묵에 화가 나.

우리 결혼생활을 위해 노력하지 않았던 당신을 용서합니다.

왜 당신은 좀 더 노력하지 않았던 거지? 우린 더 잘할 수 있었어!

내가 밖에 나가서 당신과 함께 즐거운 시간을 보내고 싶었을 때 가만히 앉아서 TV만 봤던 당신을 용서합니다.

당신이 왜 나와 함께 있는 걸 원치 않았는지 지금도 이해하기 힘들어.

이런 것들이 자신의 주된 상처라는 것을 확인한 후 그녀는 더 이상 반박하거나 불평할 것이 없을 때까지 일주일 동안 매일 이 '용서 진술서'를 적어나갔다. 그럴 때 용서가 시작된다.

또 다른 방법은 당신이 분하게 여기는 항목 중 하나를 택하여 그것을 종이에 반복해서 적는 것이다. 마음속에 어떠한 반발도 생기지 않고 "나는 _____에 대해 당신을 용서합니다"라고 여러 번 말할 수 있을 때까지 생각나는 모든 반론을 나열한다. 이것은 당신이 더 이상 과거 속에 살지 않고 현재의 삶을 살 수 있게 해줄 것이다.

'잊다'(forget)라는 단어에 대한 웹스터 사전의 정의가 어쩌면 당신이 선택할 수 있는 태도와 반응에 대한 통찰을 줄 수 있을 것이다. '잊다'는 '기억을 잃어버리다, 무관심하게 대하다 또는 무시하나, 의도적으로 무시하다, 못 본 체하다, 기억하거나 주목하지 않는다, 적절한 때에 의식하지 못한다'라는 뜻이다. 그것은 그냥 일어나지 않는다. 목적을 가지고 의도적으로 해야 하는 것이다.

우리가 용서할 수 있는 것은 하나님께서 우리를 용서하셨기 때문이다. 그분은 우리에게 아름다운 용서의 본을 보여주셨다. 하나님의 용서가 우리 삶에 스며들어 우리를 다시 새롭게 하는 것이 온전함을 향해 나아가는 첫걸음이다.

"당신이 어떤 사람을 용서했을 때 그것을 어떻게 아는가?"라는 질문에 루이스 스메디스는 이렇게 말했다.

"당신의 마음속에서 그 사람이 잘되기를 바라기 시작할 때 당신은 용서한 것이다."

그 사람을 위해 기도하고 하나님의 축복이 그 사람에게 임하기를 간구할 수 있을 때 우리는 용서한 것이다. 그러나 다시 말하지만 용서는 서서히 이루어지며, 이별의 상처와 아픔을 다 이겨내기까지 몇 달 혹은 몇 년이 걸릴지 모른다.

당신의 용서 행위를 마무리짓기 위해 상대방을 놓아주는 '석방 진술서'를 쓰는 것이 도움이 될 수도 있다. 앞에서 전 남편을 용서하기 위해 애쓰던 여자는 자신의 석방 진술서에 이렇게 썼다. 그녀의 사연은 과거의 상처를 극복할 때 일어날 수 있는 일을 잘 보여주는 예다.

친애하는 짐에게

내가 당신에게 부여했던 책임, 이혼 때문에 내가 느껴온 감정들에 대한 책임으로부터 당신을 놓아줍니다. 당신이 왜 그랬는지 다 이해하지 못했고 아마 앞으로도 절대 이해하지 못할 겁니다. 하지만 지금 그것은 중요하지 않습니다. 중요한 건 내가 지난 3년 동안 당신을 향해 품었던 미움과 원망으로부터 당신을 놓아준다는 것입니다. 당신이 어떤 사람이 되었어야 한다는 나의 기대들로부터 당신을 놓아줍니다. 당신을 용서합니다.

예전 관계가 부부였든 아니든, 그것이 이혼이든 죽음이든 또는 결별로 끝났는지와 상관없이, 긍정적인 단계는 이별의 편지를 쓰는 것이다. 다음은 한 남자가 재혼을 준비하며 죽은 아내에게 쓴 편지다.

사랑하는 크리시에

난 다시 결혼을 하려고 해. 나중에 "사랑하는 크리시에, 난 재혼을 했어"라는 편지를 쓰고 싶지 않았어.

당신이 이 세상에 있을 때, 그리고 우리가 함께 있을 때 내가 당신을 사랑했다는 걸 알지. 여전히 당신을 사랑하냐고? 그렇기도 하고 아니기도 해. 그래, 한때 내가 알았던 사람, 내 기억 속에 있는 그 사람을 난 여전히 사랑해. 하지만 크리시에, 당신은 더 이상 여기에 없어. 당신이 없기 때문에 "사랑해"라고 말할 수가 없어. 마음속으로 생각은 할 수 있지만 그 생각을 이어갈 순 없어. 당신을 그리워하냐고? 그래. 당신을 다시 볼 수 있으면 좋겠냐고? 당연하지. 하지만 나는 사람이고, 사람을 사랑할 수 있을 뿐이야.

당신이 여기 있다면 에밀리를 소개해줄 텐데…. 그녀는 매력 있고, 친절하고, 똑똑하고, 내가 존경할 만한 특별한 능력이 있어. 또 에이미와 케이티에게도 매우 다정해. 비록 아이들은 그녀를 당신만큼 권위 있는 사람으로 여기지 않지만, 그녀는 예전에 당신이 했던 것처럼 아이들에게 잘해.

난 당신이 그리워. 우리의 어린 크리스틴도 그립고…. 내가 얼마나 그리워하는지 아무도, 심지어 당신도 모를 거야. 그 아이를 따뜻하게 보호해줘. 당신만 해줄 수 있으니, 부디 그 아이를 사랑해줘. 난 지금 내가 사랑해줄 수 있는 케이티와 에이미를 사랑해줄게.

이 과정에 속한 또 다른 단계는 고통스러운 장소들에 대해 둔감해지는 것이다. 나는 가슴 아픈 기억이 자꾸 떠올라서 직장을 옮기고, 예전에 즐겨 찾던 식당을 피하고, 심지어 교회까지 옮긴 사람들과 이야기를 나눠보았다. 하지만 이것은 다른 사람이 당신의 삶을 통제하고 지배하게 만드는 것이다. 당신이 이 모든 장소로 돌아가서 그것들을 지배하는 것이 반드시 필요하다.

어쩌면 이혼 전에 휴가를 보냈던 특별한 장소에 다시 가고 싶을 수도 있다. 그러나 두려움이 당신을 붙잡는다면 친한 친구나 친척과 함께 가라. 기도하며 이 장소를 예수 그리스도께 내어드리고, 여기서 아픔을 가져가 달라고 간구하라. 자주 가던 식당이나 교회도 다시 찾아가라. 그 때를 특별한 시간으로 만들고, 그 장소와 때에 하나님의 축복이 임하기를 구하라. 당신이 멀리할수록 두려움과 혐오감은 더 커진다. 그곳에 돌아감으로써 오히려 고통을 약화시킬 수 있다.

관계의 형성 단계에서 연애편지를 쓰는 것은 흔한 일이다. 그에 비하면 관계를 끝내기 위해 편지를 쓰는 것은 드문 일이지만, 이 행위는 확실히 마음을 가라앉힐 수 있다. 이 마지막 연애편지는 분노와 애원, 합리화, 염려, 또는 사과를 포함한 당신의 모든 생각이 담긴 것이다. 편지에 그것을 다 쓰되 보내지는 말라. 이 프로젝트는 며칠 동안 계속될 수도 있고 한 번으로 끝날 수도 있다. 그것은 이 사람과 함께 이루지 못한 당신의 꿈들, 그리고 그가 당신을 떠남으로써 잃게 될 것들을 내려놓는 것을 포함한다. 이것은 특히 빈 의자를 향해 편지를 큰 소리로 읽고, 그 모든 내용을 기도로 하나님께 아뢰고, 당신을 억압하는 생각들에서 자유로워지며, 마지막 작별 인사를 고하는 정화의 행위다. 이 과정을 완수하기 위해 당신의 추억들과 그에게 받은 선물들을 모아놓고 긍정적이고 부정적인 기억들을 되돌아보는 것이 도움이 된다. 그중에는 버리고 싶은 것도 있고 계속 간직하고 싶은 것도 있을 것이다.

5단계 : 다시 세우기와 결심

이 단계에서 당신은 마침내 희망을 가지고 미래에 대해 이야기할 수 있다. 당신은 이제 막 상대방으로부터 온전히 분리되었다. 바라기는 오래 지속되던 두려움도 사라졌을 것이다. 이 시기에 과거의 감정적인 애착이 사라지고 건강한 관계에서 새로운 애착이 생겨날 것이다.

한부모 모임에서 나는 많은 사람에게 이 질문에 답해보라고 권했다.

"깨진 관계로부터 회복되는 데 가장 큰 도움이 되었던 조치는 무엇이었습니까?"

다음 네 가지 서로 다른 대답이 방법의 다양성을 보여준다.

"하나님과 관계를 맺는 것이요. 그래서 제가 혼자가 아니란 걸 알게 됐어요! 믿음으로 이겨낼 수 있었어요! 또 제가 공감할 수 있고, 도움을 받을 수 있고, 저의 감정들을 표현할 수 있는 사람들을 만날 수 있는 장소가 있다는 게 도움이 되었어요. 제가 성장하고 배우도록 격려받은 (안전하고 건강하고 성령 충만한) 곳, 거기서 얻은 도구들 덕에 이 일이 가능했던 거예요."

"왜 그 관계가 끝났을까에 대한 의문이 생길 때마다 그 사람에게 나를 만나줄 수 있는지 물었어요. 그는 제 질문에 답해주었고 그가 생각하는 그 상황을 제가 이해하게 도와주었어요. 제가 그 일을 이해하고 받아들일 수 있도록 처리하는 이 과정이 저를 매우 자유롭게 해주었어요."

"저와 똑같은 상실을 경험한 크리스천들과 안전하고 긍정적인 관계를 맺게 해준 협력단체에 가입했어요. 저는 거기서 깊이 생각하고, 배우고, 성장하고, 울고, 위로하고, 위로를 받을 수 있었어요. 제가 사랑받을 수 없고 받아들여질 수 없다고 느낄 때 사랑과 수용을 경험했어요. 저는 치유되기 시작했고 용서하기 시작했어요."

"저 자신에게 관심을 가졌어요. 결별에 이르게 한 문제는 저에게 있었어요. 또 사람들에게 회복을 위한 도구와 기술을 제공하는 것을 목표로 하는 그룹 교육에 참여했어요."

그러나 우리는 관계가 깨질 때 일어날 수 있는 세 가지 결과가 있다는 것을 기억해야 한다. 그것은 더 나은 쪽으로의 변화, 더 나쁜 쪽으로의 변화, 또는 이전 수준의 삶으로 돌아가는 것이다.

헤어지고 나서 처음에는 더 좋게 변화되는 것을 상상하기가 거의 불가능하다. 특히 당신이 거절당한 쪽이라면 더 그렇다. 위기가 조금 더 지나면 긍정적인 변화의 가능성을 희미하게나마 볼 수 있을지도 모른다. 이 인생의 전환점에서 당신의 판단과 결정이 다른 결과를 만들어낼 것이다. 그다음에 당신은 앞으로 나아갈 수 있다.

FINDING THE *RIGHT ONE* FOR YOU

PART 02

내게 꼭 맞는 배우자를 찾는 법

당신이 독신이라면(이 책을 읽고 있다면 그럴 가능성이 꽤 높다) 그 이유는 무엇인가? 당신이 결혼을 하기 원한다면 왜 하지 않고 있는가? 이유가 무엇인가? 제일 먼저 당신의 마음속에 떠오르는 명백한 이유들을 뜻하는 것이 아니라, 지금 당신의 상황의 중심에 있는 실제적이고 깊은 이유들을 말하는 것이다.

독신인 이유

내가 목록 작성을 좋아하는 사람이라는 것을 인정한다. 그 이유 중 하나는 그냥 생각만 할 때보다 원인을 분명히 볼 수 있을 때 생각과 평가를 더 잘할 수 있기 때문이다. 당신은 자신이 쓴 것을 보고 깜짝 놀랄지도 모른다. 특히 이것을 작성하는 데 며칠이 걸린다면 더 그럴 것이다. 천천히 시간을 두고 당신 자신이 생각하는 이유들을 깊이 생각해보고, 그다음에 내가 몇 년 동안 들어온 이유들을 생각해보기 바란다.

1. 아직 적합한 상대를 찾지 못했다.
2. 독신을 즐기고 있다.
3. 관계에 투자할 충분한 시간이 없다. 언제쯤이면 시간이 있을까?
4. 이성이 없어도 나는 살 수 있다.
5. 내가 생각하는 기준에 맞는 사람을 만나지 못했다.
6. 독신으로 살아도 괜찮다고 믿는다.
7. 나는 40년 동안 독신으로 살아왔다. 내가 결혼생활에 적응할 수 있을지, 또는 결혼을 원하는지 잘 모르겠다. 어쩌면 상대방도 그럴 것이다.
8. 아직 지난 관계의 상처가 회복되는 중이다.
9. 데이트 현장을 좋아하지 않는다. 대부분의 장소는 헌팅 장소다.
10. 내가 준비되었는지 아직 확신이 없다. 나는 준비가 필요하다.
11. 독립이 좋고, 결혼은 구속이라고 생각한다.
12. 잘못된 사람을 선택하면 어떡하나? 나는 종종 그런다.
13. 여자로서 나는 한 남자의 지배를 받고 살까 봐 두렵다. 나의 정체성을 잃을 수도 있다.
14. 두 번 이혼을 경험해서 겁이 많다.

15. 나는 상대방을 사랑하는데 그 사람이 날 사랑하지 않으면 어떻게 하나?
16. 친밀한 관계를 갖는 것이 겁난다. 나에게 맞지 않는 것 같다.
17. 어디로 가면 기독교인을 찾을 수 있을까?
18. 일과 연애를 둘 다 잘할 수 없다.
19. 소명과 아내를 잘 조화시킬 수 있을까?
20. 크리스천이면서 정말로 예리한 사람이 있을까?
21. 멋진 사람들을 만나려면 어디로 가야 하는가? 나는 찌질한 사람들이 있는 곳만 안다.
22. 강한 남자들이 없다. 내가 그들을 키우거나 엄마처럼 돌봐야 한다면, 그럴 만한 가치가 없다. 집안일을 잘하는 남자들을 별로 보지 못했고, 또 그런 사람들은 완벽주의자에 융통성이 없다. 그들과 함께 살려고 애쓰면 불행해질 것이다.
23. 내가 만난 대부분의 여자는 너무 강압적이다. 처음에는 나를 받아 주는 것 같지만, 그들은 늘 훈계하려고 하고 나를 하루빨리 개선시키지 못해 안달이다.

결혼을 원하는 자들을 위한 사실

당신이 결혼하기 원한다면 충족되어야 할 몇 가지 조건들이 있다.

1. 당신은 위험을 감수해야 한다.

그러나 그것이 삶에서 앞으로 나아가는 방법이다. 거북이를 기억하라. 거북이는 목을 내밀어야만 앞으로 나아갈 수 있다.

2. 당신은 상처를 경험할 것이다.

   그러나 전에도 상처를 경험하고 견뎌내지 않았는가?

3. 당신은 결혼하면 독신일 때와 같이 살 수 없다.

   지금의 삶이 만족스러울지 모르나, 결혼생활과 그것이 주는 유익은 훨씬 더 좋을 수 있다. 내가 결혼 옹호자라고 생각한다면 맞다. 결혼 전 상담을 할 때 나는 커플들에게 이렇게 말한다. "당신들은 독신일 때의 삶을 결혼생활에 가지고 들어올 수 없습니다. 이제 당신들에게 어떤 변화가 필요할지 알아봅시다." 각각의 변화는 성장의 잠재력을 갖고 있다.

4. 당신의 직장생활에 지금 같은 에너지와 시간, 관심을 쏟지 못할지도 모른다.

   그게 그렇게 나쁜가? 인생에는 일보다 더 많은 것이 있다. 당신이 자신의 일을 통해 정체성과 자존감을 형성하고 있다면 이번이 변화의 기회다.

5. 당신은 연약함을 드러내고 친밀해져야 할 것이다.

   이 부분에 대해서는 부정적인 것이 없다. 이것은 하나님이 당신에게 주신 잠재력을 충분히 발휘하도록 도울 것이다.

이러한 것들보다 독신생활에 더 가치를 둔다면, 결혼을 다시 생각해보기 바란다. 그렇지 않다면, 이 기준을 충족시키지 못하는 것이 결혼생활을 파괴할 수 있다. 중요한 질문은 이것이다.

"당신의 삶에서 좋은 것이든 나쁜 것이든, 결혼하고 싶다는 갈망과 경쟁하고 있는 것은 무엇인가?"

결혼보다 더 중요한 것이 있는가? 무엇이 더 높은 우선순위가 될 수 있겠는가?

40대의 한 남자는 내게 이런 말을 했다.

"그래요, 전 결혼하고 싶어요. 하지만 새 일부터 시작해야만 해요. 저는 동시에 두 가지를 할 수 없고, 두 가지를 공평하게 대할 수 없거든요. 당장 먹고 살아야 하니, 어떤 걸 미뤄야 할지 아실 거예요."

결혼하지 않는 이유들이 있다는 것은 부정적인 것이 아니다. 모든 사람이 결혼하도록 부름을 받는 것은 아니다. 독신생활을 선택하는 것에 대해 생각해본 적이 있는가?

독신의 가치

팀 스태포드가 독신생활에 대해 한 말을 생각해보자.

하나님께서는 당신이 독신으로 살기를 원하실지도 모른다. 그는 모든 사람이 적어도 인생의 일부분은 혼자 살기를 원하신다. 또한 성경은 독신생활을 이류로 취급하지 않는다. 사실 성경은 독신을 긍정적으로 말한다. 중세 시대에 크리스천들은 너무 멀리 가서 결혼을 이류로 간주했다. 우리는 다른 쪽으로 너무 간 것 같다. 중간에서 균형을 잡아야 한다. 결혼과 독신 둘 다 하나님께서 주신 선물이다.

잠시 동안 한 가지 사실을 깊이 생각해보자. 우리 주 예수 그리스도는 결혼을 하지 않으셨다. 그러나 완전하셨고 온전히 만족하셨다. 그는 우리가 닮고 싶은 삶을 사셨다. 그렇다고 해서 우리 모두가 독신으로 살기를 원해야 한다는 뜻은 아니다. 대부분의 남녀에게 결혼이 최선의 길이라는 데는 의심의 여지가 없다. 그러나 한 가지만은 분명히 말해두어야겠다. 독신으로 산다고 해서 꼭 불행한 것은 아니다.

바울 역시 결혼하지 않았다. 적어도 한창 사역할 때는 하지 않았다. 그는 고린도전서 7장에서 독신생활을 권하며 그것을 은사라 칭한다(이상하게도 대부분의 사람이 맞바꾸고 싶어 하는 은사다). 그리고 예수님 자신은 마태복음 19장 10-12절에서 어떤 사람들이 결혼하지 않고 살아야 하는 이유에 대해 긍정적으로 말씀하신다. …

내가 아는 가장 슬픈 사실 중 하나는 미혼자들이 그들에게 어떤 일이 일어나거나 어떤 사람이 나타나기를 기다리는 것처럼 살려고 하는 것이다. 그들은 불확실한 상태에서 마법 같은 날이 찾아오기를 기다리며 사는 것처럼 행동한다. 물론 그들은 대체로 실망한다. 어떤 경우에는 아무도 결혼하고 싶어 하지 않는 형편없는 인간의 표본이 되기도 한다. 더 자주 일어나는 일은 그들이 결혼하고 나서 삶의 열쇠를 받지 않았다는 것을 알게 되는 것이다. 즉 그들이 결혼 전에 길렀어야 하는 진취성과 인격이 바로 결혼생활에 필요한 것이다. 그리고 그들은 여전히 외롭고 좌절감을 느낀다. …

우리 문화, 특히 기독교 문화는 행복한 결혼생활을 위해 노력이 필요하다는 것을 거듭 강조해왔다. '행복한 결혼생활'을 이룬 사람들을 존경하고 감탄한다. 그러나 행복한 독신생활을 위해서도 노력이 필요하다는 사실을 강조하는 얘기는 좀처럼 들어보지 못했다. 훌륭한 독신생활을 창조해냈다고 칭찬하는 말도 들어본 적이 없다. 이것은 독신자들에게 은사를 받았다고 말하는 것이 마치 어린아이에게 짐승의 간이 네 몸에 좋으니 맛있게 먹어야 한다고 말하는 것처럼 들리는 분위기를 조성한다.

내가 보기에 독신은 우리가 도달한 상태가 아니라 하나의 열린 문으로서, 우리가 따라가야 할 기회들이다.[1]

찰스 컬링은 독신이 당신에게 맞는 것인지 판단하기 위해 다음과 같은 생각을 해볼 것을 제안한다.

1. 독신생활은 평생 가기보다는 일정 기간 동안(예를 들면 30살이 될 때까지) 지속될 것임을 인정하라.
2. 결혼한 후에 독신으로 지냈어야 했다는 것을 깨닫는 것보다 독신이 당신에게 맞지 않는다는 결론을 내리고 나서 결혼하는 것이 더 쉽다는 것을 인정하라.
3. 당신이 평생 독신으로 지낼 수도 있다는 생각을 갖고 살 수 있는가?

4. 하나님을 섬기려는 당신의 열망이 배우자에 대한 생각 때문에 복잡해지는가?
5. 데이트의 필요성을 느끼지 않고 혼자서 즐기며 살 수 있는가?
6. 진지한 연애를 하지 않고 일정 기간 동안(예를 들면 1년, 5년 등) 독신으로 지내겠다고 하나님께 맹세한 것을 지키며 살 수 있겠는가?
7. 독신생활의 유익이 결혼의 유익보다 더 크다고 보는가?
8. 당신이 결혼했다면 하기 힘든 형태의 봉사를 하나님께서 당신에게 맡기신다고 생각하는가?(예를 들면 도심 지역에서의 사역, 원시부족 선교 프로젝트 같은 일 등)
9. 하나님께서 원하시는 일이라면 기꺼이 독신이라는 오명을 가지고 살겠는가?
10. 독신이 당신을 위한 것이라고 생각한다면 특정 기간 동안 시도해보라(1년 동안 데이트를 하지 말고, 데이트 시간을 하나님을 섬기는 일에 헌신해보라). 실패하더라도 하나님의 은총에서 떨어져 나왔다고 생각해선 안 된다. 이것은 단지 실험에 불과하다. 선교지에 가려고 했는데 가지 못하는 것과 비슷하다. 당신은 어디에 있든지 여전히 하나님을 섬길 수 있다. 그러나 하나님께서 당신에게 주실지 모르는 다른 어떤 소명과 마찬가지로 독신생활의 소명에 대해서도 열려 있어야 한다.[2]

그의 제안에 대해 어떻게 생각하는가? 어느 사려 깊은 여성이 편지로 자신의 경험을 전해주었다.

제가 지금 41세이고 아직 결혼을 하지 않았다는 사실을 고려할 때, 사실 저의 연애 경험은 아주 방대했어요. 경험을 깊이 했을 뿐만 아니라 매우 폭넓게 했다고 할 수 있겠죠. 제가 데이트를 했던, 혹은 더 진지한 관계를 맺었던 남자들의 다양한 성격을 생각해보면, 정말 믿기 어려울 정도로 다양했어요.

그러고도 여전히 저는 어떤 특정 관계로부터 평생 한 남자에게 헌신하겠다는 동기를 부여받지 못했어요. 어쩌면 저의 개인적인 성장 시점이 문제였을 수도 있고, 아니면 제가 결혼할 남자를 아직 만나지 못한 것일 수도 있겠죠. 그렇게 로맨틱한 사람에게, 지난날을 돌아보며 저를 위한 계획에 결혼이 없었다는 사실을 발견하게 되는 것은 잔혹한 현실일 거예요. 하지만 전 절대로 그 생각을 하나님으로부터 오는 것으로 받아들일 수 없었어요. 그래서 여전히 꿈에 그리던 남자를 찾게 되길 희망하고 있어요. …

결혼하지 않을 수도 있다는 현실을 실제로 받아들이는 것이 중요해요. 제가 그렇게 말하는 이유는 많은 친구가 한 남자 때문에 슬퍼하며 결혼할 때까지 자신의 삶을 보류하다가, 결국은 여전히 결혼을 못 하거나 아니면 결국 결혼은 했지만 만족스럽지 못한 부부관계를 겪는 것을 봐왔기 때문일 거예요. 오랫동안 그런 현상을 지켜본 저는 제 삶에 누가 있든 없든 저의 인생을 살기로 결심했어요. 친구들, 가족, 애인, 직장 등

삶 속에서 경험해야 할 것들이 너무 많기에, 저는 그것을 함께 나눌 누군가를 기다리면서 삶이 주는 모든 것을 놓치는 게 싫어요. 항상 동반자를 바라고 기다리되, 혼자일 때 존재하는 모든 감정과 현실을 다루는 법을 배우면서 최선을 다해 사는 것이 더 좋다고 생각해요. 그리고 혼자 지내며 다른 사람과 긴밀한 관계를 맺지 않고 삶을 창조해가는 문제를 실제로 해결한 남녀들이 가장 행복하고 건강한 배우자를 만날 거라고 생각해요.

독신은 당신이 결혼을 원할 때에만 문제가 될 뿐이다. 그러나 당신은 그것을 거부하며 그 이유를 모른다. 그리고 결국 고착 상태에 빠진다. 만일 당신이 내년에 결혼한다면 당신의 삶에 어떤 변화가 일어나겠는가? 긍정적, 부정적인 면들을 적어보라.

결혼에 대한 찬성과 반대

긍정적인 면	부정적인 면

이제 당신이 쓴 목록을 다시 살펴보자. 부정적인 항목을 어떻게 재구성하면 긍정적인 것이 될 수 있겠는가? 생각해보라. 나와 이야기를 나누는 많은 독신자가 결혼하기 원한다. 문제는 어떻게 적절한 사람을 찾느냐는 것이다. 그것이 다음에 살펴봐야 할 주제다.

결혼을 원하는 우리, 무엇을 해야 할까?

빨래방이 사람들을 만나는 유일한 장소인가? 치료사로서 나에게 가장 많은 영향을 끼친 선생님 중 한 분이 윌리엄 글래서라는 심리학자인데, 그가 우리 마음속에 각인시킨 개념은 '우리는 삶에서 얻기 원하는 것에 대한 계획이 있어야 한다'는 것이다. 그러나 계획을 세우는 것이 좀 더 쉬운 사람이 있고 그렇지 않은 사람이 있다. 이 책을 읽는 어떤 사람들은 계획을 불필요한 짐처럼 취급하는 성향이 있을 것이다. 그것은 그들의 자유로운 시도에 방해가 된다. 그러나 어디서 어떻게 이성을 만날 것인가에 대한 기본 계획이 있는 것이 중요하다.

계획을 마음에 품고 있어도, 적절한 사람을 발견하는 데는 타이밍이 큰 비중을 차지한다. 적절한 사람을 만나서 결혼하는 것은 당신이 생각하는 것보다 훨씬 더 많이 타이밍과 엮여 있다. 어쩌면 당신은 그것을 이미 경험했을지도 모른다. 어느 날 저녁, 당신은 몇 년 동안 찾아왔던 스타일의 사람을 만났지만, 당신은 미처 알아채지 못했을 것이다. 당신은 또 어떤 행사에서 이상형의 사람을 만나지만, 그곳에서 별 관심 없는 사람과 첫 데이트를 하느라 다른 가능성을 쫓아버릴 수도 있다. 아니면 이 특별한 사람이 이미 당신의 제일 친한 친구와 연애 중일 수도 있다. 이런 상황들이 벌어질 것이다.

네 가지 관계의 가능성

당신의 관계는 아마 네 가지 가능성 중 하나가 될 것이다. 첫째, 잘못된 시기에 적절한 사람을 만난다. 둘째, 적절한 때에 잘못된 사람을 만난다. 셋째, 잘못된 때에 잘못된 사람을 만난다. 넷째, 드디어(바라건대) 적절한 때에 적절한 사람을 만난다.[3]

적절한 사람인데 때가 적절치 않을 때 당신은 이런 생각을 하게 된다.

'내가 다른 때에 그를 만났더라면….'

어쩌면 당신이 너무 어릴 때, 너무 돈이 없을 때, 또는 너무 두려움이 클 때 그런 사람을 만났을 것이다. 결국 수많은 '…했더라면'만 남고, 이 환상 속의 사람은 몇 달 동안 당신의 마음 한가운데 머물러 있다.

적절한 때에 잘못된 사람을 만나면 처참한 결과로 이어질 수 있다. 당신이 연애에 대한 높은 기대가 있는데 상대가 그렇지 못할 경우, 이것은 당신에게 매우 고통스러울 수 있다. 당신은 이때 관계를 키워가기 위해 더 열심히 노력할 것이다. 때로는 당신에게 무슨 잘못이 있는지 의문이 들기도 한다! 진짜 문제는 한 곳에 정착하고 결혼을 하고자 하는 갈망이 너무 강해서 다른 사람을 객관적으로 평가하지 못하기 때문에 생긴다. 결혼에 대한 갈망이 다른 사람에 대한 적절한 평가보다 앞서는 것이다. 강렬하고 힘 있게 "나는 그저 결혼이 하고 싶다"라고 말한다면 검열 장치가 중립에 놓인 것이 틀림없다.

나는 많은 여자가 이렇게 말하는 것을 들었다.

"나는 절대로 더 젊어질 수 없어. 아이를 가질 기회가 서서히 사라지고 있고, 그 기회를 놓치지 않으려면 앞으로 2년 안에 결혼해서 바로 아기를 가져야만 해. 그러니 지금 바로 결혼할 남자가 있어야 해."

이런 욕구가 강해지면 당신은 다음에 나타나는 데이트 상대와 사랑에 빠지기로 결심할 것이다. 내가 본 몇몇 남녀들은 이혼하는 와중에 사실상 같은 발언을 했다.

"제가 뭐에 홀려서 그 사람과 결혼을 했을까요? 그 사람은 정말이지 제가 찾던 사람이 아니었어요. 제 머리가 어떻게 됐던 것이 틀림없어요. 그냥 결혼이 너무 하고 싶어서 제일 먼저 결혼할 수 있는 사람과 한 것 같아요."

많은 독신자의 경우, 그들의 삶은 잘못된 때에 잘못된 사람을 만나는 연속적인 패턴인 것 같다. 그 사람에게 강한 끌림이 있을 때는 특히 더 힘들지만, 당신은 그 사람이 당신을 위한 사람이 아니라는 것을 안다. 다행히도 이런 관계들은 대부분 단기간에 끝난다. 한 사람이 '아예 없는 것보다는 누구라도 있는 게 낫다'는 이유로 계속 붙들지 않는 한 말이다. 하지만 한 사람 혹은 두 사람 모두 서로 맞추기 위해 계속 노력하거나 '언젠가는 내가 진심으로 그 사람을 사랑하게 될 거야'라고 생각할 때 관계가 몇 년 동안 지속되는 것도 더러 보았다. 때로는 관계가 지속적인 우정으로 발전하기도 한다. 그것은 적어도 그 커플의 필요를 채워주는 정신적인 관계다.

당연히 우리는 적절한 때에 적절한 사람을 만나기 원한다. 그리고 이것은 가능하다.

자기 평가

우리가 적절한 사람을 찾기 위한 계획과 절차에 뛰어들기 전에 생각해봐야 할 또 다른 요소가 있다. 당신이 괜찮은 파트너를 만난다고 하자. 그 사람의 마음을 어떻게 얻을 것인가? 당신의 자질, 특성, 장단점은 무엇인가? 때때로 우리는 자신이 괜찮은 사람이 되는 것보다 괜찮은 사람을 찾는 것에 더 몰입한다. 어쩌면 당신의 결혼관을 시사하는 한 단락을 써보는 것이 유익할 것이다. 그것은 당신의 선택을 위한 더 나은 근거를 제시해줄 것이다. 당신은 나 자신에 대해 뭐라고 말해야 할지 궁금해할지도 모른다. 당신이 누구인지 묘사해보라. 특히 당신의 자질, 관심사, 성격 특성을 긍정적인 면과 부정적인 면을 포함하여 나타내보라.

다른 말로 하면, 당신이 원하는 사람의 유형에 대해 요구할 때 당신의 요구가 충족될 것 같은가? 그러니까 당신이 개인적으로 그런 사람의 마음을 끌 만한 사람인가? 당신이 부정적이고 비판적이라면, 긍정적이고 건강한 사람의 마음을 끌 확률이 얼마나 되겠는가? 당신이 긍정적이고 안정적이라면 그런 사람의 마음을 끌 가능성이 더 크다. 그러니 당신이 파트너에게 원하는 점을 당신 안에서 길러야 한다.

몇몇 독신자들의 희망사항을 모아놓은 다음 글들이 추가적으로 중요한 사실을 덧붙이는 데 도움이 될 것이다.

"저는 경제적으로 안정된 사람을 원해요. 청구서가 밀리지 않고 연봉이 8천만 원에서 1억 정도 되면 좋겠어요."

경제적 안정은 중요한 것처럼 들린다. 하지만 당신은 경제적으로 이 사람에게 무엇을 줄 것인가? 당신의 이러한 갈망은 당신의 삶의 기준에 근거한 것인가, 아니면 당신을 빚에서 구해줄 사람이 필요한 것인가? 상대방이 당신의 경제적 상태에 대해 안심할 것인가?

"저는 학교를 졸업하고 직업적 성과를 올리고 있는 사람을 원해요. 그녀의 직업이 사회에서 중요한 의미가 있고, 다른 사람들의 삶에 기여하면 좋겠어요."

당신에게 이렇게 묻고 싶다. 당신의 삶에 그런 사람의 마음을 끌 만한 무언가가 있는가? 당신은 간접적으로 그녀와 그녀의 성과에 기대어 살고자 하는가, 아니면 이 관계 속에서 당신이 요구하는 기준을 당신도 맞출 수 있는가? 그 관계는 평등할 것인가, 아니면 한쪽으로 치우칠 것인가?

"저는 정말로 매력적인 여자를 원합니다. 그게 전부는 아니지만, 제가 보기에 좋은 사람을 만나야 해요. 10점 만점은 아니어도 9.5은 됐으면 좋겠어요."

우리가 다른 사람의 외모를 보고 즐거워하는 것은 중요하다. 하지만 이 사람이 당신을 보면서도 그만큼 즐거워할 것인가? 당신이 파트너에게 기대하는 것을 당신은 줄 수 있는가?

당신 자신에 대한 글을 쓰는 임무로 돌아가기 전에, 또 한 가지 생각해봐야 할 요소가 있다. 당신은 특정한 성격과 자질을 가진 사람을 찾고 있고 그 사람에게 끌릴 것이다. 가령 당신이 경제적으로 안정되고 기여도가 높은 직업을 갖고 있거나 혹은 매우 매력적인 사람과 결혼을 한다고 하자. 결혼한 지 5년 뒤에 당신의 배우자가 직장을 잃고 2년간 실업자로 지낸다면 당신의 결혼 서약에 무슨 일이 일어날 것인가? 또는 매우 선망 받는 직업에 더 이상 종사하지 않는다면? 그녀의 체중이 30킬로그램이나 늘거나 몸에 보기 흉한 화상을 입는다면? 그런 일은 실제로 일어난다. 당신은 그런 일이 다른 사람에게만 일어난다고 생각하며 자신에게 일어날 것이라고 믿지 않는다. 하지만 생각해봐야 할 문제다.

당신은 자신에 대한 글을 써보는 것을 귀찮게 여길지 모른다. 사람들이 정말로 이것을 할까? 그렇다. 그들은 항상 한다. 그들 스스로 하거나, 아니면 결혼정보회사 서비스를 받을 때마다 하게 된다. 다음은 한 기독교인 결혼정보회사에서 가져온 예다.

영화배우 노아 와일리를 닮음
잘생기고 키 185cm에 체중 86kg, 나이 40세, 미혼. 스포츠와 영화 관람을 즐김. 주택 소유. 감수성이 풍부함. 소통을 잘함. 긍정적이고 착한 마음에 느긋한 성향을 갖고 있으며, 감수성이 풍부하고, 부채가 없고, 친절하고 유머 감각이 있는 상대를 찾고 있음. 초혼에 키 152~170cm, 나이 23~33세를 선호함. 신체적, 정서적, 재정적 상태가 좋은 사람.

로맨틱하고, 사회적으로 성공했으며, 잘생김

고학력 전문직, 182cm, 82kg, 40대, 근육질의 탄탄한 몸매, 이혼한 백인 남성, 세심하고 장난기 있음. 성경 공부, 콘서트, 산책, 아이들, 배우는 것을 좋아함. 원하는 상대는 밝고 유쾌하며, 상냥하고, 나를 지지해주며, 매력적이고, 날씬하고, 몸매가 탄탄하며, 살갑고, 자신감 있는 30대 혹은 40대의 미혼, 또는 이혼한 백인 여성. 전신사진 원함.

나를 찾아주세요!

미혼 백인 여성, 34세, 애교 많고, 교양 있으며, 재미있고 다정함. 굴곡 있는 몸매에 귀여움! 직업에 충실하고 자립적임. 춤과 음악, 활발한 스포츠, 가족, 노래, 교회, 노는 것, 집을 좋아함. 역동적이고, 자신감 있으며 세련된 신사를 원함. 밝고, 야심 있고, 재미있고, 자발적이며, 웃음을 좋아하고, 사람들을 좋아하고, 결혼하고 가정을 꾸리기 원하고, 담배와 마약을 하지 않는 사람이 이상형임.

조각 미녀, 매력적, 따뜻함

고학력 여성, 58세, 키 175cm. 영화, 교향곡, 여행, 보트, 수영, 산책, 만찬을 즐길 줄 아는 헌신적인 크리스천 친구를 찾음. 키가 크고, 경제력 있고, 교양 있고, 세심하며, 배려 깊고, 건강 관리를 잘하고, 담배를 피우거나 마약을 하지 않고, 고귀하고 영적인 목표를 가진 사람이길 바람.

당신의 글을 객관적으로 작성하도록 돕기 위해 당신이 취할 수 있는 두 단계가 있다. 하나는 당신을 아주 잘 아는 몇몇 가까운 친구들과 친척들을 만나 다음 질문들을 던지는 것이다.

1. 당신은 나를 긍정적, 부정적으로 묘사하기 위해 어떤 형용사들을 사용할 것인가?
2. 나의 강점들은 무엇인가?
3. 나의 약점들은 무엇인가?
4. 내가 배우자에게 무엇을 주어야 한다고 생각하는가?
5. 결혼생활을 잘하기 위해 내게 좀 더 필요한 것이 뭐라고 생각하는가?
6. 당신이 생각하기에 나에게 가장 잘 맞는 사람의 자질과 성격 특성들을 묘사해보라.

이런 것들은 어려운 질문이다. 많은 독자가 '이건 넘어가자'라고 생각하며 읽어갈 것이다. 다른 사람들의 의견을 듣는 것은 상처가 되고 방어적인 태도를 취하게 할 수 있다. 하지만 당신이 다른 사람들에게 묻는다면 당신이 그들의 의견을 구한 것임을 알아야 한다. 그것은 그들의 관점이라는 것을 명심하라. 그것은 사실이 아니다. 그러나 그들에게 묻기 전에 다음 구절들을 먼저 읽으라. 도움이 될 것이다.

훈계를 저버리는 자에게는 궁핍과 수욕이 이르거니와 경계를 받는 자는 존영을 받느니라 잠 13:18

슬기로운 자의 책망은 청종하는 귀에 금 고리와 정금 장식이니라 잠 25:12

자기의 죄를 숨기는 자는 형통하지 못하나 죄를 자복하고 버리는 자는 불쌍히 여김을 받으리라 잠 28:13

다른 가능한 방법은 당신이 글을 쓴 다음, 당신을 잘 아는 가까운 친구나 친척들에게 그것을 읽어보라고 하는 것이다. 그들은 그 글에 대해 조언해주거나, 덧붙이거나, 삭제할 부분을 제안할 수 있다. 어떤 선택을 하든 당신에게 중요한 정보를 줄 수 있을 것이다.

당신이 결국 누구와 함께할지 생각해보는 것도 중요하지만, 그들의 입장이 되어 그들이 결국 누구와 함께할지도 생각해보라. 다음 두 가지 어려운 질문이 있다. 하지만 그 질문에 반드시 답해야 한다. 각 질문에 대한 답변을 모두 완성하라.

♥ 어떤 사람이 나와 결혼하고 싶어 하는 이유는 무엇일까?

1. _____
2. _____
3. _____
4. _____
5. _____

♥ 어떤 사람이 나와 결혼하기 싫어하는 이유는 무엇일까?

1. _____
2. _____
3. _____
4. _____
5. _____

당신에게 꼭 맞는 배우자

몇 가지 기본적이고 실제적인 질문들을 통해 당신이 찾는 '당신에게 꼭 맞는 배우자'에 대해 생각해보자. 이 과정을 통해 당신이 결혼 상대에게 원하는 것과 원치 않는 것을 더 잘 이해하게 되기를 바란다.

당신이 미래의 배우자에 대해 알고 싶어 하는 정보 중에 다음과 같은 것들이 포함될 수 있다.

- 현재 직업은 무엇이며, 과거의 직업들은 무엇이었는가?
- 받은 교육과 훈련이 있는가? 필요하거나 받고 싶어 하는 추가 교육은 무엇인가?
- 직장에서 얼마나 일을 잘하고 있는가? 승진은? 과거에 직장을 그만둔 이유는 무엇이며, 현재 직업에 대해 어떻게 느끼는가? 그가 직장에서 보내는 시간은 어느 정도인가? 그는 이 일을 계속하기를 기대하는가?
- 그가 부양하는 다른 사람이 있는가? 부채는 얼마나 되는가? 재정 상태를 주기적으로 점검하는가?
- 지금보다 돈을 더 많이 벌었던 적이 있는가? 투자 프로그램을 갖고 있는가?
- 친구가 많은가, 적은가? 사람들과 어울리는 것을 좋아하는가, 집에 있는 것을 더 좋아하는가?

탐색이 필요한 다른 영역들을 제안해보겠다. 당신이 묻고 싶은 질문들을 기록해두고 싶을지도 모르겠다.

- 크리스천으로서의 경험
- 관심사와 취미

- 과거와 현재의 약물, 흡연, 음주 습관
- 가족 관계와 연애 관계
- 정서적 생활과 성격 특성들

당신은 이 질문들에 답할 수 있는가? 이런 요소들을 생각해본 적이 있는가?

때때로 사람들은 한쪽으로 너무 치우쳐 있다. 그들은 자기가 원치 않는 것은 알지만 원하는 것은 모르거나, 원하는 것은 알지만 원치 않는 것은 확실히 모른다. 그러나 둘 다 필요하다.

나는 세 가지 범주를 포함하는 체크 리스트를 제안하고 싶다. 그 범주는 선택사항, 희망사항, 필수사항이다. 각 항목에 대해 선택사항인지 희망사항인지 필수사항인지 체크해보라.

	선택	희망	필수
대학 교육	☐	☐	☐
크리스천	☐	☐	☐
야외활동을 좋아함	☐	☐	☐
영화 관람을 좋아함	☐	☐	☐
춤을 잘 춤	☐	☐	☐
결혼한 적 없음	☐	☐	☐
자녀 없음	☐	☐	☐

	선택	희망	필수
신뢰할 만함	☐	☐	☐
사교적	☐	☐	☐
조용함/내성적	☐	☐	☐
신앙심이 깊음	☐	☐	☐
스포츠 팬	☐	☐	☐
융통성 있음	☐	☐	☐
사려 깊음	☐	☐	☐
유머 감각	☐	☐	☐
다정함	☐	☐	☐
자녀를 원함	☐	☐	☐
술을 마시지 않음	☐	☐	☐
여행을 좋아함	☐	☐	☐
이야기를 잘 들어줌	☐	☐	☐
세심한 의사소통	☐	☐	☐
나이가 비슷함	☐	☐	☐
외향적인 사람	☐	☐	☐
개를 좋아함	☐	☐	☐
고양이를 좋아함	☐	☐	☐
꾸준한 직장생활	☐	☐	☐
부채 없음	☐	☐	☐

이제 당신에게 높은 우선순위인 항목들을 추가하고 평가해보라. 그리고 이 질문에 답하라.

"지금으로부터 10년 뒤, 20년 뒤, 30년 뒤에 이 사람이 어떠하기를 원하는가?"

어떤 사람들은 자신이 어떤 사람을 알기 전에 사랑할 수 있다고 믿는다. 이런 믿음을 가지고 그들이 사랑하는 것은 오직 환상일 뿐이다. 지속적인 사랑은 추정과 꿈에 근거한 것이 아니라 어떤 사람에 대한 지식을 기반으로 하는 것이다. 그것은 시간이 걸리며 오랜 시간 깊고 솔직한 대화가 필요하다.

상투적인 데이트는 사실상 시간 낭비이며 서로 알아가는 과정을 길게 연장시킬 뿐이다. 함께 시간을 보낼 때(당신의 목적이 배우자를 찾는 것이라면) TV나 영화 등을 보면서 시간을 보내는 것은 피하라. 수동적으로 즐기는 것보다 서로 상호작용을 하라.

첫 만남은 심사 과정이다

어떤 작가는 첫 만남을 심사 과정으로 이용해야 한다고 제안한다. 심사에는 세 단계가 있다.

1. 첫 단계는 그 사람에 대해 특별한 것이 있는지 알아보는 것이다. 10분간의 대화보다 더 투자할 가치가 있는가? 확신이 없다면, 당신의 첫인상이 정확한지 알아보기 위해 더 시간을 투자할 가치는 있는가? 그렇지 않다면 괜히 시간만 낭비하지 말라.
2. 그 사람의 가치관과 목적들이 당신과 비슷한가? 앞으로 10년 동안

그 사람의 가치관과 목적들이 당신에게 어떤 영향을 미칠지 상상해보라. 당신은 남은 평생 동안 그 사람과 살 수 있겠는가? 그렇지 않다면 시간을 낭비하지 말라!
3. 결혼은 사회적인 것이다. 당신의 배우자는 당신하고만 관계를 맺는 것이 아니라 다른 사람들과도 관계를 갖는다. 이 사람이 다른 사람들을 대하는 방식이 당신의 기준이나 기대에 부합하는가? 그의 행동이 당신을 당혹스럽게 하는가? 당신이 그의 행동에 대해 다른 사람들에게 해명하거나 변명할 필요가 있는가? 그렇다면 당신은 이것을 평생 하기 원하는가?[4]

어떤 사람들은 이렇게 말할지 모른다.
"하나님께서는 어디서 행하시며 성령의 인도하심이 이 심사 과정과 부합되는가? 하나님의 손에서 선택을 빼앗아오는 것은 아닌가? 내 인생을 향한 하나님의 뜻은 어떤가?"

하지만 당신이 이 단계들을 거침으로써 하나님의 뜻을 더 잘 발견하게 될 수 있다는 생각을 해본 적이 있는가? 그것은 꽤 가능성이 높은 일이다.

누군가는 당신에게 이렇게 말할지 모른다.
"현실적으로 생각하세요. 결혼 상대를 찾으려면 기준들을 좀 조정하는 게 좋을 겁니다. 당신이 원하는 사람은 오직 한 곳, 바로 당신의 마음속에만 있어요!"

당신이 현실적이 되어야 하는 것은 맞다. 하지만 우리 사회는 자신이 원하는 사람과 결혼하지 않은 사람들로 가득하다. 그들은 그저 적당히 타협하고 정착한 것이다. 문제는 오히려 미리 당신이 원하는 것을 명확히 하고, 찾고, 발견하고, 확실한 관계를 구축하고, 결혼 전 상담의 엄격함을 경험하지 않는 데 있다.

당신에게 꼭 필요한 항목들을 확인했으면 더 이상 흔들리거나 '그건 중요하지 않아'라고 생각하지 말아야 한다. 그것은 중요했고 여전히 중요하다. 이 사실을 명심하라. 어떤 30대 남성이 흥미로운 통찰을 나눠주었다.

노먼, 저는 제가 원하는 것의 목록을 갖고 있었어요. 하지만 어느 날 제가 '필수항목'이라고 했던 6가지 자질 중 어느 것도 갖지 못한 여자를 만났어요. 저는 그녀에게 홀딱 반했어요. 정말 강하게 끌렸거든요. 우리는 사귀기 시작했고 정말 좋았어요. 왜 제가 그런 자질들을 중요시했을까 궁금했어요.

6개월 뒤, 매력이 점차 시들해지고 남은 것이 별로 없었어요. 그제서야 그 자질들이 우리의 관계를 유지하는 데 어떤 역할을 했을지 알게 됐어요. 저는 또한 그것이 적절한 때에 잘못된 사람을 만난 케이스라는 걸 깨달았어요.

저는 거의 2년 동안 데이트를 했고, 어느 날 진과 제가 만났어요. 당신이 전혀 생각지 못할 장소에서요. 마트 계산대에 줄을 서 있었는데 제 카트에 그녀의 발이 걸린 거예요! 기다린 보람이 있었죠.

인내하라. 기다려라.
다음은 어떤 사람이 내게 나누어준 이야기다.

저는 하나님이 제 삶에 적절한 결혼 상대를 보내주시기를 평생 기다려왔던 것 같아요. 33살까지 기다리다가, 드디어 하나님께서 결혼을 위해 적절한 사람을 제게 보내주셨다고 생각했어요. 우리는 거의 1년 동안 연애를 했고 제가 생각하기에 최고의 친구가 되었어요. 하지만 지금 돌아보면 제가 일반적인 데이트를 하면서 한 관찰과 질문들이 매우 피상적이었다는 걸 알겠어요. 저는 누군가 자신이 거듭난 크리스천이라고 말하면 정말 그런 줄 알았어요. 그들의 신앙이 정말인지 더 깊이 살펴보거나 질문해야 한다고는 생각지 않았어요.
연애하면서 저는 계속 위험 신호들을 보았어요. 하지만 그것들을 위험 신호로 인정하지 않았죠. 이혼하고 나서 돌아보니 어떻게 그 많은 신호를 놓칠 수 있었을까 하는 의문이 들었어요. 또 그것 중 일부는 그녀 안에 감춰져, 이혼하기 전까지는 표면으로 드러나지 않았다는 걸 깨달았어요.
지금은 이혼한 지 7년이 넘었어요. 돌아보니 저의 이상과 기대들이 어떻게 변했는지 보이고, 제가 처음 몇 년 동안 누군가를 만나거나 사랑에 빠지지 않았던 걸 하나님께 감사드려요. 그때는 제가 준비되었다고 생각했지만 전혀 재혼할 준비가 되지 않았다는 걸 지금은 알 수 있어요. 솔직히 외로울 때도 있었고 삶을 함께할 특별한 사람이 있으면 좋겠다고 생각했지만, 제가 정말로 원하고 찾던 기준에 못 미치는 사람과 결혼하거나 안주하지 않았던 걸 다행으로 여깁니다.

저에게 그저 기도하면 하나님께서 주실 거라고 말해주는 친구들이 있었어요. 하지만 항상 그렇게 쉽게 된다고 생각하지 않아요. 저는 기도의 힘을 전적으로 믿고, 때로 사람들은 슈퍼나 주일학교에서 배우자를 만나기도 합니다. 하지만 당신이 거기서 그녀를 발견하지 못한다면 물론 기도도 해야 하지만 적극적으로 나가서 백방으로 노력해야 합니다. 당신이 정말로 짝을 찾고 있다면 말이죠.

그것은 직장을 찾는 데 하나님의 인도하심을 구하는 것과 같습니다. 당신은 그저 기도하고 연락이 오기만을 기다리지 않습니다. 나가서 문을 두드리며 적극적으로 일자리를 찾습니다. 동시에 당신은 자기가 어떤 유형의 직장을 찾고 있는지 알아야 합니다. 또한 적절한 짝을 찾을 때는 당신이 찾는 것이 무엇인지, 당신이 기대하는 것이 무엇이며 배우자와 관계 속에서 당신이 타협할 수 있는 것과 없는 것들이 무엇인지를 미리 어느 정도 알고 있어야 합니다.

저의 경우, 온갖 노력을 하면서 크리스천 독신자들의 모임이나 파티에 참석했고, 친구의 친구들과 관계를 형성했고, 저를 찾는 훌륭한 크리스천 여성을 만났으며, 크리스천 독신자들 사이에서 광고하려고 시도해보기도 했어요. 저는 이 모든 일이 가치 있다는 것을 알았고 많은 훌륭한 여성을 만났어요. 그러나 또한 이상한 여자도 많이 만났죠. 그래서 분별력을 사용해야 하며 질문하는 것을 부끄러워하지 말아야 합니다.

나는 '3~6개월 신드롬'을 경험한 커플들을 많이 보았다. 그들은 즉석에서 서로에게 끌렸고 그 끌림이 매우 강렬했다. 거의 압도적이었다. 그들은 서로 잘 통했다. 때때로 그들은 이렇게 말한다.

"마치 이 사람을 평생 알고 지냈던 것 같았어요. 그렇게 우린 만났어요!"

관계는 빠르게 진전되고 그들은 사랑에 빠진다. 가끔 결혼이라는 주제가 내비쳐지고 그들의 대화에 오르내린다. 하지만 그들이 더 오래 사귀다 보면 어떤 일이 일어난다. 어쩌면 한 사람이 다른 한 사람만큼 열렬하지 않거나, 한 사람이 좀 주춤하거나 똑같은 열정으로 다가가지 않을 수도 있다. 로맨틱한 분위기가 조금 흐릿해지는 것 같다. 그들은 모습을 드러낸 문제들과 씨름하기 시작하며, 이제 처음으로 그 관계를 위해 노력해야 한다. 파트너에게 완전히 빠져 있는 대신 그들을 면밀히 살피고 평가한다.

이것에 대한 나의 반응은 "아주 좋습니다!"이다. 이것은 좋은 일이다! 긍정적인 일이다. 이제 당신은 상대방을 실제 모습 그대로 볼 기회가 생겼다. 이제 그 관계는 성장할 기회가 생겼다.

그런데 우리는 기준을 너무 높게 잡을 가능성이 있다. 그래서 당신이 결혼하고 싶은 사람에 대한 목록 또는 비전을 믿을 만한 친구들과 나누는 것이 당신의 기준을 바로잡는 데 도움이 될지 모른다.

사회교환이론

당신의 목록을 새로운 관점으로 살펴보자. 당신이 결혼하고 싶은 사람으로 묘사한 사람에 당신을 위한 메시지가 담겨 있기 때문이다. 이 사람은 당신과 비슷한가, 정반대인가? 당신은 당신만큼 경제적으로 안정된, 학식 있는, 또는 매력적인 사람들에게 끌리는가? 그들은 당신과 같은 수준인가? 혹은 당신이 기준을 높이거나 낮추는 경향이 있는가? 그것은 당신과 당신의 짝이 똑같다는 뜻이 아니라, 서로 간에 어떤 교환이 이루어질 것이라는 뜻이다. 각 사람이 상대방에게 무언가를 받고 있다고 느낄 때, 아마도 다른 관계에서보다 더 많이 받고 있다고 느낄 때 관계가 지속되는 경향이 있다. 당신이 어떤 관계에서 많은 것을 받고 있지 않다면 달리 만날 사람이 없더라도 그 관계를 떠날 것이다. 당신과 연애할 가능성이 가장 큰 사람들은 연애에 대해 당신과 같은 수준의 기대치를 갖는 사람들이다.

당신에 대해 이론적으로 설명하려는 것이 아니다. 다만 나는 사회교환이론에 대해 말해왔다. 이 이론은 사랑에 빠지는 것도 우연한 사건이 아니라 고의적인 과정에 더 가깝다고 말한다. 그 이론은 당신이 다른 사람과 관계를 맺기 전에 의식적으로든 무의식적으로든 그 사람이 당신과 동등한 연애 상대인지 분별하려 한다는 것이다. 대다수의 남자와 여자는 자신이 인지하는 연애에 대한 기대 수준을 가지고 다른 사람의 적합성을 판단한다.

그러나 그것이 다가 아니다. 과거의 몇몇 관계들을 돌아보라. 그들의 신체적 특성이 특별히 달랐는가? 그들의 외모가 정말 제각각이었나, 아니면 다른 점보다 비슷한 점이 더 많았는가? 당신은 비슷한 사람에게 끌렸는가, 다른 사람에게 끌렸는가? 많은 사람이 과거를 돌아본 후에 파트너들의 비슷한 신체적 특징들이라는 흔한 주제를 발견했다. 많은 이가 자신의 배우자의 모습을 마음속에 담아두고 있다. 어쩌면 당신도 그럴 것이고, 그것이 장래의 파트너를 검열하는 레이더 같은 역할을 했을 것이다.

당신이 과거에 이렇게 했고 지금 막 그것을 인식하게 되었다면, 이것은 당신이 정말로 원하는 것인가? 당신의 기준 목록에서 외모 비중이 너무 높아서 당신에게 더 중요한 다른 특성들을 가진 사람을 발견하는 것을 제한하고 있는가? 당신 자신에 대해 묘사하는 글을 쓰는 것이 그렇게 중요한 이유가 바로 거기에 있다.

누군가는 "그건 너무 과학적이고 계산적이고 논리적이에요. 꼭 그렇지만은 않습니다!"라고 반박할 것이다. 하지만 대부분의 사람은 우연히 사랑에 빠지지 않는다. 눈이 맞는 것 이상의 무언가가 있다. 다만 명백하지 않을 뿐이다. 필수항목 중 많은 것이 배우자 선택에 영향을 미칠 변수들이다. 낭만적이지 않게 들리겠지만 연애와 배우자를 찾는 일에는 우리가 생각하는 것보다 더 많은 것이 관련되어 있다.[5]

당신은 과거에 누구와 데이트를 했는가? 그들은 어떻게 생겼는가? 지금 당신이 찾는 사람과 얼마나 일치하는가? 당신과 관계를 맺었던 사람 5명의 이름을 적어보고, 지금까지 이 장에서 다룬 내용에 근거하여 각 사람을 묘사해보라.

이름 :
비슷한 점들은? _____
_____
다른 점들은? _____
_____
그들이 지녔던 필수항목들은? _____
_____

이제 가장 즐거웠던 관계들에 대해 생각해보자. 그 사람은 당신과 비슷했는가, 달랐는가? 당신이 원하는 자질들의 목록이 있고 어떤 신체적 특징들을 좋아한다 하더라도, 가장 즐겁고 생산적인 남녀관계는 비슷한 신념과 태도, 특히 가치관을 가진 사람들과의 관계다. 당신이 어떤 사람과 데이트를 할 때 이 세 가지를 발견했다는 생각이 들면 그가 얼마나 오랫동안 그런 특성을 지니고 있었는지 확실히 조사해보라. 당신을 감동시키기 위해 이런 특성들을 최근에 빠르게 습득했다면 뿌리가 없을 것이다.

사회나 직장에서 만난 사람 중 당신과 같은 신념, 태도, 가치관을 갖고 있지 않은 사람들, 그래서 연애할 가능성이 전혀 없는 사람들에게 당신은 어떻게 대했는가? 당신은 그들과 함께 어울리기를 원했는가? 그들에게 시간을 투자하기 원했는가? 그들을 편안하게 대했는가? 우리 대부분은 그렇지 않다. 그렇다면 왜 그런 사람과 여생을 함께할 수 있다고 생각하겠는가? 신념, 태도, 가치관의 영역에서의 불일치는 종종 결혼생활에 치명적이다. 계속 파트너와 의견이 맞지 않는다면 그 관계는 그리 즐겁지 않을 것이다. 당신의 파트너가 당신의 신념과 가치관을 공유하고 있다면 당신을 더 가까이 끌어당길 것이다.

어떤 사람이 마침내 결혼할 때 그는 자신과 정반대인 사람을 택할 것인가? 오랫동안 "정반대되는 사람들이 서로에게 끌린다"는 말이 서로 끌리는 과정을 부분적으로 설명하는 데 사용되어 왔다. 그러나 결혼한 커플들을 대상으로 한 수많은 연구 결과는 거의 예외 없이 육체적, 사회적, 심리학적인 특성에서 커플들이 서로 다른 점보다 비슷한 점들이 더 많다는 것을 보여준다. 예외, 혹은 예외처럼 보이는 이들이 이 전반적인 추세를 바꾸는 것은 아니다.

상호보완적인 특성들과 상충되는 특성들

그러나 결혼이라는 틀 안에서 각 배우자의 어떤 특성들은 서로 정반대되는 것처럼 보인다. 배우자 선택의 중심에 욕구의 충족이 있기 때문에, 커플들의 어떤 필요들은 상호보완적이고 어떤 것들은 서로 상충된다는 것을 알게 될 것이다.

상호보완적인 특성과 욕구들의 영역에서는 "정반대되는 사람들이 서로에게 끌린다"는 개념이 어느 정도 정확한 것처럼 보인다. 가장 중요한 상호보완적 욕구들은 지배와 복종과 관련이 있다. 어떤 사람에게 지배하려는 욕구가 있다면 그는 순종의 욕구가 있는 사람과 결혼하고 만족할 것이다. 순종적인 남자가 지배 욕구를 가진 여자와 결혼한다면, 우리 사회가 남자에게는 지배적일 것을, 여자에게는 순종적일 것을 요구하는 경향이 있기 때문에 약간 갈등이 있을지도 모른다. 하지만 사회적인 압력에도 불구하고 이런 커플은 그 기대와 반대로 가는 선택을 할 것이다.

어떤 사람이 다른 사람들을 보살피려는 욕구, 즉 공감, 사랑, 관용을 베푸는 것 같은 욕구가 있다면 그는 보살핌을 받으려는 욕구가 있는 파트너와 행복하게 지낼 것이다. (다행히 대부분의 사람은 둘 다 할 수 있다. 그것이 더 건강한 것이다.) 다른 사람들을 칭찬하고 존중하려는 욕구가 있는 사람은 존중과 칭찬을 받으려는 욕구가 있는 사람과 결혼하면 행복할 것이다. 몇 년 후, 한 배우자의 필요가 바뀐다면 그 관계는 혼란스러워질 수 있다. 상호보완적인 욕구들은 두 사람이 서로 어떻게 대할지를 결정하는 데 도움이 된다.

상호보완적인 것과 상충되는 것의 차이점을 명심하는 것이 중요하다. 안타깝게도 일부 커플들은 그들 사이의 다른 점을 상호보완적인 것으로 분류한다. 상호보완적인 필요들은 서로 너무 잘 맞아서 따로 타협이 필요하지 않다. 그러나 상충되는 필요들은 중간 지점에서 타협이 필요하다. 그런데 보통 적절한 타협점을 찾지 못한다. 예를 들면 어떤 사람이 심하게 알뜰한데 상대방은 돈을 펑펑 쓰는 사람이라면 그 욕구들이 정면충돌할 것이다. 한 사람은 사교활동을 즐기고 다른 한 사람은 은둔자라면 갈등은 거의 피할 수 없다.

사람들은 보통 자신을 기쁘게 해줄 것이라고 기대하는 사람을 파트너로 택한다. 약혼 혹은 결혼한 커플들이 서로에게서 테스트를 통해서는 발견할 수 없는 것들을 본다는 점은 매우 흥미롭다. 한 사람이 다른 사람 안에서 보는 것이 그를 기쁘게 해주는 것이다. 종종 우리는 "그 남자는 그 여자의 어떤 점에 끌렸을까?"라고 묻는다. 우리는 그 남자가 그녀 안에서 보는 것들을 보지 못하기 때문이다. 커플이 서로를 선택하는 것은 자신을 기쁘게 하는 관계에 기반을 두고 있으며, 그들은 그것을 서로의 덕분으로 여긴다. 당신은 관계 속에서 이것을 경험해본 적이 있는가?

사람들이 연애를 하고 서로 매력을 느낄 때 기본적인 욕구들이 채워진다. 커플 관계는 많은 부분이 그런 욕구 충족에 기반을 두고 있다. 이것은 그 사람이 적절한 자질들을 갖고 있다면 그 필요를 충족시켜줄 수 있는 이성은 그야말로 엄청나게 많다는 뜻이다. 다른 사람의 눈에 존중받는 것이 우리 자신이 보기에 우리의 가치를 확증해주는 것이다. 사랑에 빠지고 싶은 욕구, 누군가 다른 사람이 우리와 사랑에 빠지게 하려는 욕구는 꼭 특정한 사람을 요구하지 않는다. 첫 단계는 그런 기본 욕구들을 충족시키는 것이다. 그다음에 성격을 맞춰가는 세세한 부분들은 창의적인 방식으로 채워질 수 있다. 이렇게 성격을 맞춰가는 것이 아마 커플이 형성한 관계의 미래를 결정할 것이다.

건강한 이유들로 결혼하는 커플들과 건강하지 못한 이유들 때문에 결혼하는 이들은 기본적으로 결혼으로 향하는 똑같은 추진력을 갖고 있으나 그 강도가 각기 다르다.

대부분의 개인은 의존 욕구에 의해 서로에게 끌린다. 얼마나 건강한 사람인지와 상관없이 우리는 모두 이런 욕구들이 있다. 건강한 의존 욕구는 완성을 경험하려는 갈망을 반영하며, 건강하지 못한 의존 욕구와 함께 완성과 소유에 대한 욕구가 있다.

자존감과 자존감이 더 커지리라는 가능성이 사람들을 결혼으로 나아가게 한다. 모든 사람은 다른 사람에게 가치를 인정받고 싶어 한다. 어떤 사람들은 배우자가 자신을 가치 있고, 훌륭하고, 매력적이고, 좋은 사람으로 느끼게 해주기를 바라는 욕구가 과도하다. 그 과도한 욕구가 점차 관계에 중압감을 일으킬 수 있다.

그러나 정상적인 인정 욕구는 결혼생활을 끌어당기고 유지시키는 강한 힘이기도 하다. 점점 더 커지는 자존감과 의존에 대한 욕구는 둘 다 헌신을 일으키며, 이것은 결혼생활의 접착제로 불려왔다. 한 커플이 결혼 전 교육을 받으러 올 때는 그 접착제가 굳어가는 과정 중에 있는 것이다.

결혼 준비 전문인 두 상담치료사는 이렇게 말했다.

결혼은 우연도 아니고 이분법적인 것도 아니라는 우리의 가정은 결혼 상담과 결혼 전 상담에서 만난 수많은 커플과의 임상실습에 의해 영향 받은 것이다. 이러한 커플들과 그들이 서로를 택한 방식에 대해 생각해보면서 우리는 커플들이 분명 임무를 수행하고 있고 어떤 과정에 몰입해 있다는 걸 알게 됐다. 그것은 많은 커플이 성장에 착수할 방법을 찾는 임무에 열중해 있다는 것을 알려주었다. 그 성장은 여러 영역에서 일어날 수 있다. 어쩌면 좀 더 사교적으로 변하거나, 좀 더 자신감이 커지거나, 좀 더 친밀해지거나, 또는 그들이 확장의 필요성을 느끼는 성격의 다른 부분일 수도 있겠다. 따라서 수많은 사람 중에 그들이 택한 상대는 바로 그들이 필요로 하는 그런 성장을 제공해줄 수 있는 사람이었다.

예를 들면 어떤 여자들은 그들에게 더 강해지는 법을 가르쳐줄 수 있는 남자를 찾고, 어떤 남자들은 그들에게 부드러워지는 법을 가르쳐줄 수 있는 여자를 찾는다. 대부분의 커플은 어떻게 해서든 변화를 일으킬 잠재력에 근거하여 서로를 발견하고 선택하는 것처럼 보인다. 그들은 마치 이상한 방법으로 치료의 임무를 수행하고 있는 것 같다. 어쩌면 결혼은 아마추어적인 심리 치료법이라고도 할 수 있다.

이 모든 것을 요약하면, 우리는 결혼에 목적이 있으며 커플들은 성장을 도와줄 상대방의 능력에 근거하여 서로를 선택한다고 믿는다. 우리는 커플들이 치유 임무에 몰두하고 있다고 생각한다. 마치 연애를 하거나 결혼을 앞둔 많은 개인이 어떤 면에서든 자신의 불완전함을 발견하는 것 같다. 그들이 짝을 찾는 것은 무계획적인 것이 아니며, 그들이 추구하는 성장을 위한 자극을 제공해줄 사람을 끈질기고 의도적으로 찾아가는 매우 직감적인 자기유도장치에 근거한 것이다.[6]

문화적 이상형의 영향

당신의 파트너 선택을 더 복잡하게 만드는 것은 '문화적 이상형'의 요인이다. 그것은 특정 사회에서 결혼이 무엇을 의미하느냐에 따라 달라진다. 현재는 다소 느슨해지고 있지만 여전히 존재한다. 예를 들어, 결혼이 주로 노동과 육아의 분배라면, 이상적인 아내는 넓은 어깨와 엉덩이를 가진, 신체적으로 튼튼한 사람일 것이다. 문화에 의해 제공되는 남성적이고 여성적인 인물들의 묘사가 이상형의 이미지에 영향을 끼친다. 우리 사회에서 이상적인 여자는 사랑스럽고 섬세한 여성이며, 어떤 사회에서는 외향적이고 성적으로 매력 있는 여자일 것이다. 문화가 그것을 규정하며 우리는 그 양식에 따른다. 당신의 교회는 배우자 선택에서 당신에게 무엇을 기대하는가? 당신의 친구들은? 부모님은? 어떤 부모들은 내게 전화를 걸어 자기 아들, 딸들이 그들의 이상형에 맞지 않는 결혼을 하려 한다고 말하기도 했다!

이상적인 배우자에 대한 문화적 정의는 두 가지 방면으로 배우자 선택에 영향을 미칠 수 있다. 이 정의는 무엇이 바람직한 배우자상인가를 규정하기 때문에 거의 각 사람의 가치를 결정한다. 한 사람이 이 문화적 이상형에 가까워질수록 그는 더 많은 사람에게 더욱더 매력적인 사람이 된다. 또 그 사람이 이상형에 가까워지고 있다는 것을 자각할 경우, 그는 배우자 선택에 좀 더 신중을 기하며 자기 이상형에 가장 가까운 사람들을 기다리려고 할 수 있다.

이 이상적인 배우자에 대한 문화적 정의가 배우자 선택에 영향을 미칠 수 있는 두 번째 방법을 '배우자의 이상화'라고 부른다. 그것은 당신의 선택이 문화적인 이상화의 기준에 맞지 않더라도 당신과 사랑에 빠진 그 사람에게 그런 특성들이 있다고 보는 것이다. 당신이 그 기준과 싸우고 있기 때문에 합리화하는 것이다.

이렇게 희망적인 관측을 좋아하는 인간의 성향 때문에 배우자 선택이 더 복잡해진다. 불행히도 불안정한 사람일수록 자신의 배우자를 이상화하려는 욕구가 더 크다. 그것이 두려운 이유는 그 이상화가 첫해에 사라져버리기 때문이다.

대부분의 사람은 배우자 선택에 대해 논리적, 분석적으로 생각하지 않는다. 그러나 우리는 무의식적으로 이러한 요소들에 의해 영향을 받으며, 알게 모르게 그것들을 고수하려 한다. 많은 사람은 이런 사상들을 격렬하게 부인하며 "우리를 하나 되게 한 것은 우리의 사랑이다"라고 항변할 것이다. 물론, 사랑과 더불어 이러한 요소들이 존재한다.

문화적 이미지들이 우리의 배우자 선택에 영향을 미친다면 당신의 부모님이 당신의 미래의 배우자에 대해 갖고 있는 이미지들은 어떠한가? 부모는 자녀들의 유대 관계에 많은 간접적 지배력을 행사한다. 이것은 결국 배우자 선택의 가능성을 더 제한한다. 독립한 자녀들은 집에 남아 있는 자녀들보다 이런 압박감을 덜 느낀다. 부모들은 자녀가 배우자로 선택할 적격한 그룹을 결정하는 데 도움을 준다. 흥미롭게도 우리의 연구는 양쪽 부모가 찬성할 때보다 여자 쪽 부모가 딸의 이성 관계를 못마땅해할 때 파혼하거나 일찍이 이혼할 확률이 두 배 이상 높다는 것을 보여준다. 남자 쪽 부모의 찬성은 그렇게 중요해 보이지 않는다.[7]

당신이 찾고 있는 사람의 유형을 돌아보면서 다음 세 가지 질문을 생각해보라.

1. 이것은 당신의 기준인가 부모의 기준인가? 당신이 찾고 있는 사람의 모습에 부모의 바람이 어느 정도 반영되어 있는가? 또한 당신이 부모의 영향력을 발견한다면 그들은 왜 당신이 이 사람과 함께하길 원하는가? 아마도 당신은 부모가 바라는 것이 무엇인지를 검토할 필요가 있을 것이다.
2. 당신의 기준들은 과거에 형성되어 남아 있는 것들인가? 배우자에 대한 당신의 필요, 갈망, 우선순위들은 20살, 30살, 40살, 50살에 각각 달라질 것이다. 당신이 지금 찾고 있는 것이 무엇이며 그 이유가 무엇인지 반드시 다시 생각해봐야 한다.
3. 당신의 친구들이나 교회의 기대가 당신의 배우자 선택에서 중요한 부분을 차지하는가? 그들의 제안은 미묘할지 모르나, 그래도 똑같이 존재할 것이다. 당신이 음악적으로 재능이 있다면 음악에 종사하거나 사역을 하거나 그 분야에 계속 종사할 사람과 결혼하려는 압박감을 느낄지 모른다. 그런 일은 늘 있었다!

다른 질문을 해보자. 과거의 배우자 후보들은 어디서 만났는가? 서로 우연히 마주쳤는가? 아니면 누군가를 만날 가능성이 있는 현장에 당신이 있었는가? 많은 경우 배우자 선택은 매우 로맨틱하지 않은 면들을 갖고 있다는 사실을 알고 있는가?

예를 들면, 물리적인 위치가 관계를 제한하는 매우 중요한 요소로 작용한다. 두 사람이 멀리 떨어져 살수록 더 가까이 사는 사람을 선택할 가능성이 더 높다. 직장생활을 하면서 교회 활동, 사회적인 행사, 가족에게도 헌신하며 편도 한두 시간을 운전해서 가다 보면 점차 수익 체감으로 이어진다. 종종 어떤 캠프나 대회, 세미나 같은 곳에서 만나 관계를 시작하는 사람들은 먼 거리에서 많은 시간과 에너지를 들여 관계를 유지하는 것이 매우 어렵다는 것을 알게 된다. 가까이에 다른 사람들이 있을 때 누군가를 보러 가기 위해 쓰는 시간과 비용에는 한계가 있다.

이 장에서 당신이 생각해봐야 할 많은 항목이 주어졌다. 하지만 이것은 시작에 불과하다. 많은 이는 이렇게 말한다.

"저는 어디서 그 사람을 찾을까요? 어디를 바라볼까요?"

다음 장을 보라.

chapter 05

어디에서 만나
무슨 말을 해야 할까?

한 남자가 그의 아내를 만난 실제 이야기이다.

나는 우리 집에서 3블록 떨어진 슈퍼마켓에 있었다. 화요일 밤마다 필요한 식료품을 사러 가는 곳이었다. 나는 통로 끝에서 오른쪽을 봤다가 왼쪽으로 고개를 돌렸다. 그리고 그녀를 보았다. 그녀는 빼어난 미인은 아니었으나 이목구비가 아주 또렷했다. 나는 슬슬 걸으면서 그녀의 왼손을 슬쩍 보았다. 할렐루야! 결혼 반지는 없었다. 그녀는 내가 만나고 싶던 사람이었다. 그녀에게 딸린 자녀가 없으니 그것도 내겐 좋은 일이었다. 나는 그녀 뒤로 약 20미터 정도 거리를 두고 따라갔고, 이미 사야 할 물건은 모두 골랐지만 마치 더 살 것이 있는 것처럼 계속 물건들을 둘러보았다. 계산대 줄에서 바로 그녀 뒤에 서서 말을 걸어야겠다고 생각하고 시간 계산을 하는 중이었다.

그녀가 계산대를 향해 가자 나도 따라갔다. 5명의 시끄러운 아이들을 둔 가족이 같은 방향으로 향했고, 그들이 내 앞을 막을 것 같았다. 나는 초고속으로 카트를 몰아 아슬아슬하게 코너를 돌았다. 그런데 모퉁이와 너무 가까워 빼곡히 쌓인 콩 통조림 200개를 내 발로 차고 말았다. 처음엔 천천히 무너지기 시작하더니 곧 산사태가 따로 없었다. 통조림은 통조림대로, 나는 나대로 무너졌다. 앞으로 넘어져버린 것이다! 그러면서 본의 아니게 쇼핑 카트를 밀어 멀리 보내버렸다. 어떤 사태가 벌어졌는지 짐작이 갈 것이다! 그 카트는 곧장 그 매력적인 여자를 향해 돌진했다. 정말 완벽하게 맞았다. 바로 그녀의 뒤로! 나는 그녀를 만나기 원했지만 그런 식은 아니었다.

이때 모든 사람의 웃음소리에 콩 통조림 떨어지는 소리가 묻혔다. 그녀는 몸을 돌려 주인 없는 카트를 보았고, 가해자가 누구인지 알기 위해 그 혼란스러운 상황을 살폈다. 그리고 콩 통조림들과 함께 바닥에 엎어져 있는 나를 발견했다. 나는 미소를 지었다. 그녀가 웃었다. 우리는 그렇게 만났다. 그 뒷이야기는 다들 아는 대로다. 나는 그 방법을 추천하고 싶지 않지만, 어쨌든 나에겐 효과가 있었다.

좋은 배우자감은 어디서 만날까

당신은 좋은 배우자감을 만나기 위해 어디로 가는가? 이 경우처럼 그 일은 우연히 일어나는가, 아니면 그런 일이 일어나게 만들기 위해 노력해야 하는가? 어떤 사람들은 당신이 우연히 맞는 사람을 만나게 될 것이라고 생각한다. 또 어떤 사람들은 적극적으로 미래의 배우자를 찾아야 한다고 주장한다. 당신이 관심을 갖는 사람들이 많아질수록 가능성은 더 커진다는 것을 명심하라. 많은 사람을 만나는 것이 가장 좋다.

나는 나이가 마흔이 되었다는 고등학교 선생님의 이야기를 들었다. 그녀는 자기가 정말로 결혼하기를 원한다는 것을 갑자기 깨달았다. 하지만 교사로서 학기 중에는 많은 사람을 만나볼 시간도, 에너지도 없었다. 그래서 여름 방학 동안 이것이 그녀의 프로젝트가 되었다. 그녀는 독신자들이 보는 자료에 개인 광고를 냈고, 그녀가 좋아하는 수많은 행사와 활동에 참여했다. 그녀는 두 해 여름 동안 이렇게 했고, 그 기간 동안 실제로 68명의 남자를 만나보았다. 그리고 68번째 남자와 결혼했다.[1]

이 프로젝트를 수행하는 것이 어느 날 갑자기 운명의 남자가 나타나 저절로 굴러 들어오길 기다리는 것보다 훨씬 더 가능성이 크다. 그리고 '우연히 일어났다'는 많은 경우도 돌아보면 시간과 장소와 일어난 사건들의 조합이 있었다는 것을 알게 된다. 기도가 필요한 것은 사실이다. 결혼하든 독신으로 살든, 당신의 인생을 위한 하나님의 뜻과 인도하심을 구하라. 그러나 집안에 가만히 앉아서 누군가 문을 두드리기를 기다려서는 안 된다. 그것은 기도와 기다림, 그리고 찾는 행동의 결합이다.

나는 작은 도시에서 자란 몇몇 사람들과 이야기를 나누어보았다. 그들은 자신이 사는 곳을 떠나고 싶지 않았다고 했다. 하지만 대학교에서 누군가를 찾지 못했기 때문에 당분간 배우자를 찾기 위해 큰 도시에서 사는 것이 더 좋겠다고 생각했다. 인구 4천 명이 사는 도시에서는 끌리는 사람을 만날 가능성이 그리 크지 않았기 때문이다.

지나치게 단순한 말로 들릴지 모르지만, 꼭 필요한 말이다. 나중에 그 이유를 알게 될 것이다. 당신이 결혼에 관심이 있고 어떤 사람에게 관심이 있다면, 그 사람을 만날 수 있는가? 당신이 관심이 있고, 마음이 끌리고, 사랑에 빠져 정신을 못 차린다 하더라도, 그를 만날 수 없다면 당신의 노력은 헛될 것이다. 만날 수 있는 사람이 있고 그렇지 않은 사람이 있다.

심리적, 상황적 가능성

두 종류의 가능성이 있다. 심리적인 것과 상황적인 것이다. 심리적 가능성은 과거의 관계들에서 회복되고 성장한 것, 정서적으로 건강하게 부모에게서 독립한 것, 다른 사람에게 헌신할 수 있는 것, 결혼을 두려워하지 않는 것을 포함한다.

상황적 가능성은 몇 가지 요인들을 포함한다. 당신이 관심을 갖고 있는 상대가 애인과 함께 살고 있다면, 그는 정서적으로나 영적으로 당신을 위해 좋은 선택이 아닐 뿐만 아니라 그들이 결혼을 선택하지 않았다는 사실도 또 하나의 적신호다. 그들은 왜 결혼하지 않았는가? 그들과 하나님의 관계는 어떠한가? 그들이 동거 상태에서 막 벗어났다 해도 당신은 똑같은 생각을 해보아야 한다. 이 사람은 지금 좋은 후보자가 아니다. 그들에게 영적, 정서적으로 성장할 수 있는 2년간의 시간을 주라.

별거 중인 사람에게 관심이 있다면, 그는 지금 당신을 만날 수 없다. 별거한 지 5주가 됐든 5년이 됐든 그들은 아직 결혼한 상태다. 그 외에도 어떤 사람이 결혼생활이 붕괴되는 동안 정서적으로 겪는 일들은 그들이 새로운 관계를 가질 준비가 전혀 되어 있지 않음을 의미한다. 비록 그들이 새로운 관계를 간절히 바라더라도 말이다.

이혼한 사람은 이혼 후 경과된 시간, 경제적 상태, 마음의 응어리, 감정적인 준비 상태 등에 따라 가능성이 있다.

또 한 가지 생각해보아야 할 범주가 있다. 바로 자기 일이나 원가족과 결혼한 사람들이다. 만날 수 있는 사람은 많고, 당신은 그 사람을 찾을 수 있다. 다만 이러한 고려 사항들을 마음에 새겨두라. [2]

어디서부터 찾을까

어디서부터 시작할까? 먼저 주변을 돌아보라. 당신은 어디에 살고 있는가? 아파트 단지인가? 그렇다면 거기서 어떤 모임들을 갖고 있는가? 모임이 있다면 당신에게 편안한 모임인가, 아니면 너무 거친 모임인가? 당신의 모임을 만들어보면 어떤가? 나는 사회적 행사뿐 아니라 크리스천 독신자들의 성경 공부를 위해 회사나 아파트에서 시작된 그룹들을 본 적이 있다. 당신이 두세 사람만 찾을 수 있다면 함께 홍보하면서 모임을 만들 수 있다.

당신의 집 주변 2킬로미터 반경 안에 어떤 가게들과 즐길 거리들이 있는가? 동네의 보도나 학교에서 산책이나 조깅을 하는가? 핵심 요소를 기억하라. 당신의 이상형에 맞는 사람을 발견할 가능성이 가장 큰 곳에 당신이 있어야 한다! 우리는 이 지점으로 거듭 다시 돌아올 것이다. 여기서 제안한 장소들이 이 요소에 부합할 것인가? 그것은 당신이 결정할 일이다.

때로는 주택가나 야외 쇼핑몰이나 해변, 또는 근처에 사람들이 있는 곳은 어디든 걸으면서 다른 사람들을 만나는 데 도움이 될 수 있다. 몇 년 전에 나는 골든리트리버 한 마리를 키웠다. 나는 앞에서 언급한 모든 장소를 비롯해서 어딜 가든 그 개를 데리고 다녔다. 섀도우의 눈에 띄는 외모와 활발한 성격 덕에 나는 다른 방법으로는 만나지 못했을 수많은 사람을 만났다. 섀도우는 자석처럼 모든 연령의 사람들을 끌어당겼다. 내가 오랫동안 살았던 동네에서도 그 개가 접촉과 친교의 접점이 되었다.

개 얘기가 나왔으니 말인데, 내 친구는 래브라도 강아지를 해변에 데려가곤 했다. 어느 날 매우 매력적인 여자가 비키니 수영복을 입고 해변에 서 있는 것을 보았다. 그는 어떻게 그녀에게 다가갈까 궁리하기 시작했다. 그러나 그가 가만히 앉아서 생각하는 동안, 그의 개가 직접 나서서 일을 저질렀다. 그 개는 바다를 향해 가다가 그녀에게 다가갔다. 그리고 자신의 뒷다리를 들더니 그녀의 다리 위에 오줌을 싸고 만 것이다. 물론 그녀는 이 이벤트를 좋아하지 않았다. 그보다는 좀 더 안전하고 좋은 인사법들이 있다.

사람을 만날 수 있는 다른 장소로는 직장이나 일과 관련된 활동이 펼쳐지는 곳들이 있다. 이것은 네트워크 형성 과정을 통해 일어난다.

어떤 사람들은 친구들이나 친척들이 누군가를 소개해주는 것을 좋아하지 않는다. 때로는 다른 사람들이 우리 삶에 개입하는 것이 매우 성가실 수 있다. 특히 그들이 지나치게 강요하거나 끈질길 때 그렇다. 그들은 이런 식으로 말한다. "내가 보기에 너희 둘은 정말 잘 맞을 거야" 또는 "너한테 정말 딱 맞는 사람이야"라든가 "너에 대한 얘기를 그 사람에게 다 해줬더니 얼른 너를 만나고 싶어서 안달이야"라고 말이다. 그들은 마치 당신에 대한 전문가라도 되는 것 같다!

처음 두 문장과 같은 말을 들으면 당신은 다시 책임을 그들에게 떠넘기며 "우리가 왜 잘 맞을 거라고 생각하는지 이유를 말해봐"라거나 "이렇게 나를 생각해줘서 고마워. 한번 생각해볼게. 하지만 잘되지 않을 수도 있어. 그리고 그럴 경우 넌 아마 이유를 모를 거야. 그래도 괜찮겠어?"라고 대답할 것이다.

어떤 사람들은 다른 사람들에게 이런 도움을 받기 원할 것이다. 당신이 그렇더라도 당신의 조사위원회 측의 무작위 선택에 맡기지 말라. 당신이 찾는 사람의 유형을 자세히 묘사해놓은 구인 포스터를 만들어보면 어떨까? 친구들에게 지침을 제시해주면 시간을 아낄 수 있을 것이다.

내게는 30대 여성인 친구가 있다. 나는 그녀에게 몇몇 크리스천 남자들을 소개해주었고 그녀는 그중 한 명과 한동안 데이트를 했다. 비록

이 글을 쓰고 있는 지금도 그녀는 여전히 배우자를 찾는 중이지만, 그녀는 그 도움을 고마워했다.

내 딸 셰릴은 두 번 약혼한 후에 27세에 결혼했다. 그녀는 미용실에서 손톱관리사로 일했다. 어느 날 일을 하다가 미용사인 자신의 크리스천 친구가 젊은 남자의 머리를 자르고 있는 것을 흘깃 보았다. 그 두 사람이 다 자기를 쳐다보고 있다는 것을 알아채고 그들에게 다가가 말했다.

"무슨 일 있어요?"

그러자 젊은 남자가 그녀를 보더니 "당신에 대한 얘기를 하고 있었어요"라고 답했다.

"맞아, 너한테 이상한 질병은 없으니 데이트 신청을 하라고 빌에게 말하고 있었어."

셰릴은 얼굴이 빨개졌다고 했다! 그들은 웃었고 조금 더 이야기를 나누었다. 그가 떠난 후 셰릴은 잰을 뒷방으로 데려가 그가 누구인지 물었다. 잰은 자기가 4년 동안 머리를 잘라온 손님인데 크리스천이며 셰릴과 데이트를 하고 싶어 한다고 했다. 셰릴은 자기 전화번호를 그 남자에게 주라고 했고, 나머지 이야기는 다 예상하는 대로다. 그들은 결혼했다! 이런 일이 당신에게도 일어날 수 있다.

상담자가 내게 "어디로 가면 사람들을 만날 수 있을까요?"라고 물을 때가 있다. 그러면 나는 대답으로 두 가지 질문을 한다.

"당신이 즐겨 하는 일이 무엇인가요?"

"결혼 상대와 함께하고 싶은 것이 무엇인가요?"

당신이 결혼할 사람과 공통된 관심사가 있는 곳으로 가라. 당신이 예술에 관심이 있다면 갤러리나 전시회를 찾아가라. 서점, 도서관, 벼룩시장, 비디오 가게, 심지어 빨래방도 고려해보라. 어느 작가는 여자들에게 이른 저녁 시간에 슈퍼마켓에 갈 것을 제안했다. 대개 남자들은 일찍 장을 보는 경향이 있기 때문이다. 그리고 빨래방에 갈 때는 여분의 세제와 섬유유연제를 챙겨가라. 남자들이 이런 것을 깜빡하고 안 가져오는 경우가 많기 때문이다!

당신이 정말로 시간을 중시하며 절약하려는 사람이라면 내가 제안하려는 것들이 다소 스트레스가 될 수도 있다. 바쁜 사람들은 제일 덜 붐비는 시간에 상점이나 스포츠 클럽에 가려 한다는 것을 알고 있다. 하지만 당신이 다른 사람들을 만나려 한다면 그것은 좋지 않다. 가장 붐비는 시간에 가라. 그리고 무엇보다, 사람들과 대화하라. 책을 가져가되 읽지는 말라. 크리스천을 만나기 원한다면 신앙 서적을 가져가라. 이것이 관심을 끌고 대화를 유발할 수 있다.

크리스천 남녀는 선택의 폭이 훨씬 더 좁다. 따라서 다른 크리스천들이 모이는 장소나 행사를 찾는 것이 중요하다. 당신은 인구가 제한된 지역에 살고 있거나 아주 작은 교회에 다니고 있을지도 모른다. 당신의 교회, 심지어 당신이 사는 지역에 독신자들의 그룹이 없을 수도 있다. 그렇다면 당신이 필요에 의해 직접 그런 그룹을 만드는 일에 일조할 수 있다. 지역이나 동네에서 독신자들의 모임이 만남의 원천이 될 수 있다.

당신의 교회에 독신자들을 위한 사역이 없다면 다른 교회들에 연락해보라. 더 큰 도시의 지역에는 독신자들을 위해 잘 만들어진 프로그램들이 있는 교회가 많고, 거기에 참석하는 사람들이 전부 그 교회 출신은 아니다. 그들은 사람들을 만날 기회와 도움을 받기 위해 다른 많은 교회에서 온다. 미래의 배우자를 만나기 위해 교회의 독신자 모임을 찾아가는 것은 전혀 잘못이 아니다. 그것이 이런 그룹들의 목표이기도 하니 말이다.

결혼한 지 33년 된 어느 남편이 나에게 교회에서 자기 아내를 만난 이야기를 해주었다. 대학에 다니는 동안 그는 데이트를 했지만 배우자를 찾지 못했다. 교회 대학부에서 나와 직장인이 되면서 그는 결혼해야겠다고 결심했다. 그는 이렇게 말했다.

"저는 그때 영적으로 미성숙했어요. 그래서 아내를 찾는 것에 대해 하나님께 10분 안에 표적을 보여달라고 요구했어요. 저는 교회에 앉아서 이렇게 말했어요. '주님, 이 예배가 끝난 뒤 저는 대학부실로 내려갈 겁니다. 거기에 제 아내가 될 여자가 있다면 그녀가 저에게 다가오게 해주세요.' 저는 대학부실로 내려가 줄지어 앉아 있는 여자들을 살펴보기 시작했어요. 사망의 골짜기와 사해가 섞인 곳이었어요. 이 여자가 저를 등지고 걸어가는 것을 보고 저는 낙심했어요. 제가 볼 수 있는 건 그녀의 등뿐이었죠. 하지만 그녀가 정말로 나의 아내가 될 가능성이 있다는 걸 알았어요. 저는 그녀를 만났고, 6주 뒤에 우리는 약혼했답니다."

데이트와 결혼정보회사

나는 30대와 40대에 속한 많은 사람이 자기들이 겪은 부정적인 데이트 경험들에 대해 얘기하는 것을 들었다. 어떤 사람에게 시간과 돈을 투자했다가 잘 안 되면 돈과 시간 낭비이며, 일을 하면서 아이까지 있는 경우 곡예하듯 데이트를 하기가 어렵다는 것이다.

데이트가 문제다. 그러나 그런 부정적인 면들이 있음에도 불구하고 데이트를 할 때 일어나는 일들을 생각해보라. 데이트를 하면서 당신은 그 사람의 좋은 점이나 마음에 안 드는 점들, 또는 그 둘 다 발견하게 될 것이다.

데이트를 하는 동안 상대방이 당신 안에 있는 제일 좋은 것을 이끌어내지 못한다면 거기에 당신이 들어야 할 메시지가 있다. 그 사람과의 데이트를 중단하라.

데이트를 하면서 당신은 큰 위험을 감수한다. 그것은 바로 거절당할 가능성이다. 하지만 그만한 가치가 있다. 다시 말하지만 그런 일이 일어나더라도 그것은 당신에게 결함이 있어서가 아니다!

데이트를 하는 동안 당신이 상대에게 너무 빠져서 상대방은 거의 잘못을 할 수 없다고 생각할 수 있다. 그러나 결국 거품은 꺼질 것이고, 그것이 빠를수록 더 좋다. 이제는 실제적인 관계를 형성할 수 있기 때문이다. 데이트를 하지 않으면 이런 일은 일어나지 않았을 것이다. 데이트의 목적은 당신과 이 사람이 영원한 관계를 형성할 수 있는지 발견하는 것이다. 그렇지 않다 해도 시간 낭비가 아니다.

기독교 결혼정보회사는 지난 몇 년 동안 점점 더 인기가 많아졌다. 거기에 가입한 사람들이 어떤 사람들인지 항상 알 수 없다는 것은 알지만, 부정적인 면보다는 유익이 더 많아 보인다. 나는 이런 서비스를 이용해본 수많은 독신자를 만나보았고, 그들은 대체로 유익하다고 느끼고 있었다. 하지만 그런 서비스를 이용하기 전에 철저히 조사해볼 필요는 있다. 그 서비스의 역사와 인구 표본, 참여자들의 수에 대해 알아보라. 기본적으로 이 프로그램은 비슷한 관심사를 가진 사람들을 만나게 해주는 네트워킹 서비스다.

GASP 접근법을 사용하라

당신이 이와 같은 서비스를 이용하고 있고 누군가를 만나는 데 관심이 있다면 반드시 'GASP 접근법'을 사용하도록 하라. 해석하면 첫 만남과 처음 몇 번의 만남은 서로를 알아가는 시간(Get Acquainted Sessions)이며, 데이트로 간주하지 말아야 한다는 뜻이다. 선택보다는 조사를 위해 시간을 사용하라. 선택의 시간은 나중에 올 수 있다. 당신은 먼저 이 사람에 대해 최대한 많은 것을 발견해내고 우정을 키워야 한다. 친구 관계에서 연애 감정이 싹트게 하라.

다른 프로그램이나 사역과 마찬가지로 심사가 매우 중요하다. 사람들은 자신을 사실과 다르게 표현하며, 광고는 만남을 목적으로 한 것이다. 처음에는 전화(Phone) 또는 인터넷으로 먼저 연락하고, 시간을 보내다 보면 당신이 그 사람과 함께하기를 원하는지 원하지 않는지 결정하는 데 도움이 될 것이다. 당신은 결국 몇 시간 동안 답답함을 느끼며 의무감으로 사람을 만나는 것은 원치 않을 것이다.

한 남성은 몇 년간의 연애와 그런 서비스를 이용한 경험에 대해 자기 생각을 나누었다. 나는 그의 경험이 모두에게 도움이 될 수 있을 것이라 믿는다.

완벽한 짝을 찾으면서, 실제로 그런 피조물은 존재하지 않는다는 사실을 발견하는 데 오랜 시간이 걸리지 않았다. 모든 것은 어느 정도의 타협 속에서 발견된다. 내가 이 사람과 함께 살 수 있을까, 혹은 내가 그 사람을 받아들일 수 있을까 등등. 나의 거의 모든 기준에 부합하는 사람을 발견했을 때 질문은 "내가 그녀의 기준에 맞을까?"라는 것이다. 많은 연마 작업 없이 모든 장치가 딱 들어맞는 듯한 사람을 찾으려 하는 것은 매우 어려운 일이다.

내가 연애할 때 매우 유용하다는 것을 알게 된 더 중요한 것 중 하나는 내가 몇 년간 쌓아온 모든 경험이다. 오랫동안 다양한 상황을 겪으면서 40대가 된 지금의 나는 20대나 30대 때는 묻는 방법도 몰랐던 질문들에 대한 답을 드디어 조금 알게 된 것 같다. 하지만 지금도 나는 여전히 나의 질문 목록을 추가하고 업데이트하는 중이다.

자신을 위한 이상적인 배우자를 찾고 있는 사람에게 내가 해줄 수 있는 조언이 조금이라도 있다면 바로 이것이다. 데이트 상대에게 여러 질문을 하고 그들의 대답을 기억해두라. 그래서 그 대답들이 그들의 행동과 계속 일치하는지 봐야 한다. 어떤 것이 위험 신호로 보이면 대적하고, "별로 대단한 건 아니야" 하면서 슬그머니 들어오지 못하게 해야 한다. 상대방의 친구들과 여럿이 함께 교류하라. 캠핑을 가거나 스키 여행을 가거나 여럿이 상호작용하는 게임을 할 수도 있다. 가능하면 상대방의 부모님과도 함께 시간을 보내라(그리고 어떤 위험 신호가 보이면 무시하지 말라. 자녀는 부모의 환경의 산물이기 때문이다).

상대방이 스트레스 상황들을 어떻게 다루는지 볼 수 있는 방법이 있다면 그런 상황에 처하게 해보라(이렇게 함으로써 그 사람이 얼마나 융통성이 있는지, 또는 융통성을 발휘할 수 있는지, 어떻게 스트레스를 견뎌낼 것인지 알 수 있다). 진정한 우정을 만들어가되 잠자리는 갖지 말고, 함께 기도하며, 비슷한 가치관과 관심사를 공유하며, 상대방의 결점들을 알아가고 당신이 그것들을 받아들일 수 있는지 알아보라. 그들이 애완동물을 어떻게 대하는지 살펴보고, 결혼하기 전 마지막 순간까지 질문을 계속 하라. …

그것이 힘들게 보일 수 있지만, 내면의 목소리가 당신에게 실수하고 있다고 말한다면 적어도 멈추고 그 소리에 귀를 기울이며 관계를 중단하거나 모든 것이 확실해질 때까지 관계를 보류해야 한다. 결혼식 날까지 그래야 한다. 남자답게 그냥 받아들이고 남은 생을 불행하게 사는 것보다 매우 부끄럽고 두 사람에게 상처가 되더라도 결혼식 직전까지 거리를 두고 경계하는 것이 훨씬 더 나을 것이다. 실제로 마음 깊은 곳에서 무언가 잘못되었거나, 작은 것들이 모여 점점 더 커지고 있다는 것을 알지만 어떻게 대처해야 할지 모르거나, 그녀와 부딪침으로써 상대방에게 상처를 줄까 봐 두려워하면서 왜 결혼하려 하는가? 결혼 전 상담을 통해 이런 많은 것이 표면으로 드러날 것이다. 어떤 사람들은 무엇을 가리거나 감출 수 있다는 것을 미리 알아두라. 또는 당신이 구체적인 질문을 하지 않으면 '당신이 묻지 않았으니 그들은 거짓말한 것이 아니다'라고 생각할지 모른다.

지난 몇 년간 나의 연애를 돌아보면서 내가 얼마나 순진했는지 알게 되었다. 내가 무슨 질문을 해야 하는지 알려고 노력했고, 관계에 더 깊이 들어가기 전까지는 내가 어떤 질문들을 할 자격이 없다고 생각했다. 내가 크리스천에게 해야 한다는 전혀 생각하지 못했던 질문들이 있었다. 나는 그녀가 뻔히 잘못된 일에 빠져드는 일이 없을 것이라고 생각했다. 무엇이든 절대로 추정하지 말라! 지금 나는 처음부터 해야 할 12가지 질문 목록을 정리해두었다. 그리고 상대방에게 그와 관련된 문제가 있으면 일찍 알아서, 나중에 헤어짐으로 더 큰 상처를 겪는 일을 피하려 한다. 이것들은 나와 데이트할 마음이 있는 사람이라면 편안하게 대답할 수 있을 것 같은 질문들이다.

예전에도 나는 여러 질문을 했지만 나의 질문 목록이 완벽하지 않다는 것을 알게 됐다(경험이 시키는 대로 계속해서 목록을 추가해갈 것이다). 좋은 예는 최근에 일어난 일이다. 내가 하던 많은 활동을 즐기는 여자를 만났고 그녀는 자신이 크리스천이라고 했다. 많은 데이트를 한 후에 우리는 서로 즐거워하고 있다는 것을 알았다.

그녀는 자기 크리스천 친구들과 함께 낚시 여행을 가자고 했다. 나는 이것이 우리가 일대일로 만날 때 보지 못한 부분을 볼 수 있는 중요한 기회라는 것을 알았다. 제일 먼저 나는 그녀가 친구들과 있을 때 언어가 달라진다는 것을 알았다. 게다가 그녀는 이런 환경에서 더 세속적이 되었다(위험을 알리는 깃발이 올라가기 시작했다). 그리고 그녀는 갑자기 침울해지더니 문제가 무엇인지 털어놓지 않았다. 그 후 모두가 오후 낚시를 하러 나갈 준비를 하고 있을 때 그녀는 낚시 대신 쇼핑을 하러 가고 싶다고 했다. 그녀는 자기 친구 중 한 명을 설득해 함께 가자고 했다. 거기까진 좋았다.

하지만 그녀와 그녀의 친구는 밤 9시가 되도록 저녁을 먹으러 돌아오지 않았다. 그리고 술에 취해서 왔다. 쇼핑하는 대신 그들은 가까운 카우보이 바에 가서 춤추고 술을 마신 것이다. 그때 생각나는 것은 이 기도뿐이었다. '주여, 지금 제 눈을 열어주셔서 감사합니다.'

일주일 후 그녀가 잠시 들러 나에게 자랑스럽게 약혼 반지를 보여주었다. 그녀가 그 여행에서 그렇게 행동했던 이유는 자신이 지난 1년 반 동안 동거했던 남자를 잊지 못하고 있다는 것을 알게 됐기 때문이라고 했다. 우리가 만나기 시작했을 때 그 얘기를 못 했다는 것이다. 불과 몇 주 전에 그 남자와 헤어졌다는 사실을 말이다. 나는 나의 질문 목록을 보면서, 진심으로 그들이 크리스천이 된 이후로 누군가와 동거한 적이 있냐고 묻는 것이 불필요한 일이라고 생각했으나 그건 모순이었다. 앞에서도 말했듯이, 미리 짐작하지 말라!

이상적인 배우자를 찾기 위한 질문 목록

내 친구는 가족 배경, 직업, 관심사, 스포츠, 친구 관계, 기독교 신앙, 아이들에게 바라는 것, 성적인 기준, 그리고 경계선들을 비롯하여 모든 일에 대한 이야기를 몇 시간 동안 나눈다. 여러 번 대화를 나눈 후, 함께 할지 결정을 내린다. 친구들은 나에게 그들의 첫 만남을 위해 사용하는 질문 목록을 주었다(부록 참조).

때로는 이메일로 연락한다. 다음은 한 남자가 자신의 광고에 대한 응답에 답하기 위해 쓴 편지다. 그의 광고에 관심을 보인 여자는 자신의 사진과 함께 자신에 대한 일반적인 설명과 배경을 전달한 바 있다.

친애하는 진에게

최근에 보내주신 편지와 CSC에 낸 저의 광고에 응답해주신 것을 감사드립니다. 아마 당신은 저와 마찬가지로 당신과 같은 가치관과 관심사를 가진 좋은 크리스천을 만나기가 얼마나 어려운지 알았을 겁니다. 그래서 제게 기회를 준 것이 참 고맙습니다.

먼저 제 소개를 하겠습니다. 제 이름은 존 스미스이며 전원생활을 사랑하는 사람입니다. 48세인데 마음은 청춘이며 일주일에 두 번은 라켓볼을 하고 다른 날에도 운동을 하면서 신체적인 건강을 유지하려 합니다. 파트너를 찾을 수 있을 때마다 테니스를 치고, 하이킹과 산악자전거 타는 것을 좋아하며, 화재 위험으로 입산이 금지되지 않을 때는 우리 집 뒤에 있는 언덕에서 조깅하는 것을 좋아합니다.

하지만 제가 정말로 좋아하는 건 야외활동입니다. 낚시, 캠프, 여행, 승마, 보트와 수상스키(제트스키와 함께), 눈 위에서 스키 타기를 좋아합니다. 산과 바다, 둘 다 똑같이 좋아하죠. 기회가 된다면 겨울에는 멕시코 바하에서 낚시를 하고(물결이 잔잔해서 너무 추워 얼굴이 파래지는 일은 없을 겁니다), 여름에는 캐나다 BC주의 작은 섬에 있는 친구네 작은 집에서 지내고 싶어요. 시간이 허락되면 유타주, 와이오밍주, 몬태나주를 다니며 캠핑을 하고 싶고, 때로는 기회가 생긴다면 이 아름다운 곳들 중 어디에 살까 하는 생각을 하기도 합니다. 꿈꾸는 건 즐거운 일이죠!

직업에 대해 말하자면 저는 여행 마케팅 사업에 종사하고 있고, 여행사 직원들을 위해 산장, 리조트, 호텔, 민박집, 목장 체험 펜션(guest ranch) 등을 여행 박람회에서 소개하고, 안내 책자 등을 여행사들에 나누어줍니다. 또한 지난 14년 동안 컨벤션 센터에서 열리는 스포츠, 휴가와 레저용 자동차쇼에 관여해왔습니다.

지난 20년 동안 제일복음주의자유교회(First Evangelical Free Church)에 다녔고, 목사님의 가르침과 통찰로부터 정말 많은 것을 배우고 도움을 받았다고 느낍니다. 지금 그 목사님은 댈러스신학교로 가셨지만 저는 정말로 그 분이 그리울 것입니다.

진, 제가 지금까지 광고를 통해 좋은 일이 있었는지 물었죠? 그렇기도 하고 아니기도 합니다. 이걸 통해 매우 멋진 여성들을 만났고(하지만 불행히도 딱 맞진 않았죠) 끔찍한 경험들을 하기도 했습니다. 그래서 그 결과 이제는 사진만 요구할 것이 아니라(물론 저는 평범하고 시각적인 남자이며 제가 다른 사람에게 매력을 느낄지 알고 싶습니다. 그렇지만 완벽한 사람을 찾는 건 아닙니다. 남자든 여자든 완벽한 사람은 존재하지 않으니까요), 필수 질문 목록이 있어야 한다는 것을 알게 됐습니다. 관심이 있고 사진에서 매력을 느끼는 것과 더불어 내실이 있는지 알아보기 위해서뿐만 아니라, 비슷한 가치관과 신념을 지니는 것 또한 저에게 매우 중요하기 때문입니다.

저는 단지 데이트를 위한 데이트를 하는 것이 아닙니다. 그리고 지난 경험들에 비춰보면, 크리스천에게 이런 질문을 할 필요가 없을 것이라고 생각했지만 제 생각이 틀렸습니다. 저는 그 무엇도 당연시해선 안 된다는 걸 알았습니다. 그러니 괜찮으시다면 당신의 다른 사진을 보내주시는 것과 더불어(이 부분이 불편하지 않고 계속 진행하길 원하신다면) 다음 질문들에 답해주시기 바랍니다.

1. 당신은 결혼한 적이 있습니까? 있다면 얼마나 오래 결혼생활을 하셨습니까?
2. 최종적으로 이혼한 상태라면 언제 이혼하셨습니까?
3. 결혼을 몇 번 하셨나요?(혼인 무효 선언 포함)
4. 혹시 자녀가 있고 당신과 함께 살고 있습니까?
5. 동성애 경험이 있습니까?
6. 크리스천이 된 후로 남자와 동거한 적이 있습니까?
7. 당신의 소속 교단은 어디입니까?

8. 당신은 진보당 혹은 보수당 지지자입니까, 아니면 무소속입니까?
9. 대환란 전 휴거 또는 대환란 후 휴거를 믿습니까, 아니면 둘 다 아닙니까?
10. 당신이 배우자에게 원하는 가장 중요한 5가지 자질은 무엇입니까? 중요한 순서대로 답해주세요.
11. 당신은 흡연을 하거나 약물을 복용합니까?
12. 마지막으로, 당신에게 예수님은 누구시며 당신의 인생에서 그분은 당신에게 어떤 의미가 있습니까?

여기서는 그렇게 들리지 않을지도 모르지만 저는 정말 재미있는 사람이고 즐겁게 보내는 시간을 좋아합니다. 하지만 온라인 데이트를 할 때는 (경험을 통해) 좀 더 신중해져야만 했습니다. 어쨌든 제가 당신을 불쾌하게 하거나 당황스럽게 하지 않았기를 바랍니다. 이런 유의 데이트가 생소하실 것이나 당신도 이런 질문들, 또는 당신이 생각한 질문들을 하는 것을 생각해보시면 좋겠습니다. 그것이 확실히 많은 시간을 절약해주고 불필요한 상처를 받지 않게 해줄 것입니다. 그리고 저에 대해 무엇이든 편하게 물어보세요. 저는 정말 솔직한 사람입니다.

당신의 답장을 기대합니다.

첫 만남에 대한 조언

처음 만날 때는 너무 긴 시간을 투자하지 말라. 한두 시간, 또는 세 시간 정도의 만남을 계획하라. 상대방을 만났는데 서로 잘 맞는 것 같으면, 아마 더 오래 같이 있고 싶은 마음이 들 것이다. 이런 식으로 하면 비싼 데이트를 하지 않는 데도 도움이 될 수 있다.

처음 만날 때는 중간 지점에서 만나라. 이렇게 하는 것이 더 안전하다. 남녀 모두 어느 정도 친해질 때까지는 자기가 사는 곳을 알리기를 원치 않는 사람들이 있다. 커피숍이나 서로 이야기를 나누며 상호작용을 할 수 있는 장소에서 만나라.

연극이나 영화를 보러 가거나 교회 예배를 드리러 가는 것도 서로를 알아가는 데는 별로 도움이 되지 않을 것이다. 나는 독신자들이 이렇게 말하는 것을 여러 번 들었다.

"그 사람과의 첫 대화를 제가 망쳐버렸어요. 좋은 인상을 주고 싶은 마음이 너무 컸는지, 말이 잘 안 나오더라고요. 분명 저한테 무슨 문제가 있다고 생각했을 거예요."

아마 스트레스를 유발하는 문제는 그 사람을 잠재적인 배우자 후보로 보는 것일 수도 있다. 그러지 말라. 당신은 그 사람을 아직 모른다. 단지 또 한 명의 낯선 사람을 알아가고 있을 뿐이다. 당신이 그 사람을 좋아하게 될지 말지 아직은 모른다. 상대방에게 감동을 주려고 애써봐야 소용없을 것이다. 그냥 있는 모습 그대로 편안하게 대하고, 다른 사람과 대화할 때처럼 하라. 나중에 어디서 누굴 만날지, 또는 어떻게 될지 당신은 절대로 모를 것이다.

우리는 모두 관계가 잘되지 않은 끔찍한 이야기들을 들은 적이 있다.

그러나 좋은 예도 많다. 결혼한 지 11년 된 이 부부의 첫 만남부터 이어지는 이 이야기를 잘 생각해보라.

만남과 데이트

내가 대학교 1학년이었을 때, 새 학기가 시작하는 1월에 새 학생이 들어왔다. 남자였다. 나는 사교적이고 외향적인 성격이라 이 작은 학급의 여학생 대부분이 나에게 그 새로운 남자가 누구인지 묻기 시작했다. 아무도 몰랐고 아무도 알아내지 못했다. 그래서 내가 용감하게 그 남자에게 걸어가 말을 걸었다. "안녕, 넌 누구니?" 그는 나에게 자기 이름을 말했고, 나도 내 이름을 알려주었다. 그리고 그를 다른 학생들에게 소개해주었다.

끌림

마크를 만났을 때 나는 문제가 있었다(만나서는 안 될 남자들과 만나고 있었다). 마크는 구식이라 즉시 나를 숙녀처럼 대하기 시작했다. 내 차의 문을 여닫아주고 내 코트가 온전히 차 안에 들어갔는지 확인했다. 그는 나를 그렇게 정중하게 대했다. 게다가 그는 매력이 있었고 데이트 비용도 조금 있었다. 나에게는 모든 것이 아주 매력적인 특성들이었다! 그는 또한 하나님과 건강한 관계를 맺고 있는 듯했다.

마크는 아주 조용하고 전통적이며 감정을 거의 드러내지 않는 내성적인 가족 안에서 자란 반면에, 나는 매우 시끌벅적하고 활기가 넘치는 가정에서 자랐다. 사랑과 애정이 가득했고 그것을 잘 표현했다! 우리 자녀들이 어디서든 집으로 돌아오면 엄마와 아빠가 주방에서 키스를 하고 있는 그런 집이었다. 마크는 이런 언어의 자유와 포옹과 키스의 자유를 지지했을 뿐만 아니라 그런 것들에 매력을 느꼈을 거라고 생각한다. 내가 그의 마음을 끌 만한 외모를 지녔다고 말할 수도 있겠지만, 그의 입에서 직접 그런 말을 들은 적은 없다.

우리 가족들의 차이점을 설명해주는 한 가지 일화가 바로 우리 언니들을 방문하러 갔을 때 이야기다. 마크와 나는 그의 누이를 방문한 다음 우리 언니들을 보러 가기로 했다. 그들은 45분 정도 걸리는 곳에 살고 있었다. 우리는 그의 누이 집에서 리넨 냅킨과 식탁보, 구운 고기, 감자 요리 등이 갖춰진 주일 저녁 식사를 했고 아주 조용한 대화를 나누었다. 모두 먼저 음식을 먹지 않고 서로 음식을 권했다. 그리고 식탁 앞에서 사랑스러운 축복 기도를 드렸다. 그다음에 우리는 우리 언니네 집에서 주일 저녁 식사를 했다. 식탁에는 종이 접시들과 종이 냅킨이 있었고, 아주 시끄러웠으며(두 가족 다 아이가 있었다), 음식을 권하는 것도 잊어버렸고(그냥 알아서 먹는다), 손으로 프라이드 치킨을 먹었고, 아주 간단한 식기도를 드렸다.

나는 그렇게 뚜렷한 차이를 보이는 것이 매우 재미있다고 생각했다. 그 이후로 그것이 우리 각 사람의 정확한 모습이라는 것을 알게 되었다. 마크는 조용하고 내성적이며 나는 시끄럽고 외향적이다. 우리는 아주 다르다!

프러포즈

마크가 프러포즈를 하기 약 6개월 전, 우리는 우리의 관계가 어느 방향으로 가고 있는지에 대해 이야기를 나누기 시작했다. 그때 우리는 2년 동안 연애를 해온 상태였다. 우리의 질문은 하나님께서 우리가 함께하길 원하신다고 느끼느냐 하는 것이었다(우리는 오래 연애하다가 결국 결혼할 사이가 아니라는 것을 알게 되기를 원치 않았다). 그래서 하나님께서 원하시는 것이 무엇인지 진지하게 구하고 그다음에 헤어지든지 약혼하든지 하기로 했다! 우리는 거의 1년 가까이 장거리 연애를 했다. 그가 멀리서 학교를 다녔기 때문이다. 그래서 9월에 그가 다시 학교로 돌아가기 전까지 결론을 내리기로 했다.

나는 그와 사귀는 초반부터 하나님께서 내게 그 사람이 나와 결혼할 사람이라고 말씀해주시는 것 같았다. (나는 그것을 알 필요가 있었다고 생각한다. 그렇지 않았다면 아마 연애를 시작한 지 얼마 안 되어 그와 헤어졌을지도 모른다.) 그러나 하나님께서 그에게 뭐라고 말씀하시는지 몰랐기 때문에 내가 밀어붙이고 싶지는 않았다.

9월이 되었으나 결론을 내리지 못했다. 그 후 우리는 추수감사절까지, 크리스마스까지, 그다음에는 1월에 그가 학교로 돌아가기 전까지 결정하려 했다. 나는 마크의 마음이 헤어지는 쪽으로 기울고 있을까 봐 걱정되기 시작했다. 만일 그렇다면 하나님께서 나를 위한 다른 계획을 갖고 계실 것이라 믿었다.

드디어 그가 학교로 떠나기 전 마지막 날이 왔다. 우리는 밖에서 저녁을 먹기로 했다. 식사가 끝나고, 레스토랑 영업도 끝나고, 직원들이 바닥 청소를 하고 있을 때 마크는 우리가 결혼할지 말지에 대해 장단점을 따져보자고 했다. 내가 찬성 의견을 내면 그는 반대 의견을 냈다. 내가 점점 좌절하기 시작했을 때 마침내 그가 몇 가지 장점들을 더 얘기했다. 그러더니 이렇게 말했다.

"이걸 보니 네가 그 일을 잘할 수 있을 거란 확신이 들어(뭐 그런 비슷한 말이었다)."

그의 의도는 알지만 여전히 좀 실망스러웠던 나의 대답은 "뭘 요구하는 건데?"라는 것이었다.

"내 아내가 되어 달라는 거야. 나랑 결혼해줄래?"

나는 우리 아버지가 허락하시면 그러겠다고 했다. (할렐루야! 드디어 그가 결혼을 하자고 했다!)

우리는 밤 10시 30분쯤 집에 가서 부모님께 전화하기 시작했다. 우리 부모님은 아칸소(Arkansas)주에 살고 계셨다. 그래서 우리가 전화를 걸 때 거의 새벽 1시에 가까웠다. 엄마는 항상 내가 약혼하게 되면 수신자 부담으로 전화하라고 말씀하셨다. 그러니 내가 새벽 1시에 수신자 부담으로 전화를 건 이유를 엄마가 알았을 것이라고 확신했다. 말할 것도 없이 우리 부모님은 매우 기뻐하셨다.

결혼식

우리의 결혼식은 내가 항상 생각해왔던 대로 진행되었다(화동이 코를 후

벴던 것만 빼고!). 그날 우리의 목적은 하나님께 초점을 두는 것이었다. 우리는 많은 음악과 함께 사랑스러운 예식을 올렸다. 우리 가족이 음악을 사랑하기 때문이다(어릴 때 종종 가족과 함께 악기를 연주하고 노래를 불렀다). 우리 형제자매는 대부분의 노래를 함께 불렀다. 우리의 예식은 하나님께서 우리 삶의 중심에 계시며 우리 결혼생활의 중심이시라는 사실을 바탕으로 계획되었다.

이런 사연은 많다. 천천히 시간을 두고 사람을 찾아보고, 신중하게 검토하고 확인한 다음 선택하라.

chapter 06
단기적인 관계에서 장기적인 관계로

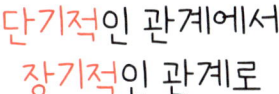

당신은 정말 가능성 있는 사람을 만났다. 당신도 관심이 있고 상대방도 관심이 있다. 이 관계가 어디로 갈지 모르지만 당신은 기꺼이 따라갈 마음이 있다. 만나서 몇 분만 대화해도 서로 확실한 관심이 생긴다. 앞으로 이 관계가 어떻게 될지 모르니, 친구 관계, 단기간의 연애, 장기간의 연애, 어쩌면 결혼까지도 모든 가능성을 고려하라. 누가 아는가?

당신은 무엇을 찾고 있는가?

당신이 뭘 원하는지 사람들에게 솔직하게 알리는 것을 생각해보았는가? 그것은 가능한 일이며, 그로 인해 당신과 다른 사람이 시간을 아낄 수 있고 불필요한 마음고생을 하지 않을 수도 있다. 가끔 연애 광고에서 이런 표현을 발견할 것이다. 어떤 사람은 당당히 이렇게 말한다. "연애, 헌신, 결국은 결혼을 원함", "그냥 데이트를 하면서 지켜보기 원함", 또는 "결혼에는 관심 없고 좋은 친구가 되기 원함." 아마 솔직히 말하자면 더 많은 욕구가 있을 것이다.

첫 단계는 당신이 관계 속에서 궁극적으로 무엇을 찾고 있는가를 결정하는 것이다. 어떤 사람들은 새로운 사람과 처음 만났을 때 그들의 장기적인 목적이 무엇인지 알려준다고 했다. 그리고 가능한 한 빨리 상대방이 원하는 것이 무엇인지를 알아내려 한다. 모든 사람은 계획과 선호하는 것들이 있다.

상대방이 말을 꺼내게 하는 한 가지 방법은 당신이 먼저 자신의 이야기를 하는 것이다. 당신은 결혼 상대를 찾고 있는데 새로 만난 사람은 그렇지 않다면, 뭐하러 시간을 낭비하는가? 그도 그렇다고 말하지만, 그가 지난 12년 동안 6개월마다 상대를 바꿔가며 연애해왔다면 그것은 당신에게 무엇을 말해주는가? 당신은 그가 찾고 있는 상대가 당신이기를 바라겠지만 그것은 너무 위험한 일이다. 한 사람의 관계의 역사 속에는 또한 당신에게 전해줄 메시지가 담겨 있을 것이다.

다음은 33세 여성이 자신의 기준이라고 말해준 것이다.

내가 경건한 남자에게 찾는 것

영성은 우산이며, 그 아래 어떤 것들이 있다. 그 우산이 없다면, 나는 그 사람의 외모가 어떠하든 관심이 없다. 그는 매력 있고, 말을 잘하고, 행동가이며, 박력이 있을지도 모른다. 그러나 하나님과 동행하는 분명한 증거들이 없다면 관심이 없다. 그 기준 아래서 내가 매력적이라고 생각하는 자질들은 다음과 같다.

- 부모님이(특히 아버지가) 인정하시는 사람
- 믿을 만한 사람
- 진실한 사람(말한 것을 꼭 지킨다. 그가 무슨 말을 하면 반드시 그렇게 될 것이라고 믿는다. 그가 어떤 말을 할 때는 꼭 그 말대로 할 것이라는 사실을 안다)
- 존경할 수 있는 사람, 즉 내가 닮고 싶은 사람
- 공손한 사람, 나를 깎아내리지 않을 사람
- 경청하는 사람
- 지지해주는 사람. 어떤 일들에 대해서는 서로 생각이 다를 것이나, 그는 옳고 그른 것에 대한 결정을 내리기 전에 내 의견을 경청해줄 것이다.
- 소통을 잘하는 사람. 우리가 언제나 마음이 맞거나 의견이 일치하지 않을 것이라는 사실은 알지만, 적어도 나를 이해하고 대화하려고 노력하는 사람을 원한다. 이것은 내가 바라는 중요한 자질 중 하나이다.

진실함의 개념이 다시 떠오른다. 즉 존재의 모든 면에서의 진실함이다. 그의 하나님, 배우자, 고용주, 친구들, 재정, 그리고 그 자신을 향한 진실함이다. 그는 사실이 아닌 것을 스스로 확인하려 하는가?

경건한 사람을 찾기 위한 이 엄격한 접근법에는 주로 두 가지 이유가 있다. 하나는 내가 크리스천이고 불신자와 함께하는 것은 생각만 해도 반발심이 생기고 하나님의 뜻도 아니기 때문이다. 또 다른 이유는 내가 반대로 해보았더니 행복하지 않았다는 것을(사실은 완전히 불행했다는 것을) 알았기 때문이다. 나는 이상적이지 않은 관계를 맺고 있었으나 나 자신이 거기서 벗어나는 법을 몰랐다.

데이트에 관하여, 이상적으로는 사실상 데이트를 하지 않을 것이다. 다시 말해서, 나는 그 경건한 사람을 친구로 알아가고 싶다. 키스 등은 문제가 되지 않기를 원한다. 참으로 나는 내가 누군가를 만나 지적인 면과 영적인 면에서 그를 알아가다가 어느 시점이 되면 내가 그 사람과 결혼하기 원하는지 알 수 있다고 믿는다. 육체적인 관계는 교제의 한 부분으로서 꼭 필요한 것이 아니다. 우리가 결혼하면 하나님께서 우리 관계의 육체적인 면을 완성하실 것이라고 믿는다.

따라서 나에게 옳게, 혹은 편안하게 느껴지는 것은 다른 크리스천들과의 모임 안에서 누군가를 만나는 것이다. 나는 적어도 처음에는 그룹 안에서 그 사람을 알아가다가 일대일로 만나는 시간을 갖고 싶다.

마지막이자 가장 중요한 것은 이것이다. 나는 관계 속에서 기도가 극히 중요하다는 것을 확실히 알고, 믿는다. 실제로 기도는 나의 삶 속에서 특정한 사람을 향한 하나님의 뜻을 알려주는 것이다. 그뿐만 아니라 함께 드리는 기도는 나에게 필수가 될 것이다.

어떤 사람들은 단기간의 관계에 매우 만족한다. 몇 년 동안 이런 패턴이 반복됐고 그들은 결혼을 요구하지 않는다. 지속적으로, 자주 단기간의 관계를 갖는 사람들은 때때로 그 이유를 파트너에게 투영시킨다. 그들은 "그녀는 결혼에 관심이 없어 보였어요" 또는 "그는 헌신적인 타입이 아니었어요. 요즘 그런 남자는 거의 없어요"라고 말한다. 이런 관계의 패턴을 따르는 사람들은 대체로 처음에는 가장 강렬한 매력을 느끼지만 몇 달이 지나면 시들해진다.

관계는 기분을 좋게 해주고 종종 강한 열정을 느끼게 해준다. 마치 중독성 있는 화학물질이 작용하고 있는 듯하지만, 거의 지속되지 못한다. 때로는 당신의 조건 목록에 부합하지 못하는 사람에게 당신의 마음이 끌리는 이유를 항상 설명할 수 없다.

사랑의 열병이 꼭 현실과 상관관계가 있어야 할 필요는 없다. 열병(열정)은 청소년들에게 공통적으로 나타나는 것이지만 20,30대의 성인에게도 지속적인 패턴이 될 수 있다. 불행히도 열병이 즉시 나타나지 않으면 그 사람은 가능성을 좇는 일에 관심이 없는 것처럼 보일 것이다.

열병이 나타날 때보다 오히려 그런 것이 없을 때 관계가 발전하고 지속될 희망이 더 클 수도 있다. 한 커플이 데이트를 하다가 격렬함이 가라앉기 시작할 때 그 관계와 상대방에 대해 꼭 필요한 평가를 하게 되며, 이것은 또한 성숙한 사랑으로 발전할 기회가 된다. 어떤 위기가 발생하여 당신이 그 관계를 새롭게 바라보게 된다면 훨씬 더 좋다. 이것은 긍정적인 것이다. 본래 삶은 이런 것이기 때문이다. 함께 위기에 직면할 때 당신들은 서로를 바라볼 수 있고, 종종 상대방의 숨겨진 모습을 보게 된다. 우리는 위기를 겪는 동안 더욱더 변화를 일으키려 한다.

약혼 전, 또는 결혼 전 상담을 하는 커플들이 와서 힘든 한 주를 보냈다든가 속상한 일을 겪었다고 말하면 나의 반응은 이렇다.

"좋아요, 우리는 이번 주에 더 많은 것을 이룰 수 있을 겁니다. 우리는 그 일들이 당신들의 관계에 미친 영향을 알아볼 수 있습니다. 이것은 긍정적인 것입니다."

그들은 대개 그 일을 그런 식으로 보지 않지만, 곧 유익한 점들을 보게 될 것이다. 어떤 커플이 상담 기간에 크게 속상한 일을 겪지 않는다면 나는 심각한 토론이나 재평가, 심지어 다툼을 일으킬 만한 문제나 주제를 제시한다. 이것이 결혼했을 때 삶의 모습이다. 결혼하기 전에 당신들이 실제로 문제를 함께 해결할 수 있는지 알아볼 필요가 있다.

당신들이 앞으로 나아가거나 문제를 해결할 수 있을지 알아보기 위해 관계를 재평가하는 시간을 가질 때 아마 수많은 질문을 생각해볼 것이다.

"당신은 이 관계가 지속되기를 원하는가? 그렇다면 어떤 식으로 지속되기를 원하는가? 이 수준을 계속 유지하는 것에 만족하는가, 아니면 더 깊고 지속적인 관계로 들어가기 위해 노력하기 원하는가? 당신은 지금 그런 결정을 내릴 수 있는가? 평생 동안 그 사람을 향한 당신의 감정이 어떠할지 말할 수 있겠는가? 당신이 이 관계를 지속하려는 것은 긍정적인 이유 때문인가, 아니면 더 좋은 사람이 나타날 때까지 혼자 있는 것보다는 낫기 때문인가?"

어쩌면 당신이 어떤 사람을 알아가기 시작할 때 생각해보아야 할 질문 중 하나는 이것일 것이다.

"이 관계는 오래 지속될 가능성이 있는가?"

당신 자신에게 질문해보고, 1부터 10까지의 범위 내에서 점수를 매겨보라. 1은 관계가 오래 지속될 가능성이 전혀 없다는 것이고, 10은 확실히 관계가 오래 지속될 것이라는 의미이다. 그 사람을 만나서 함께 시간을 보낼 때마다 이것을 해보라. 한 달 동안 기록한 뒤에 자기 자신에게 물어보라.

'이 결과들이 나에게 무엇을 말해주고 있는가?'

한 사람을 더 잘 알아가는 데 도움을 얻기 위해 당신은 부록에 제시한 질문들을 사용하고 싶어질지도 모른다.

장기적인 관계에 대한 염려

나는 종종 내담자들에게 한 주간 질문에 대한 답을 글로 써보도록 요구한다. 우리가 글로 쓴 답들을 볼 때 효과가 더 크기 때문이다. 단기간의 관계를 반복하는 사람이나 장기적인 관계를 갈망하는 사람의 경우, 앞으로 나아가는 것에 대한 당신의 염려들을 돌아보는 것이 도움이 될 수 있다.

당신이 염려하는 것 5가지를 적어보고 그 강도를 1부터 5까지의 범위 내에서 평가해보라.

♥ 장기적인 관계에 대한 나의 염려는…

1. _____
2. _____
3. _____
4. _____
5. _____

이제 다른 독신자들이 말한 염려들을 살펴보자.

- 내가 나 자신의 필요보다 상대방의 필요만 채워주고 있다면 어떻게 할까?
- 내가 계속 주는 만큼 받게 될지 확신이 없다. 나는 상호적인 것을 원한다.
- 지금까지 계속 힘들었다. 앞으로 더 나아질지 어떻게 아는가? 나는 더 가까워지기 원하지만 독립성을 잃고 싶지도 않다.
- 관계를 지속한다면 아마 그 사람은 나에 대해 마음에 안 드는 점들을 발견할 것이다. 내가 지금보다 더 그에게 집착한다면 나는 크게 거절 당할 수도 있다. 나는 친밀한 관계를 원하지만 거절의 고통을 감수하고 싶지는 않다. 전에도 그런 경험을 한 적이 있다.
- 그는 아주 강한 사람이다. 우리가 관계를 지속한다면 결국 내가 지배

를 당할 것이다.
- 나는 내가 강하고 지배하려는 성향이 있다는 것을 안다. 단기간의 관계에서는 그것을 잘 감출 수 있다. 하지만 어떤 사람과 함께하는 기간이 길어질수록 감추기가 더 어려워진다. 특히 수정할 필요가 있는 부분들을 볼 때 더 그렇다.
- 어떤 사람과의 관계가 깊어지면 비싼 대가를 치러야 한다. 이성 친구들은 물론 내가 하던 활동들도 몇 가지 포기해야 한다. 여기에는 몇 년 동안 친구로 지내온 이들도 포함된다.
- 그래서 나는 깐깐하게 군다. 나도 그것을 안다. 그렇기 때문에 더 진지한 관계를 맺지 못한다. 다른 재미있는 사람을 놓쳤을 수도 있다.

건강한 결혼생활을 방해하는 두 가지 유형

미래의 건강한 결혼생활에 분명히 해가 될 수 있는 두 가지 유형의 상황이 있다.

너무 성급하게 새 사람을 찾는 경우

하나는 죽음이나 이혼 때문에 연인 관계나 결혼생활이 깨지고 얼마 안 있어 너무 급하게 새 사람을 만나는 것이다. 그는 종종 상실에 대한 극심한 고통을 겪는데, 혼자서 상실과 슬픔을 감당하는 대신 새 사람을 만남으로써 고통을 덮으려 한다. 긍정적인 감정은 공허한 삶의 자리에서 훨씬 더 강력하게 작용한다. 어떤 의미에서 상대방은 그 사람의 아픔을 무감각하게 만들기 위한 마취제로 이용당하고 있는 것이다.

이때 상대방은 건강하고 관계에 헌신할 수 있을지 모르지만, 그들은 아직 그렇지 않다. 일단 너무 이른 연애를 시작하는 것이고, 그것은 그들의 치유를 방해하는 동시에 새 관계에도 악영향을 준다. 관계를 시작하려면 두 사람 다 안정되고 건강해야 한다.[1]

만일 어떤 사람이 배우자의 사망으로 현재 싱글이라면 배우자가 오랫동안 불치병을 앓다가 결국 사망에 이른 경우인가? 그렇다면 이미 슬픔의 많은 부분이 예상되었을 것이므로 그 사람은 훨씬 더 빠른 속도로 회복될 수 있다. 하지만 그렇지 않다면 대체로 우리가 자연사라고 부르는 일이 일어난 후 평균 2년 동안은 슬픔이 계속될 것이다. 사고로 갑작스럽게 죽은 경우라면 대체로 3년, 자살의 경우 4년, 살인을 당한 경우는 대개 5년이 걸린다. 따라서 새로운 관계로 들어가기 전에 슬픔 회복 그룹에 들어가는 것이 중요하다.

이혼했고 당사자가 거절당한 경우라면, 관계의 상실뿐 아니라 거절의 고통도 있을 것이다. 그런데 이혼 절차가 마무리되기도 전에 새로운 관계를 맺으려 할 때가 너무 많다. 많은 경우에 이혼을 진행 중인 사람들이 나에게 벌써 데이트를 해도 괜찮은지 물었다. 그러면 보통 나는 그들에게 되묻는다.

"국가와 하나님의 관점에서 볼 때, 당신은 독신인가요 기혼자인가요?"

그들이 자신에게는 아직 시간이 필요하다는 사실을 인정하면 나는 다시 이렇게 말한다.

"당신이 아직 결혼한 상태라면 아직은 데이트할 자격이 없습니다. 일단 이혼하고 나면 이혼 회복 그룹에 들어가 교육과정을 마치세요. 그다음 적어도 1년을 기다린 후에 데이트를 생각해보세요. 적어도 그 전까지는 당신이 준비되지 않을 겁니다. 그 전에 관계를 시작한다면 아마도 건강한 선택이 아니라 고통과 필요 때문에 어떤 사람을 찾고 있는 것입니다."

많은 내담자가 이런 말을 듣기 싫어한다. 하지만 너무 빨리 재혼하는 사람들은 또다시 이혼하게 된다.

깨진 관계에서 종종 발견되는 이런 현상을 가장 잘 표현하는 것은 당신 집의 좁은 방에서 벽을 향해 라켓볼을 치는 것이다. 공은 불규칙하게 이 벽에서 저 벽으로 왔다 갔다 한다. 나의 상담실에서 한 여자가 그 과정을 이렇게 묘사했다.

저는 마치 회전목마, 범퍼카, 롤러코스터를 결합해놓은 놀이기구에 탄 느낌이에요. 계속 끊임없이 움직이지 않으면 미쳐버릴 것 같아요. 저는 항상 뭔가를 하고 있고, 이 사람 저 사람과 관계를 맺고 있어요. 불행히도 성관계도 계속 갖고 있고요. 이런 제가 싫고, 잃어버린 관계를 생각하면 기분이 더 나빠져요. 저는 좀 더 건설적인 일들을 찾아보기로 했고, 그렇게 할 수 있다는 걸 증명하기 위해 매주 목요일과 금요일에는 집에 있기로 결심했어요. 힘들지만 이렇게 함으로써 회복될 것이라 생각하고 제가 이 경험을 통해 성장할 수 있을 것이라 믿어요. 영원히 그 사람에게 매이고 싶지 않아요. 지금까진 그랬던 것 같지만요.

어떤 사람은 다른 사람들보다 더 일찍 관계를 시작할 준비가 될 것이다. 그러나 당신은 이 질문을 해보아야 한다.
"그는 나라는 사람에게 관심이 있는 것인가 아니면 나를 치료제로 보는가?"
또 다른 질문은 이것이다.
"나는 내가 관심이 있는 그 사람을 치료제로 보고 있는가, 아니면 있는 그대로 보고 있는가?"
그러나 당신의 인생에 등장한 새 사람이 아직 상실의 슬픔에서 회복되지 못한 사람인지 어떻게 알 수 있을까? 무엇보다 너무 많은 시간을 투자하기 전에 당신과 상대방의 마지막 관계에 대해 이야기를 나누어라. 연애든 결혼이든 장기간 지속되었다면, 어떤 관계였는지, 무엇 때문에 끝났는지, 끝난 지 얼마나 되었는지, 회복을 위해 무엇을 했는지, 어떻게 적응하고 있는지 자세히 알아보라. 이것은 강요는 아니지만 안전하고 실제적인 방법이다.

당신이 그들의 예전 파트너와 어떤 면에서 비슷하거나 다른지 알고 싶을 수도 있다. 나는 많은 사람이 장점은 물론 결함까지 모든 면에서 예전 파트너와 비슷한 사람을 선택하는 것을 보았다. 이런 대체 인물들은 아마도 예전 파트너들과 똑같이 실망을 안겨줄 것이다. 하지만 무언가가 그들이 이런 사람들과 관계를 맺을 수 있다는 걸 증명하도록 이끈다. 아마도 자기 자신과 예전 파트너에게, 잘못이 자기에게 있지 않다는 것을 증명하려는 것일지도 모른다. 그래서 냉담하고 소원한 아버지를 둔 많은 딸이 자기 아버지와 매우 비슷한 남편을 택하는 것이다. 여기서 비슷한 점은 성격이나 행동, 가치관, 신념 등에서 나타날 수 있다.

어떤 사람이 새로운 관계를 맺고 앞으로 나아가려면 먼저 과거의 사람과 작별해야 한다. 그것이 관계에 대해 슬퍼하는 시기의 마지막 단계다. 이 내용은 뒷부분에서 더 많이 다루겠다.

관계의 상실을 겪고 있는 사람들은 어떤 특성을 나타내는 경향이 있는데, 따라서 누군가에게 이런 면들이 보이거든 조심해야 한다. 상대방이 당신의 수용 욕구는 충족시켜주지 않고 당신의 삶을 뒤흔드는 요구나 요청을 한다면 그것은 위험 신호다. 그것은 성급한 만남이나 깊이 밴 성격 특성일 수 있다. 어떤 경우든 당신에게 좋지 못한 것이다.

종종 그들은 이별의 고통을 완화하기 위해 투사를 사용한다. 예전 파트너를 향해 비난을 쏟아부으며 그 사람의 부정적인 특성(우리 모두가 갖고 있는 것)에 초점을 맞춘다. 이런 성향은 그들이 결별에서 자신의 책임을 인정하지 못하게 만든다.

만약 당신과 관계가 형성되고 있을 때 상대방이 계속해서 예전 파트너에 대해 나쁘게 말한다면, 그들은 여전히 감정적으로 그 사람과 얽혀 있는 것이다. 부정적인 감정들로 말이다. 거기에 존재하는 분노는 원망으로 이어질 수 있고, 그것은 본래의 대상을 향한 응어리뿐 아니라 그들의 삶 속에 존재하는 다른 사람들과, 심지어 당신을 향한 응어리를 자아낼 수 있다. 당신은 그들이 자신의 불행에 대해 다른 누구를 탓해왔는지 알고 싶을 것이다. 물론 당신은 그들이 말하는 '나쁜 사람들'에 추가되는 것을 원치 않는다.

특히 자신이 거절당했을 경우 상실의 고통을 가라앉히는 또 다른 방법은 예전 파트너의 좋은 점들을 부인하는 것이다. 이와 같은 말들이 상실의 고통을 덜어준다.

"당신도 알다시피, 그 사람은 정말 문제도 많고 결함도 많았어요. 그가 말하는 것과는 전혀 다른 사람이었죠. 길게 보면 다른 사람을 찾는 게 저에겐 더 좋은 일일 거예요."

당신이 생각해봐야 할 또 다른 질문은 이 사람이 예전 파트너와의 관계를 깬 사람인가, 아니면 거절당한 쪽인가 하는 것이다. 어떤 경우든 이것이 수년간 반복된 패턴이었는가? 그들의 예전 파트너는 지금 어디에 있는가? 새로운 사람과 연애를 하거나 재혼했는가? 그렇다면 나는 나의 새 파트너가 관심을 가진 첫 번째 사람인가, 아니면 또 다른 사람이 있었는가? 당신이 첫 번째라면, 왜 지금까지 새로운 관계를 갖지 않고 기다려왔는가?

끝내지 않고 시작하려는 경우

미래의 건강한 결혼생활에 해가 되는 두 번째 상황이 있다. 이것은 첫 번째 경우와 매우 비슷하다. 단, 여전히 현재 관계를 유지하면서 새로운 사람을 찾는다는 점만 빼고 말이다. 일단 새 파트너를 향한 확신이 생기면 그들은 현재 파트너에 대해 어떻게 할지 결정한다. 하지만 그들이 예전의 관계를 포기하지 않고 동시에 두 관계를 유지하지 않을 것이라고 누가 확신할 수 있겠는가? 나는 동시에 다섯 명까지 만나는 사람을 보았다. 그리고 만일 당신과 둘 사이에 문제가 생기면 그들은 예전 파트너에게 돌아가기 쉽다. 그러면 당신만 남겨지는 것이다.

다음은 당신이 솔직한 답을 알면 당신과 당신의 미래에 도움이 될 만한 질문들이다. 당신의 새로운 상대와 이런 이야기들을 나눌 독창적인 방법들을 찾아야 할 것이다. 당신 스스로 이 질문들에 솔직하게 답하는 것도 중요하다. 이것은 '정말로 끝났는가?'에 관한 질문들이다.

- 당신은 얼마나 자주 예전 파트너를 생각하며, 어떤 식으로 하는가? 부정적인 생각인가, 긍정적인 생각인가?
- 당신은 예전 파트너와 얼마나 자주 연락하며 어떤 식으로 하는가? 목적은 무엇인가? 이런 경우 어떤 감정을 경험하는가?
- 당신은 어떤 면에서 이 예전 파트너와 비슷한가?
- 0부터 10까지의 범위에서, 이 과거의 관계가 다시 반복될지 모른다는 두려움을 어느 정도 느끼는가?
- 0부터 10까지의 범위에서, 당신은 과거의 관계에 대한 죄책감을 어느 정도 경험하는가? 이 죄책감이 다른 사람과의 관계를 형성하는 데 있어 당신에게 어떤 영향을 미칠 것인가?

- 0부터 10까지의 범위에서, 당신은 예전 관계에 대해 어느 정도로 분노를 느끼는가? 분노가 있다면 그것을 해결하기 위해 무엇을 할 수 있겠는가?

나도 안다. 당신은 아마 이런 생각을 하고 있을 것이다.
"우린 절대로 이런 얘기를 나눌 수 없어요."

하지만 언젠가는 할 수 있다. 아니, 해야 한다. 결국 그것이 당신의 미래이기 때문이다. 당신은 어떻게든 해답을 발견할 것이다. 그 일은 바로 일어날 수도 있고 당신의 관계를 방해할 수도 있다. 이런 두 가지 경우에서 당신은 목발로 이용당하고 있는 것이다. 부러진 다리가 다 나으면 목발은 쓸모없어진다는 사실을 명심하라. 그것은 생각해봐야 할 문제다.[2]

이런 식으로 생각해보라. 만일 당신이 새로운 의사를 찾아간다면 그는 당신을 돕기 위해 무엇을 하겠는가? 제일 먼저 몇 가지 질문으로 병력을 알아낸다. 그 질문들은 당신이 병원을 찾은 주원인인 질병과 항상 연관 있어 보이지는 않는다. 하지만 당신을 제대로 평가하기 위해서 의사는 전체 그림이 필요하다.

만일 당신이 상담을 받기 위해 치료사를 찾아간다면 어떤 식으로든 당신의 과거사를 얘기하도록 요구받을 것이다. 치료사는 현재의 문제뿐만 아니라 그것이 어떻게 발전되어 왔고 당신에게 어떤 영향을 미치는지를 다루기 원한다. 그렇게 할 때 그는 당신을 더 잘 도와줄 수 있다.

잠재적 배우자를 평가하는 것도 크게 다르지 않으며 그것은 당신의 미래를 위해 중요한 일이다.

어떤 사람과의 장기적인 관계에, 그리고 가능하면 결혼생활에 들어서기 전에 '나는 상관없다'고 할 수 있는 문제들에 대해 생각해보자. 지금 그 문제들이 있다면 당신은 그것을 경고나 관계를 끝내라는 신호로 간주하기 원할 것이다.

관계에서 생기는 문제들

주는 사람과 받는 사람

몇 년 전에 《The Givers and The Takers》(주는 사람과 받는 사람)라는 책을 읽었다. 이 책에서는 사람을 두 부류로 나누었다. 이상적인 사람은 주는 것과 받는 것을 둘 다 할 수 있는 사람이다. 이것이 건강한 것이다. 하지만 만일 당신의 파트너가 오로지 하나밖에 할 줄 모른다면, 당신이 기대할 수 있는 것은 한 가지다. 당신의 필요는 충족되지 않을 것이라는 사실이다.

만일 당신의 파트너가 폭력이나 명예훼손, 자살 같은 위협을 가하여 당신이 계속 그와 관계를 유지하게 만든다면 당신은 최대한 빨리 거기서 벗어나야 한다. 어떤 사람들은 거절을 받아들이는 것을 힘들어한다. 이 주제는 나중에 더 깊이 다룰 것이다.

나는 결혼한 많은 크리스천이 상대방을 통제하기 위해 '이혼'이란 단어를 협박 수단으로 사용한다는 사실에 깜짝 놀랐다. 이혼 협박은 결혼생활에서 건강하지 못한 것이다. 당신의 파트너가 자신의 뜻대로 하기 위해 협박을 한다면 그 사람과 헤어지는 것을 고려해야 한다! 만일 파트너의 배경에 학대의 패턴이 있다면, 그가 적절한 도움이나 치료를 받지 못했을 경우 당신이 그 피해자가 되지 않을 것이라고 어떻게 확신할 수 있겠는가?

속박 공포증

지난 20년 동안 삶 속의 관계들과 문제들을 설명하려는 시도 속에서 우리 언어에 새로운 꼬리표가 많이 생겨났다. 많은 책이 어쩌면 어떤 사람들이 절대 결혼하지 않는 이유를 설명해줄 한 가지 꼬리표에 대해 이야기한다. 그 지독한 꼬리표는 '속박 공포증'(commitmentphobia)이라는 것이다! 이 문제가 유행병처럼 번지고 있다고 말하기도 했다. 이것은 상대방을 깊이 사랑하는 사람에게는 고통스러운 것이나, 그럼에도 그는 상대방을 향해 헌신할 수 없다.

속박 공포증은 헌신에 대한 아주 강한 저항과 더불어 이성에게 인정받고 싶은 강한 열망, 만족할 줄 모르는 열망이 있는 사람을 말한다. 그들은 혼자 있는 것을 원치 않지만, 너무 가까운 것도 원치 않는다. 그래서 너무 가까워졌다 싶으면 바로 물러선다. 그들의 이중 메시지는 이렇다.

"더 가까이 다가와. 너무 가까이 오지 마. 이리로 와. 가버려."

그들은 혼자 있어도 불행하고 누구에게 얽매여도 불행하다.

속박 공포증은 어떻게 발견하는가? 누군가 단기적인 관계를 계속 이어온 전력이 있다면 조심해야 한다. 자주 당신과의 데이트를 취소하거나 일정을 바꾸는가? 그 때문에 당신이 자주 상처를 받는가? 그가 정착하고 자신의 패턴을 바꾸는 것이 보이는가? 그렇지 않다면 조심하라.

만일 어떤 이유로 당신이 그런 사람과 사귀고 있다는 느낌이 강하게 든다면 어서 빠져나오라. 그 사람이 왜 이런지 알아내려 하거나 당신이 그 사람을 변화시킬 수 있다고 생각하지 말라. 당신은 그럴 수 없을 것이다. "그녀가 왜 또 취소했을까?" 혹은 "그는 왜 물러서는 걸까?"라는 의문의 함정에 빠지기 쉽다. 하지만 당신은 그것을 절대 알아내지 못할 것이다. 가능성이 있는 다른 사람을 찾아보라.

독신남의 유행

여자들의 또 다른 관심사는 헌신적인 독신남이다. 신문에 〈독신남의 유행〉이라는 기사가 실렸다. 그 기사는 점점 더 많은 남자가 결혼보다 독신생활을 선택하고 있다고 말했다. 많은 남자가 학업이나 직업상의 목표를 추구하기 위해 결혼을 미룬다. 《Bachelors : The Psychology of Never-Married Men》(독신자 : 결혼하지 않는 남자들의 심리)의 저자는 많은 남자가 결혼하지 않은 이유가 그러기로 선택했기 때문이라는 것을 알아냈다.

연구 결과 많은 남자가 관계 속에서 세 가지 유형의 방어물을 갖고 있다는 것이 드러났다. 그것은 '회피, 고립, 왜곡'이다. 독신자들은 감정적으로 몰두하고, 요구하고, 혹은 성적인 관계 속에서 그들의 필요를 함께 나누는 것을 꺼리는 듯 보였다. 그들의 방어와 고립은 여자들과의 상호작용을 허용은 하지만 피상적인 수준이었다. 감정을 공유하지 않았다. 전반적으로 그들의 성향은 쌀쌀맞고 무관심했다. 그들이 상처받을 만한 상황이 있으면 회피의 방법이 사용되었다. 저자에 따르면 이 연구의 놀라운 부분은 40세 이상의 독신 남성 중 겨우 5퍼센트만 결혼한다는 것이었다![3]

확신 없는 결혼 추진

나는 결혼 전 상담에서 이상한 조합들을 더러 보았다. 둘 중 한 사람이 특히 상대방을 좋아하지 않는 상황에서 결혼하려고 하는 커플들과 이야기를 나눠봤는데, 그들은 육체적인 필요만 채워진다면 그것이 꼭 필요하지는 않다고 생각했다. 또 다른 커플은 그들이 서로에게 육체적인 매력을 느끼고 경제적으로 비슷한 목표를 가지고 있음을 인정했지만, 서로의 성격을 마음에 들어 하는지에 대해서는 확신이 없었다. 왜 사람들은 이런 문제들이 있는데 결혼을 생각하는 것일까? 하지만 실제로 그렇다. (다행히 내가 말한 커플들은 결국 결혼하지 않기로 결정했다.)

계속 관계에 실패하는 이유

이 장에서 언급한 수많은 문제에 대해 이런 식으로 생각해보라. 지금 문제가 있다면 결혼 후에도 그것이 문제가 되고 더 심해지지 않을 이유가 있겠는가? 당신이 그 문제들을 해결하기 위해 꼭 필요한 조치들을 취할 수 있다면 정말 좋을 것이다. 하지만 그러기 위해서는 시간이 걸릴 것이다.[4]

문제가 그렇게 명백한데 왜 관계를 지속하기 원하는가? 거기에는 몇 가지 이유가 있다.

그것은 낮은 자존감과의 싸움일 수 있다. 40살의 어느 내담자는 남자 친구와 자신의 딜레마를 묘사했다. 그녀는 그 남자가 계속 무시하는 말로 그녀의 자존감을 무너뜨리는 것에 대해 말했다. 내가 그녀에게 왜 관계를 끝내지 않는지 묻자, 그녀는 이렇게 말했다.

"친밀한 관계를 놓치고 싶지 않아서요. 다른 사람과 다시 시작하려면 불편할 거예요. 그리고 어쩌면 저에 대한 그의 부정적인 인식들이 정확할 거예요."

부정적인 말을 많이 들으면 그 말들을 실제로 믿기 시작한다.

어떤 사람들은 객관적인 사실과 상관없이 감정의 지배를 받는 듯하다. 나는 연애소설을 읽고 격렬하고 낭만적인 사랑의 관계에 대한 상상 속의 삶을 채워가는 사람들이 이런 부류에 속한다는 것을 안다. 때로는 당신이 상상하는 것들이 너무 강렬해져서 당신이 살고 있는 현실을 무시할 수 있고, 당신은 위험 신호를 감지하지 못하게 된다.

강박적인 연인들

어떤 사람들은 결과와 상관없이 사랑에 중독된다. 건강한 관계 속에서 당신은 자신의 희망과 꿈을 이루어줄 사람을 찾았기를 바라고 이상화할 것이다. 그러나 잘 안 될 수도 있다는 인식과 균형을 이루어야 한다. 당신에게는 현실이라는 안전망이 있다.

강박적인 연인은 안전망도 없이 일하며 '의심'이라는 단어를 이해조차 못 한다. 그들은 새로운 사람을 발견하면 "그래, 이 사람은 나의 모든 필요를 채워주고 나를 행복하게 해줄 수 있는 마법 같은 사람이야!"라고 외친다. 이 특별한 사람을 향한 그들의 환상과 기대는 실제 그 사람이 누구인지와 거의 관련이 없다. 그들의 초점은 자신의 필요가 무엇이며 다른 사람이 그 필요들을 채워주기 위해 무엇을 할 수 있느냐에 맞춰져 있다.[5] 이런 사람은 최고의 열정에 대한 신화를 가지고 산다. 처음에는 그것이 상대방의 어깨를 으쓱하게 할지 모르지만 시간이 지나면 숨이 막힐 것이다. 당신이 아는 사람 중에 이런 사람이 있는가?

강박적인 연인에 해당되려면 몇 가지 기준을 충족시켜야 하는데, 거기에는 일생 동안 바라고 기다리던 사람을 향한 소모적이고, 강렬하며, 심지어 고통스러운 집착이 포함된다. 그들은 이 사람을 소유하거나 소유를 당함으로써 소모되는 것 같다. 여기서 이성이 무너진다. 그들이 갈망하는 사람은 어떻게 해도 그들의 손에 넣을 수 없고, 실제로 그들을 거절할지도 모른다.

그들이 이렇게 말했을 수도 있다. "난 관심 없어요", "난 당신을 사귈 수 없습니다", 또는 "당장 꺼지세요!" 하지만 강박적인 연인에게 그것은 중요하지 않다. 거절은 실제로 강박적인 사랑을 더 키우고 집착하게 만든다. 그 사람을 가질 수 없거나 거절당했기 때문에 그들은 자멸적인 행동을 하기 시작한다.[6] 거절에 대한 두려움은 거절당했을 때와 똑같은 결과를 낳을 수 있다. 또한 그것은 살면서 건강한 관계에 대한 자기방어적인 방식이다. 거절은 창의적으로 합리화된다. 다음과 같은 말들을 흔히 들을 수 있다.

"그녀가 다른 남자들을 만난다는 걸 알고 있어요. 하지만 실제로 그들은 그녀에게 중요하지 않아요. 그녀는 사실 저에게만 관심이 있거든요. 곧 그녀도 그걸 깨닫게 될 거예요."
"하루에도 몇 번씩 그 사람에게 전화를 하면 그가 끊어버려요. 그가 나를 정말 많이 좋아한다는 사실을 단지 받아들이지 못하는 거예요. 제 생각엔 그 사람이 압도되어 감당을 못하는 것 같아요. 언젠가는 받아들이겠죠."
"그가 2주 동안 전화하지 않았어요. 전에도 일이 바쁘면 그랬어요. 바쁜 시기가 지나면 다시 돌아올 거예요."

하지만 이런 말들은 모두 현실을 부정하는 것이다. 이런 관계에 성관계가 개입되면 더욱더 복잡해진다. 대부분의 강박적인 관계에서 성은 중요한 역할을 한다. 또한 그것은 대개 매우 강렬하고 즐겁다. 문제는 성관계가 사랑의 강도와 두 사람의 적합성을 측정하고 상대방이 날 좋아하는지 알아보는 척도로 사용되며, 결국 상대방을 이상화하게 된다는 것이다. 강박적인 사람은 성관계를 확실성의 표지, 즉 이 관계가 자신의 일생을 위한 것이라는 징표로 사용한다. 하지만 종종 강렬하고 열정적인 성관계를 사랑으로 오해하는 경우가 있고, 단기간의 열정은 거절의 상처를 더 크게 만든다.

결혼 전 상담에서 커플들을 상대하면서, 그들 중 거의 절반가량은 성적으로 순결한 관계를 맺고 있다는 사실을 알았다. 성적인 관계에 빠진 사람들에게는 중단하고 신혼 첫날밤까지 순결한 관계를 유지하라고 권했다. 그들은 동의하고, 얼마 후 그들 중 일부는 결혼하지 않기로 결정했다. 왜일까? 몇몇 사람들은 성관계를 갖지 않으니 그들의 문제를 좀 더 현실적으로 볼 수 있었고 강렬한 열정이 그들을 결합시키는 접착제였던 것 같다고 말했다. 그중에는 남자들도 포함되어 있었다.

각 사람은 강박적인 사랑의 문제를 극복할 수 있다. 당신이나 지금 당신과 만나는 사람이 이런 문제를 갖고 있다면 그것이 해결될 때까지 모든 만남과 데이트를 보류하라. 그것은 강박적인 추구, 보복, 스토킹, 심지어 폭력으로까지 이어질 수 있다. 당신이나 당신이 아는 사람이 이런 경우에 해당하는가? 사랑에 대한 집착은 다음과 같은 특성이 있으며, 이 중 몇 가지만 있어도 문제가 있음을 나타낸다.

- 그들은 물리적 혹은 감정적으로 만날 수 없는 사람을 동경한다.

- 그들이 갈망하는 대상을 만날 수 있게 될 때를 기다리며 산다.
- 그들이 상대방을 간절히 원하면 결국 상대방이 자신을 사랑할 수밖에 없을 것이라고 믿는다.
- 그 사람을 충분히 오랫동안 열심히 따라다니면 자신을 받아줄 것이라고 믿는다.
- 그들은 거절당하면 그 사람을 더 간절히 원하고, 지속적인 거절은 우울증이나 분노로 이어진다.
- 상대방의 반응이 없으면 억울하다고 느낀다.
- 오직 이 한 사람만이 그들의 삶을 완성시켜줄 수 있다고 믿는다.
- 그 사람에게 너무 빠져 있어서 일에도 지장이 생기고 먹고 자는 것에도 문제가 생긴다. 또는 그 사람에게 계속 전화를 걸고 부적절한 때에 그들을 지켜보고 감시한다.[7]

이런 것들이 당신에게는 병적으로 들릴 것이다. 실제로 그렇다. 하지만 원상태로 되돌릴 수 있다. 정상적이고 건강한 관계들을 키워갈 수 있다.

장기적인 관계를 위해 고려할 것들

당신이 두 사람을 만족시켜줄 장기적인 관계를 추구하고 있다면 상대방을 알아가는 데 필요한 시간에는 한계가 없다. 모든 종류의 상황과 환경에서 그 사람을 알아갈 수 있다. 교회의 선교 활동에 참여해 2,3일

동안 내내 그 사람과 함께 일하거나 주말 동안 중학생들을 위해 요리와 청소를 하는 것도 좋다. 긴 기간 동안 그의 가족이나 친한 친구들과 함께 시간을 보내라. 가능하면 그들과 함께 일하거나, 함께 방에 페인트 칠을 하거나, 몇 시간 동안 함께 쇼핑 등을 하며 하루를 보내라.

단기적인 관계에서 장기적인 관계로 나아가려면 당신은 얼마나 시간을 들여야 할까? 3개월에서 1년이라고 하자. 당신은 이 과정을 재촉할 수도, 건너뛸 수도 없다. 나는 항상 교제 과정을 건너뛰는 커플들에 대해 보고 듣지만, 대부분의 경우 성공적이지 못하며 결국 관계가 깨지고 만다. 최근에 만난 지 7주 만에 약혼한 커플에 대해 들었다. 둘 다 그것이 "옳게 느껴진다"고 말했다. 하지만 그들은 아직 불화나 위기의 시간을 겪어보지 않았다. 20대의 다른 커플은 만난 지 3개월 만에 약혼했다. 그 이유는 결혼에 대한 그녀의 꿈, 그들의 육체적 관계, 그리고 그가 군대에 있는 동안 결혼을 함으로써 얻을 금전적 이익 때문이었다.[8]

삶의 실제적인 문제들을 다루고 사랑을 키워가려면 사랑의 열병, 육체적인 끌림, 화학반응 같은 것들을 가라앉히는 시간이 필요하다. 처음 화학반응이 어떠했든 간에 그것이 지속되고 균형이 잡히길 바라지만 그러려면 훨씬 더 많은 것이 더해져야 한다.

성관계로 인해 강렬한 열정을 경험했던 관계에서 고조되었던 연애 감정이 시들해지기 시작하면, 그런 고조된 감정이 필수라고 생각하는 커플들은 대개 관계를 지속하지 못한다. 열정적인 사랑이 영원히 지속되지 않을 가능성은 극복할 수가 없다. 당신이 이것을 이해하고 더 고요하고 평온한 만족감을 누리는 것에 만족하기로 선택한다면 관계가 지속될 확률은 더 커진다. 시간이 흐르면 이런 일이 일어난다.

세속적인 사회학자들과 인구 통계학자들도 행복한 결혼생활에 기여하는 것에 대한 예측 변수들과 지속적인 결혼생활의 지표들을 확인했다. 그중 두 가지는 20살 이후에 결혼하는 것과 결혼 전에 오랫동안 연애를 하는 것이다.[9]

당신은 이 미래의 단계에 대해 어떻게 기도해왔는가? 관계를 하나님 앞으로 가져가 명확성과 통찰력과 지혜를 구하는 것이 중요한 단계이다. 성경의 관점으로 관계를 바라보는 것도 하나님의 뜻을 발견하는 또 한 가지 방법이다. 모든 관계를 맺을 때 잠언 3장 5,6절에 초점을 두라.

"너는 마음을 다하여 여호와를 신뢰하고 네 명철을 의지하지 말라 너는 범사에 그를 인정하라 그리하면 네 길을 지도하시리라"(잠 3:5,6).

그리고 당신 자신에게 물어보라. 이 관계가 나를 하나님의 말씀이 더 강하고 온전히 표출되는 삶으로 이끌 것인가, 혹은 그 반대로 될 것인가? 그 대답이 당신에게 필요한 모든 것이 될 것이다.

장기적인 관계를 추구하기 전에, 이 관계가 당신이 추구할 만큼 만족스러웠다는 것을 나타내는 지표들을 글로 적어보라. 글로 적은 것을 보면 더 명확해진다. 결혼을 앞둔 커플들과 상담할 때 그들이 이 문제를 매우 신중하고 철저히 생각해보게 한다. 그리고 초반에 왜 그들 인생의 이 시기에 결혼하려고 하는지에 대해 열 가지 이유를 써보게 한다. 나는 단기적인 관계에서 장기적인 관계로 넘어갈 때 이것을 하고, 또 결혼에 대해 진지하게 생각하기 시작할 때 다시 한번 해볼 것을 권한다.

다음은 다른 이들이 나에게 이야기해준 몇 가지 지표들 혹은 이유들이다. 40대의 한 남성은 이렇게 말했다.

이혼 후(사실은 그 전에도) 나는 내 결혼생활이 실패한 이유들에 대해 성경적으로 연구하기 시작했다. 진정한 크리스천의 삶(즉 경건한 삶)을 구축하고 크리스천의 결혼생활에 필요한 기본적인 헌신과 성숙함을 배우는 것과 관련해서 그 과정이 꽤 성공적이었다고 믿는다. 또한 나는 최근 5년 동안 좀 더 폭넓게 데이트를 했고 사회 각계각층의 여러 여성을 알게 되었다. 그 과정에서 내 인생의 중요한 여자에게 필요한 바람직한 특성들의 목록을 작성하기 시작했다. 그것의 근거는 성경의 명령, 원칙들과 나의 개인적인 취향과 갈망, 필요, 희망사항 등이었다. 살면서 처음으로 잠재적인 배우자를 평가할 기준 혹은 가치 체계를 갖게 되었다.

그는 자신의 파트너를 발견했다. 그의 개인적인 성장과 신중한 계획이 좋은 결과를 가져온 것이다.

30대의 한 여성은 다음과 같이 말했다.

시기가 적절한 이유는 무엇보다 그 사람이 적절하기 때문이다. 많은 훌륭한 자질을 갖춘 다른 사람들도 있었지만, 그래도 역시 토니가 적절한 사람이다. 매우 위안이 되는 한 가지 사실은 그가 컨디션이 안 좋은 날,

기분이 나쁠 때, 우울할 때, 여러 가지로 언짢은 날에도 내가 여전히 그를 사랑한다는 것이다. 그 자체만으로 안심이 된다.

어떤가? 당신은 감정적으로나 영적으로 원하는 상태에 있고 장기적인 관계, 바라기는 영원한 관계를 갖기 위한 조건을 충족할 준비가 되어 있는가? 당신의 모든 염려를 해결했는가? 꼭 필요한 평가 단계들을 완료했는가? 그렇다면 이제 앞으로 나아갈 때이다.

결혼이 미래의 일이라고 생각할 때 다음 단계로 나아가 결혼 전, 혹은 약혼 전 상담을 받기 시작하라. 사역자나 상담가와 함께 6~10시간을 보낼 기회는, 당신이 놓쳤을지도 모르는 문제들을 확인하도록 도와줄 것이다. 또 미래에 닥칠 당황스러운 일들을 미리 제거하도록 도울 것이고, 결혼생활에 필요한 기술들을 연마하도록 도울 것이다.

chapter 07

사랑의 종류와 정의

한 커플이 결혼 전 상담을 위해 내 사무실에 앉았다. 그들은 기대와 우려를 동시에 품고 왔다. 상담 과정이 매우 철저할 것이라는 이야기를 들어서였다. 상담 시간 중간 즈음에 남자에게 애인을 향한 사랑을 자세히 묘사해보라고 한다. 그가 대답한 후 그녀에게도 질문한다. 그 질문은 그녀를 당혹스럽게 한다. 왜냐하면 그녀는 자신도 같은 질문을 받을 것이라고 생각했기 때문이다. 질문은 이것이다.

"당신이 그를 사랑하는지 어떻게 아나요? 무엇이 당신에게 확신을 주었습니까?"

때로는 완벽하고 꽉 찬 대답이 나오기도 하고 부족한 대답이 나오기도 한다. 나는 이런 말들을 들었다.

"음, 전 그냥 제가 이 사람을 사랑한다는 걸 알아요. 그건 어떻게 설명할 수가 없어요."

하지만 어쩌면 그것은 더 살펴보고 상세히 이야기할 필요가 있다. "제가 사랑에 빠졌는지 어떻게 알죠? 어떻게 확신할 수 있어요? 그리고 사랑이란 무엇이죠?"라고 묻는 사람들도 있었다. 이 모든 것은 중요한 질문이다.

내가 제일 좋아하는 만화에 서로 목을 엇갈린 채 지긋이 바라보고 있는 백조 두 마리를 닭 두 마리가 쳐다보는 장면이 나온다. "사랑이란 뭘까?"라는 질문에 닭이 이렇게 대답한다.

"사랑은 전에 느껴보지 못한 감정이 생길 때 느끼는 그 감정이야."

그것은 사랑일 수도 있고, 당신이 점심에 먹은 상한 양파 때문일 수도 있다.

당신은 사랑을 어떻게 묘사하는가? 사랑을 어떻게 정의하겠는가? 사랑과 열병의 차이점은 무엇인가? 낭만적 혹은 열정적인 사랑이 관계에 꼭 필요한가? 그리고 중요한 질문은 이것이다.

"당신이 정말로 사랑하고 있는지 어떻게 아는가?"

사랑도 일궈야 자란다

사랑에 관한 몇 가지 기본적인 사실들을 살펴보자.

- 첫눈에 빠지는 사랑은 매우 드물다. 만나자마자 매력에 푹 빠질 수는

있지만, 참된 사랑은 발전할 시간이 필요하다.
- 사랑은 한결같지 않다. 배우자를 향한 당신의 감정적 반응은 몇 개월, 몇 년, 몇십 년이 지나면서 달라질 것이다.
- 대부분의 사람은 여러 번 사랑에 빠질 수 있다. 하지만 종종 의지와 상관없이 사랑에 빠질 때 느끼는 육체적, 감정적인 끌림을, 당신의 마음을 사로잡은 사람을 이타적으로 사랑하겠다는 의지적이고 지속적인 헌신과 혼동해서는 안 된다.
- 연애할 때 사랑의 특성은 결혼생활 속에서 바뀌고 더 깊어질 것이다. 이어지는 사랑의 각 단계는 그 전 단계만큼 흥미진진하고, 보람 있고, 만족감을 줄 수 있다.
- 결혼생활 속에서 사랑이 약해지고 심지어 사라질 수도 있다. 불완전한 두 사람이 함께 사는 스트레스를 견뎌내려면 오랫동안 사랑을 주의 깊게 보살피고 소중히 여겨야 한다.

나는 또한 스콧 펙이 그의 책 《아직도 가야 할 길》에서 오늘날 많은 결혼생활을 약화시키는 환상에 대해 말한 것을 좋아한다.

우리를 결혼의 함정에 빠뜨릴 만큼 효과가 있으려면 사랑에 빠지는 경험 안에 그 경험이 영원히 계속될 것이라는 환상이 담겨야 할 것이다. … 로맨틱한 사랑의 신화는 실제로 우리에게 세상 모든 남자에게는 '그를 위한' 한 여자가 존재하며 그 반대도 마찬가지라고 말한다. 게다가 그

신화는 오직 한 여자를 위한 남자, 오직 한 남자를 위한 여자가 존재하며 이것은 '하늘에서' 미리 정해진 것이라고 말한다. 우리가 만나야 할 사람을 만날 때 사랑에 빠진다는 사실을 통해 그것을 인식하게 된다. 온 하늘이 나를 위해 예비한 그 사람을 만났고, 상대는 완벽하기 때문에 이제 우리는 영원히 서로의 필요를 채워줄 수 있을 것이며 완벽한 화합과 조화 속에서 영원히 행복하게 살 것이다.

그러나 우리는 서로의 모든 필요를 만족시켜주지 못하고 마찰이 생기며 사랑이 식는 때가 온다. 그러면 우리는 분명 끔찍한 실수를 한 것이고, 하늘의 뜻을 잘못 해석한 것이며, 우리의 유일하고 완벽한 짝을 만나지 못한 것이고, 우리가 사랑이라고 생각했던 것은 진짜 사랑이 아니었으며, 그 상황에서 할 수 있는 일은 그냥 계속 불행하게 살거나 이혼하는 것밖에 없는 것이다.[1]

사랑은 그냥 생기는 것이 아니다. 사랑도 일구어야 자라날 수 있다.

로맨틱한 사랑

어쩌면 이런 생각들은 당신에게 생소한 것일 수도 있고 이미 아는 것일 수도 있다. 특히 당신이 매우 로맨틱한 사람이라면 이것이 신경 쓰일지도 모른다. 로맨틱하고 열정적인 사랑은 꼭 필요한 요소지만, 결혼생활이 지속되려면 이보다 더 많은 것이 필요하다.

로맨틱한 사랑은 필수적인 과정의 한 부분이지만, 또한 관계 속에서 가장 큰 기만일 수도 있다. 그러나 그것은 우리의 기분을 매우 좋게 해준다. 종종 로맨틱한 사랑보다 먼저 오는 것이 열병이다. 웹스터 사전은 이것을 '어리석게 만들고 건전한 판단을 하지 못하게 하는 것, 피상적인 사랑이나 애정을 불어넣는 것'으로 정의한다.[2]

그것은 또한 어리석고 모든 것을 몰입하게 만드는 열정, 눈먼 사랑으로 정의되어 왔다. 당신은 자신이 보고 싶은 것을 보지만 그것은 사실 존재하지 않는 것이다. 또는 당신이 보는 것은 당신이 얻게 될 것이 아니다! 그리고 그것이 죽으면 마치 낙하산 없이 비행기에서 뛰어내리는 것과 같다. 추락하는 그 길은 매우 길고 고통스럽다.

어떤 생화학자들은 사랑에 심취한 사람의 뇌에서 각성제의 일종인 암페타민 같은 물질이 방출되며 그것은 약물에 취한 것과 비슷한 상태를 유발한다고 믿는다. 하지만 열병이 그치면 원상태로 돌아간다. 심리학자들은 대부분의 경우 열병은 자신의 삶의 빈 곳을 채워주는 사람에게 빠지는 것과 관련이 있지만, 그 사람은 당신이 원하는 것을 만들어주지 못한다고 말한다.[3]

객관성이 떨어지고 낙관적인 시각을 갖게 된다. 당신은 상대방을 당신의 모든 문제와 개인적인 결함에 대한 해답으로 여긴다. 그 사람이 당신의 빈 곳들을 다 채워줄 것만 같다. 삶은 새로운 양상을 띠며 당신은 상대방을 당신이 찾을 수 있는 최선으로 여긴다. 당신은 무엇이든 할 수 있을 것 같고, 모든 생각과 관심이 그에게로 향한다.

이런 일이 십대들에게만 일어난다고 생각할지 모르나, 나는 20대, 30

대, 40대에도 그런 사람들을 봤다. 많은 사람이 자신이 미쳐 있다는 것을 인정하려 하지 않는다. 그들은 자신의 파트너를 향해 강렬하고 로맨틱한 사랑을 하고 있다고 말한다. 나는 사전에서 이 단어를 찾아보았고, '로맨스' 또는 '로맨틱'이라는 단어가 '감정적인 욕구, 사실에 기반을 두지 않음, 영웅적이고 모험을 좋아하며 현실과 동떨어져 있으며 신비롭거나 이상화된 인물의 가상적, 감정적인 호소로 얼룩진 상상과 환상, 주관적이고 감정적인 특성을 강조함, 열정적인 사랑의 특징 혹은 구성요소'를 의미한다는 것을 알았다.[4]

로맨틱한 사랑이 있을 때 당신은 자신이 느끼는 감정을 다른 누구도 느껴보지 못했을 것이라고 생각한다. 종종 '우리는 만난 지 얼마 안 되었지만 마치 평생 알아왔던 것 같다'는 이상한 느낌이 든다. 즉시 통하는 게 있는 것 같다. 하지만 많은 사람이 로맨틱한 사랑은 신화이며 결혼생활에 위험한 것이라고 말한다.

스콧 펙이 앞에 인용한 글에서 '로맨틱한 사랑의 신화'를 묘사한 것과 같다.

온 하늘이 나를 위해 예비한 그 사람을 만났고, 상대는 완벽하기 때문에 이제 우리는 영원히 서로의 필요를 채워줄 수 있을 것이다.[5]

로맨틱한 사랑과 연관된 감정의 고조가 있다. 고조된 기쁨, 성취감, '예전에 할 수 없었던 일을 이젠 할 수 있다'는 믿음이 있다. 종종 그것은 우리 삶의 남은 고통과 환멸을 압도하고, 그것이 영원히 계속될 것이라는 거짓된 약속을 준다. 불확실성과 새로운 것을 즐긴다.

로맨틱한 사랑은 또한 우리의 삶에서 아픔을 느끼지 못하게 하는 마취제 역할을 한다. 이것은 성적인 관계를 맺든 안 맺든 상관없이 일어날 수 있다. 성관계를 가지면 종종 육체적 열정이 로맨틱한 감정을 더 강렬하게 만드는데, 그것은 성적인 절정의 경험에 의해서만 유지될 수 있다. 한편, 이 강렬한 사랑은 그들의 기독교적 가치관을 무시하게 만들고 완전한 성적 표현을 그들의 로맨틱한 경험의 최종 결과로 여기게 할 수 있다.

그러나 로맨틱한 희열은 시들해질 것이다. 그것이 현실이다. 스콧 펙은 또한 이렇게 말한다.

사랑에 빠지는 경험은 언제나 일시적이다. 우리가 누구와 사랑에 빠지든 그 관계가 오래 지속된다 해도 우리는 조만간 사랑에서 빠져나오게 되어 있다. 이것은 우리가 항상 사랑에 빠졌던 사람을 사랑하지 않게 된다는 말이 아니다. 다만 사랑에 빠지는 경험의 특징인 황홀한 사랑의 느낌은 항상 지나간다는 말이다. 허니문은 언제나 끝나게 되어 있다. 로맨스의 붐은 언제나 사라지게 되어 있다.[6]

많은 사람이 로맨틱한 사랑의 근거를 육체적인 매력에 두며 결국 육체적으로 사랑을 나눈다. 그리고 이 강렬한 열정 안에서 그들은 결혼을 결심한다. 이 사랑이 약해지면 새롭고 더 성숙한 사랑이 생겨나 그 자리를 대신해야만 한다. 그렇지 않으면 부부들은 아마 이혼하거나 바람을 필 것이다. 어떤 선택이든 그것은 잃어버린 감정을 다시 찾으려는 시도이다.

다른 더 깊은 사랑의 요소들 없이 육체적인 매력 자체만으로는 결혼 생활을 약 3~5년 정도 지속할 수 있을 것이다. 그것이 전부다. 그 3~5년 중 일부는 그나마 결혼하기 전에 써버렸을 것이다.[7]

한 커플이 로맨틱한 끌림이 있다는 이유로 결혼한다면, 그들의 로맨스가 아마 5년에서 8년 정도 그들의 관계를 유지시켜줄 것이라고 기대할 수 있다. 그 후에는 모든 것이 흐트러지기 시작하고 서로를 비방하고 공격하는 일이 더 심해진다.

로맨틱한 사랑의 잘못된 신념

단지 로맨스에 기반을 둔 관계에는 어떤 문제들이 있을까? 이런 신념들과 그것들에 관한 실제 사실들을 살펴보자.

첫 번째 신념은 이렇게 말한다.

"사랑은 그냥 우리에게 찾아오는 압도적인 느낌이다."

이것은 사랑에 관한 잘못된 믿음이다. 사랑은 그냥 일어나는 일이 아니다. 사랑은 감정이 아니고, 완전히 통제할 수 없게 밀려오는 감정이 아니다. 하지만 강력한 화학반응이 있고 바로 눈이 맞아 로맨틱한 분위기와 경험들과 성적인 만남에 의해 그것이 고조될 때, 당신은 사랑이 그냥 생긴다고 믿는다. 하지만 믿든 안 믿든, 이것은 사랑이 아니다. 로맨스와 진정한 사랑은 같은 것이 아니다. 로맨스는 핀을 뽑은 수류탄과 같으며 폭발 시간이 얼마 남았는지 알려지지 않은 도화선과 같은 것이다. 즉 시간이 지나면 폭발하고 말 것이다.

로맨틱한 감정은 당신이 경험하기로 선택하거나 선택하지 않을 수 있는 것이 아니다. 그것은 당신에게 그냥 일어날 것이다. 그것을 사랑과 동일시하지 말라.

두 번째 신념은 로맨틱한 감정을 느끼는 것이 언제나 행복한 결말로 이어질 것이라는 믿음이다. "우리가 이렇게 강렬한 감정을 느끼는데 뭐가 잘못될 수 있겠는가?"라는 것이다. 이런 상태에 있는 커플들에게는 합리적인 설명이 거의 통하지 않는다. 그들 자신에 대한 합리적인 생각을 할 수가 없기 때문이다.

때로는 한 사람이 자신의 사랑의 대상에게 결함이 있거나 자신에게 최선이 아니라는 것을 알지만, 그들의 사랑이 분별력을 눌러버린다. 누군가와 결혼하기로 결정할 때 최악의 경우는 단지 로맨틱한 감정이 있다는 이유로 결정을 내리는 것이다. 다른 것이 아무것도 없다면, 이런 감정들이 사라질 때(사라진다면이 아니라 사라질 때) 당신은 무엇을 붙들 것인가?

몇 년 전에 나와 허물없이 알고 지내던 한 여자가 전화를 해서는 매우 흥분된 목소리로 자신이 방금 약혼했고 결혼 전 상담을 받고 싶다고 말했다. 그녀는 6주 동안 알고 지낸 이 남자와 깊은 사랑에 빠졌으며 그들이 서로를 위한 짝이라는 것을 안다고 했다. "정말 멋지지 않나요?"라고 그녀는 말했다. 나는 "아니오, 멋지지 않습니다"라는 말로 그녀를 놀라게 했고, 계속해서 그 이유를 말해주었다. 그녀는 기분 나빠했고, 그 남자와 결혼했으며, 2년 뒤에 그가 게이라는 사실을 알고는 이혼했다. 충분히 막을 수 있는 일이었다.

세 번째 신념은 로맨틱한 감정이 생기고 확실한 결과가 나타나는 이유는 파트너가 나를 위한 완벽한 사람이기 때문이라는 것이다. 우리는 결함을 보지 않는다. 그것을 간과하거나 없는 것처럼 여긴다. 어떤 사람을 좋게 보는 것은 좋은 일이다.

하지만 완벽한 사람은 없다. 연애를 오래 하다 보면 알게 될 것이다. 오랫동안 폭넓은 데이트를 하고 한 사람을 알아가는 것이 지속적인 결혼생활을 위한 최고의 준비인 이유가 여기에 있다. 그 사람과 함께 어떤 프로젝트를 수행하고, 그가 스트레스를 받는 모습을 보고, 그의 가족과도 오랜 시간 함께 보내는 것이 이 과정에 포함된다.

로맨틱한 사랑에 대한 마지막 신념은 그것이 완전히 저절로 생겨난다는 것이다. 이것은 우리로 하여금 누군가를 사랑하는 것이 쉽다고 믿게 만든다. 그러나 사랑은 수고다. 헌신이며 의지의 행동이다. 쉬운 것은 로맨스지 사랑은 아니다. 나는 토머스 존스가 사랑과 로맨스에 대해서 한 말을 좋아한다.

"로맨스는 성적인 매력, 사랑의 즐거움과 상상에 근거한 것이다. 사랑은 결정과 약속, 헌신을 기반으로 한다."[8]

로맨틱한 사랑의 유익과 주의사항

로맨틱한 사랑에서 어떤 선한 것이 나올 수 있을까? 당연히 그렇다. 닐 워렌은 그의 탁월한 책 《Finding the Love of Your Life》(일생의 사랑을 발견하기)에서 이렇게 제안한다.

열정적인 사랑은 그것이 지속되는 한 강력한 서비스를 제공한다. 그것은 두 사람이 그들의 관계를 위해 영구적인 구조물을 지을 수 있을 만큼 오랫동안 서로에게 모든 관심을 집중하게 한다. 사랑에 대한 열정의 경험은 두 사람을 영원히 함께 붙들어주지 않을 것이다. 그러나 관계를 위해 '영구적인 구조물'을 지으려면 많은 시간과 노력이 필요하다. 두 사람이 서로에게 육체적으로 반하지 않으면 그 고된 일을 해내지 못할 것이다. 그것이 열정적인 사랑의 또 다른 기능이다. 즉 상대방에게 받아들여지고 가치를 인정받는, 삶을 변화시키는 경험이다.

두 사람이 서로에게 완전히 빠진 자신을 발견할 때 종종 자존감이 극적으로 자라는 것을 경험한다. 다른 누군가가 자신을 매력적으로 봐준다는 것을 알게 되는 과정에서 그들 또한 자신을 매력적인 사람으로 보기 시작하기 때문이다. 열정적인 사랑은 서로를 밝고 긍정적인 관점으로 바라보게 하며, 둘 다 서로에게 반할 뿐만 아니라 자기 자신과도 사랑에 빠지게 한다.[9]

당신에게는 자연스러운 육체적 끌림이나 감정적인 반응이 어느 정도 필요하다. 서로에게 육체적인 매력을 느끼지 못한다면 견고한 결혼생활을 구축하기가 힘들다. 나는 사람들이 다른 사람에게 끌리고 있다고 믿으려고 애쓰는 것을 보았다. 대학 시절에 한 여학생에게 내가 끌리고 있다고 믿으려 했지만 아무 소용없었던 기억이 난다. 그런 일은 일어날 수도 있고 일어나지 않을 수도 있는데, 끌림이 중요하지 않다고 말하는 것은 좀 비현실적인 것이다. 워렌 박사의 말은 긍정적인 특성을 아주 잘 요약해준다.

나는 하나님께서 열정적인 사랑을 만들어내신 것이 그의 창조의 가장 아름다운 부분 중 하나라고 생각한다. 모든 사람은 언젠가 이런 사랑을 즐길 기회를 가져야 한다고 확신한다. 두 사람이 서로를 향해 느끼는 깊은 사랑을 대신할 수 있는 것은 없다.

그러나 관계의 초반부에는 이러한 감정을 표현하는 데 매우 주의를 기울여야 한다. 열정적인 사랑은 뇌에 혼란을 일으키고 이성적인 사고를 억누르게 되어 있다. 의식적으로 통제력을 발휘하지 않으면 행복에 도취된 커플이 그들의 관계와 각 사람에게 해가 되는 행동을 하기 시작할 것이다.[10]

이른 성관계는 여러 이유로 부정적인데, 한 가지 중요한 이유는 그것이 커플들을 속여서 결혼하게 만들 수 있다는 것이다. 관계가 충분히 성장할 시간을 주지 않고 이 단계에서 결혼을 결정하는 것은 의과대학 신입생이 학교 교육과 병원 레지던트 과정을 마치기 전에 뇌 수술을 맡기는 것과 마찬가지다! 당신이 단지 로맨틱한, 또는 열정적인 사랑에 기반하여 일생의 결정을 내리기를 원치 않는다. 육체적인 관계가 깊어질수록 당신은 친구들로부터 스스로 고립되는 경향이 있다는 것을 명심하라. 육체적인 관계에 몰입할수록 대화가 줄어든다. 육체적 관계는 성장을 방해한다.

우정을 향해 나아가라

커플은 어떤 종류의 사랑을 향해 나아가야 하는가? 한 가지는 필레오(Phileo), 즉 우정이다. 로맨틱한 사랑은 관계를 지탱해주지 못하지만, 친구 간의 사랑 또는 우정은 그렇게 할 수 있다. 아직 관계 속에서 우정이 자라지 못했다면 결혼은 시기상조다.

친구란 함께 있고 싶은 사람이다. 당신은 그들과 함께 있는 것을 즐기고, 그들의 성격을 좋아하며, 함께 놀고 함께 일할 수 있다. 두 사람 사이에 공통된 관심사들이 있다. 단지 공통된 부분이 있기 때문에 당신이 사랑받는 것은 아니지만 무언가를 공유함으로써 다른 종류의 사랑을 키워가는 것이다. 그것은 동지애, 소통, 협력을 의미한다. 어떤 작가는 친구 간의 사랑을 이렇게 묘사한다.

이것은 다정한 애착, 다른 사람과의 교제와 우정을 즐기는 것을 포함한 강한 유대감으로 정의될 것이다. 이런 감정들은 가끔 경험하지만, 주체

하기 힘든 걱정과 지속적인 흥분이 나타나지는 않는다. 열정적인 사랑과 친구 간의 사랑의 주된 차이점은 전자가 박탈, 좌절, 강한 자극, 결핍을 즐긴다는 것이다. 후자는 접촉을 즐기며 성장하고 성숙하기 위한 시간이 필요하다. [11]

나는 이런 종류의 사랑이 존재하지 않기 때문만이 아니라 커플들이 그 사랑을 발전시키는 법을 잘 모르기 때문에 수많은 결혼생활이 무너지는 것을 오랫동안 봐왔다. 일반적인 데이트 과정 외에 관계를 위해 더 많은 시간을 투자할수록 이런 사랑이 더 많이 성장할 수 있다. 필레오 또는 친구 간의 사랑이 자라날 때 로맨틱한 사랑이 시들해져도 이것으로 그들의 관계를 안정시킬 것이다. 불행히도 어떤 특정한 인격적 성향이 있는 사람들은 로맨틱한 사랑의 황홀감 혹은 흥분에 거의 중독된다. 그래서 그것이 약해지면 무너지거나 새로운 관계를 찾으러 나가는 것이다.

친구 간의 사랑

친구 간의 사랑은 무엇을 수반하는가? 그것은 상대방의 행복을 위한 이타적인 헌신이다. 그때 그들의 욕구를 충족시키는 것이 당신의 욕구 중 하나가 된다. 그것은 단지 당신이 그 사람과 꼭 맞는 사람이라는 것을 그들에게 확신시키기 위해서만이 아니라 함께 즐거움을 공유하면서 당신의 기쁨을 더 성장시키기 위해 그들이 즐기는 것을 당신도 즐기게 되는 것이다.

내 아내는 전용 낚시용 장화와 보트를 구비할 정도로 진심으로 송어 낚시를 좋아하게 되었다. 나는 진심으로 예술작품과 멋진 그림을 즐기는 법을 배웠다. 우리 둘 다 배웠고, 그것이 우리를 더 가까워지게 했다. 우정은 어떤 것을 함께하는 것을 의미하지만, 당신은 또한 자기만의 개인적인 관심사를 갖는 것도 편안하게 생각하며 이 점에 있어서 서로를 격려한다. 함께하는 것과 개별적인 것의 균형이 필요하다.

우정은 솔직함과 연약함을 드러내는 것, 감정적인 교류가 있는 일정 수준의 친밀감을 포함한다. 당신들은 또한 목표와 계획, 꿈을 공유하며 함께 일한다.[12]

아가페 사랑

대인 간 사랑의 또 다른 형태인 아가페 사랑은 우리를 향한 하나님의 아가페 사랑을 항상 인식하고 기억하게 할 뿐만 아니라 감사하는 마음을 갖게 할 수 있다. 모든 삶에 대해 감사하는 태도가 자라난다. 우리는 그냥 지나치거나 당연시하기 쉬운 배우자의 긍정적인 면들을 보고 거기에 집중할 수 있다. 아가페 사랑의 존재로 인해 우리의 사고방식과 태도의 초점을 다시 맞출 수 있다. 감사하는 태도는 배우자를 더 큰 사랑으로 대하게 한다.

아가페 사랑은 몇 가지 특성을 통해 나타난다.

첫째, 무조건적인 사랑이다. 아가페 사랑은 배우자의 행동에 근거하는 것이 아니라, 이런 사랑의 행위를 배우자와 함께 나누려는 당신의 필요에 근거한 것이다. 그렇지 않으면 당신의 배우자는 두려움을 안고 살지도 모른다. 즉 그가 당신의 기대에 미치지 못하면 당신의 사랑을 제한할 것이라는 두려움이다.

때때로 당신은 배우자를 무조건적으로 사랑하는 법을 배워야 한다. 다음은 어느 남편이 한 말이다.

아내와 결혼했을 때 우리는 둘 다 불안정했고 그녀는 나를 기쁘게 하기 위해 최선을 다했다. 나는 내가 얼마나 지배적이고 무신경한지 몰랐다. 결혼 초기에 나의 행동들은 그녀를 더욱 위축되게 했다. 나는 그녀가 자신감 있고 고개를 똑바로 들며 어깨를 펴기 원했다. 머리를 기르고 언제나 완벽하길 원했다. 그녀가 여성적이고 감각적이길 원했다.

그녀가 변화되길 원할수록 그녀는 더 위축되고 자신감이 없어졌다. 나로 인해 그녀는 내가 원하는 그녀의 모습과 정반대가 되어갔다. 그러다 내가 그녀에게 말뿐만 아니라 몸짓으로도 요구하고 있는 것을 깨닫기 시작했다.

하나님의 은혜로 나는 환상 속 여인이 아니라 나와 결혼한 그녀를 사랑해야 한다는 걸 배웠다. 수잔의 있는 모습 그대로를, 곧 하나님께서 창조하신 그녀의 모습 그대로를 사랑하기로 약속했다.

둘째, 다른 사람이 어떻게 행동하든 상관없이 주어지는 사랑이다. 이 진정한 사랑의 형태는 불완전한 사람을 향한 무조건적인 헌신이다. 그리고 그것은 당신이 생각하는 것보다 더 많은 것을 당신에게 요구할 것이다. 하지만 그것이 바로 당신이 결혼할 때 해야 하는 헌신이다.

셋째, 투명한 사랑이다. 당신의 파트너가 당신에게 가까이 다가오고 당신 안에 들어오게 할 만큼 강하다. 투명함은 정직과 진실, 긍정적인 감정과 부정적인 감정들을 나누는 것을 포함한다. 폴 투르니에는 어머니에게 이런 조언을 받은 한 여자의 이야기를 나누었다.

"네 남편에게 모든 걸 말하지 말렴. 여자가 자신의 위신을 지키고 남편의 사랑을 지키려면 어느 정도 신비로운 면이 있어야 한단다."

투르니에는 이렇게 말했다.

"얼마나 큰 착각인가! 그것은 결혼과 사랑의 의미를 제대로 인식하지 못한 것이다. 투명함은 결혼의 법칙이며 부부는 자백의 대가를 치르더라도 끊임없이 그것을 위해 노력해야 한다. 그것은 언제나 새롭고 때로는 매우 어려운 일이다."[13]

넷째, 사랑을 이끌어낼 수 있는 깊은 저장소이다. 무슨 일이 있어도 사랑이 느껴지며 스트레스와 갈등이 있는 동안에도 안정감을 제공해준다.

다섯째, 아가페의 친절함은 섬기는 힘이다. 친절은 다른 사람의 삶을 향상시키려는 사랑의 의향이다. 그것은 다른 사람에게 가까이 다가가고 그가 당신에게 가까이 오게 하려는 마음 상태다. 아가페는 당신의 기대에 미치지 못하는 것들에 만족하려고 하는 것이다.

여섯째, 아가페 사랑이 결혼의 중심에 있어야 한다. 그것은 다른 사람이 사랑스럽지 않을 때에도 지속하는 자기 희생적인 사랑이다. 이 사랑은 다른 종류의 사랑들이 살아 있게 할 것이다. 그것은 친절, 공감, 배려를 포함하며, 상대방이 그 사랑을 받을 자격이 없다고 느낄 때에도 사랑하는 사람의 필요에 민감한 것이다.

당신이 지금 어떤 사람과 관계를 맺고 있다면 이 질문들을 생각해보라. 만일 이 사람이 절대 변하지 않는다 해도 당신은 이 사람과 함께 행복하게 살 수 있겠는가? 지금 당신 곁에 있는 사람을 사랑하는가 아니면 당신이 꿈에 그리던 사람을 사랑하고 있는가? 당신이 꿈도 꾸지 못했던 모습으로 그 사람이 변하더라도 그와 함께 행복할 수 있겠는가? 헌신에 뿌리를 둔 사랑은 삶의 절망이 주는 압박감과 고통을 통해서도 계속될 것이다.

이것에 대해 생각해보라.

사랑은 아무 보장 없이 헌신하는 것, 당신의 사랑이 사랑하는 이의 마음 속에 사랑을 만들어낼 것이라는 희망으로 자신을 완전히 내어주는 것을 의미한다. 사랑은 믿음의 행위이며, 누구든지 믿음이 없는 자는 사랑도 없다. 완전한 사랑은 모든 것을 주고 아무것도 기대하지 않는 사랑일 것이다.

물론 상대방이 무엇을 주든 기쁘게 받고, 많이 받을수록 더 좋다. 하지만 사랑은 아무것도 요구하지 않을 것이다. 어떤 사람이 아무것도 기대하지 않고 요구하지 않는다면 기만당하거나 실망할 일도 없을 것이다.

사랑이 고통을 초래하는 것은 오직 무언가를 요구할 때다.[14]

일곱째, 아가페 사랑은 치유하는 힘이다. 이 사랑의 힘을 증명하기 위해 결혼에 영향을 미치는 중요한 영역, 즉 과민성에 적용해보자.

과민성은 사람들이 가까이 오지 못하게 하는 장벽이다. 사람들은 당신이 과민하다는 것을 알면 가까이 올 수가 없다. 그것은 공격, 비난, 분노, 날카로운 말, 원망을 쏟아내는 발사대이며 다른 사람들의 사랑을 거부한다.

여덟째, 우리 자신의 필요를 채워줄 것을 요구하기보다 배우자의 필요를 채워주려고 노력하게 만든다는 점에서 특별하다. 우리 자신의 필요를 만족시키려고 애쓰고 요구하기보다 다른 사람을 만족시키려고 하기 때문에 짜증과 불만이 줄어든다.

당신은 진정 사랑하고 있는가

당신의 사랑에 대해 한 번 더 함께 생각해보자. 때때로 당신이 느끼는 것이 진정한 사랑인지 판단하기가 어렵기 때문에, 사랑에 대한 몇 가지 테스트가 있다.

월터 트로비쉬는 그의 책에서 다섯 가지 테스트를 제안했다.

- 나눔 테스트 : 당신은 함께 나눌 수 있는가? 당신의 파트너를 행복하게 해주기 원하는가, 아니면 당신이 행복해지기를 원하는가?

- 힘 테스트 : 당신의 사랑은 당신에게 새로운 힘을 주며 당신을 창조적 에너지로 가득 차게 하는가? 아니면 당신의 힘과 에너지를 빼앗아가는가?
- 존중 테스트 : 당신은 정말로 서로 존중하는가? 당신의 파트너가 자랑스러운가?
- 습관 테스트 : 당신은 오직 서로를 사랑하기만 하는가, 아니면 또한 서로를 좋아하고 서로의 습관과 단점들까지 받아들이는가?
- 시간 테스트 : "당신의 파트너와 여름과 겨울을 함께 보내기 전까지는 절대로 결혼하지 말라." 당신의 사랑은 여름과 겨울을 보냈는가? 당신들은 서로를 잘 알 수 있을 만큼 오랜 시간 서로 알아왔는가?[15]

다음은 다른 저자가 말하는 네 가지 추가적인 테스트다.

- 분리 테스트 : 당신은 서로 같이 있는 동안 특별한 기쁨을 느끼는가? 떨어져 있는 것이 고통스러운가?
- 희생 테스트 : 사랑과 결혼은 받는 것이 아니라 주는 것이다. 당신은 주기 위해 사랑하는가? 자기를 희생할 수 있는가? 이러한 자기희생의 특성이 항상 나타나는가?
- 성장 테스트 : 당신의 사랑은 성장에 있어 역동적인가? 계속 성숙해가는가? 크리스천의 사랑의 특성들이 자라고 있는가?
- 성 테스트 : 끊임없는 육체적 표현의 필요 없이 상호 간의 즐거움을 누

리는가? 함께 있을 때 애무하지 않을 수 없다면 결혼에 꼭 필요한 성숙함과 사랑이 없는 것이다.[16]

이 장의 초반에 언급했던 질문 중 하나로 돌아가보자.
"당신은 당신의 애인을 왜 사랑하는가?"
한 남자가 말한 이유들을 살펴보자.

♥ 내가 조앤을 사랑하는 이유

1. 그녀의 교육적 기준이 높기 때문이다. 나는 이런 기준들이 우리 아이들 안에 심길 것을 안다.
2. 매우 깊은 통찰력으로 삶을 인식하기 때문이다. 그녀는 하나님의 창조물을 음미한다.
3. 자기 자신보다 먼저 다른 사람들을 기쁘게 하려고 의식적으로 성실하게 노력하기 때문이다.
4. 나의 육체적, 영적, 감정적인 필요들을 채워줄 수 있기 때문이다. 육체적으로는 따뜻함과 위로를 줄 수 있고, 영적으로는 모든 상황에 대한 성경적 통찰력을 더해줄 수 있으며, 감정적으로는 나의 감성에 공감해줄 수 있다.
5. 나의 가장 내적인 감정들을 자유롭게 나눌 수 있기 때문이다. 그녀는 나를 거절하기보다는 이해하기 위해 진심으로 노력할 것이다.
6. 나를 귀하게 여기기 때문이다. 그녀는 나의 따뜻함과 이해심을 고마

워한다. 내가 그녀를 위로하기 위해 노력하는 것을 알아준다. 나는 인정받는 것이 좋다.

7. 종속의 위험이 없는 복종의 기술을 배웠고, 계속 배우는 중이기 때문이다.
8. 나의 불완전함을 알고도 나를 있는 그대로 받아주기 때문이다. 또한 그녀가 나의 향상을 위해 건설적으로 나와 함께 노력할 수 있다는 것이 중요하다.
9. 그녀와 함께하는 것이 즐겁기 때문이다. 그녀와 함께 걷고 이야기하는 것이 즐겁다. 우리는 무엇에 대해서든 이야기를 나눌 수 있다.
10. 성장에 대해 열려 있고 기꺼이 변화되려 하기 때문이다.
11. 높은 도덕적 기준 때문이다. 그것은 우리 관계에 긍정적인 영향을 미칠 것이다.
12. 극도의 정직함 때문이다.
13. 나 자신을 아낌없이 그녀에게 주고 싶기 때문이다. 그녀를 이해하고, 친절하고 따뜻하게 대하며, 공감해주고, 열린 마음으로 경청해주고 싶다.

아마 이 장에서 사랑에 대한 글을 읽고나서 당신은 이런 의문이 들 것이다.
'진정한 사랑이 가능할까? 내가 지금 경험하는 것이 사랑인지 어떻게 알까?'

물론 그것은 가능하다. 이 책이 다른 사람과 함께할 당신의 미래를 명확히 하는 데 도움이 되기를 바란다.

사랑은 하나님의 계명이다

우리는 모두 사랑하는 사람이 되도록 부름을 받았다. 사랑은 실제로 하나님의 계명이다. 성경에서 예수님은 거듭 우리에게 사랑하라고 명하신다.

> 예수께서 이르시되 네 마음을 다하고 목숨을 다하고 뜻을 다하여 주 너의 하나님을 사랑하라 하셨으니 이것이 크고 첫째 되는 계명이요 둘째도 그와 같으니 네 이웃을 네 자신같이 사랑하라 하셨으니 이 두 계명이 온 율법과 선지자의 강령이니라 마 22:37-40

사랑은 계명이기 때문에 거기서 이끌어낼 수 있는 세 가지 결론이 있다.

첫째, 다른 사람들을 사랑하는 것은 도덕적 필요조건이다. 다른 사람들이 우리를 사랑하지 않을지라도 사랑하는 것이 우리의 책임이다. 관계 속에서 우리가 중점을 두는 것은 그들이 우리를 사랑하게 만드는 법을 알아내는 것보다 다른 사람을 사랑하는 법을 배우기 위해 노력하는 것이다.

둘째, 사랑은 또한 의지의 행위다. 우리는 마음속으로 사랑을 선택한다. 사랑은 내가 원하는 것이나 하고 싶은 것을 하기보다 옳고 최선인 것을 하기로 선택하는 것을 의미한다. 이 선택이 많은 결혼생활을 살아 있게 할 것이다.

셋째, 사랑은 우리의 감정에 의해 결정되지 않는다. 성경 어디에서도 우리가 사랑하고 싶으면 다른 사람들을 사랑하라고 말하지 않는다. 우리는 우리의 감정을 명령할 수 없다. 감정은 자유롭게 왔다 갔다 한다. 바다의 조수와 같이 밀려왔다가 다시 밀려간다. 감정이 당신을 이끌어가게 하지 말라. 나에게 이렇게 말하는 사람들이 있었다.

"그 사람을 향한 제 사랑의 감정이 사라졌어요."

그때 내가 "좋군요"라고 말하자 그들은 충격을 받았다. 그들이 아직 배우지 못했다면, 이제 그들은 참된 사랑을 배울 수 있기 때문이다.[17]

사랑의 정의

우리 사회와 미디어는 우리에게 사랑에 대한 잘못된 묘사를 보여주었다. 성경은 우리에게 생생한 묘사를 제공한다. 계속해서 결혼에 꼭 필요한 사랑을 생각하면서, 사랑의 관계를 정의해보라는 요구에 대답한 다음 의견들을 잘 살펴보라.

"아주 좋은 파트너십이다. 누군가를 사랑한다는 것은 그 안에서 불완전한 모습도 가능성으로 보이고, 그러므로 아름다운 것이다. 발견, 싸움, 수용은 지속적인 성장과 경이로움의 근거다."

"개인들이 자신의 연약함을 드러낼 만큼 서로 신뢰하고, 상대방이 나를 이용하지 않을 것이라는 확신을 갖는 것이다. 상대방을 이용하지 않고 당연시하지도 않는다. 사랑의 관계에는 많은 대화와 나눔, 애정이 있다."

"판단받는 것에 대한 두려움 없이 다른 사람에게 솔직하게 다가갈 수 있는 관계다. 서로의 가장 좋은 친구라는 것을 알고 무슨 일이 있어도 서로의 곁을 지키리라는 것을 알기에 안심한다."

"상대방이 조용히 함께 있어주는 데서 위안을 얻는 관계다. 당신은 말이나 몸짓을 통해 상호 간의 신뢰와 정직함, 존경, 헌신을 함께 나누며, 그저 함께 있는 데서 특별한 행복감을 느낀다."

"힘들지 않게 애정과 관심을 교환하는 것이며, 온전한 정직함과 서로를 이용하지 않는 지속적인 대화에 뿌리를 두고 있다."

"사랑받는 사람이 자유롭게 자기 자신이 될 수 있는 관계다. 그는 나와 함께 웃되 나를 보고 비웃지 않는다. 나와 함께 울되 나 때문에 울지는 않는다. 삶을 사랑하고, 자기 자신을 사랑하며, 사랑받는 것을 사랑한다. 그런 관계는 자유에 기반을 두고 있으며 결코 질투하는 마음속에선 자랄 수 없다."

"각 사람이 사랑하는 사람을 자신의 연장선으로 여기지 않고 특별하고 항상 적절하고 아름다운 개인으로 바라본다. 그때 사람들은 자기만의 특별한 자아를 서로에게 내어주며, 자아 상실에 대한 두려움 없이 두 자아가 결합될 수 있다."[18]

FINDING THE *RIGHT ONE* FOR YOU

PART 03

다시 생각해볼 필요가 있을 때

chapter 08

위조된 사랑의 유형들

"당신은 환자야! 환자! 환자라고! 당신은 날 사랑한다고 생각하지만, 당신이 말하는 그 사랑이 나를 숨 막히게 해. 난 이런 것 필요 없고 당신도 마찬가지야. 이런 지저분한 것 말고, 난 건강한 관계를 갖고 싶어!"

그들은 내 사무실에 앉아 있었다. 한 명은 애원하고 한 명은 비난을 퍼붓는 중이었다. 둘 다 서로 사랑한다고 주장함에도 불구하고 그들의 결혼생활은 순조롭지 않았다. 나는 몇 년 동안 이런 커플들을 아주 많이 봤다. 연애 중인 이들도 있었고 결혼한 부부들도 있었다. 그들의 관계에 뭔가 잘못이 있었다. 그들이 서로를 향해 품고 있다는 사랑이 이상한 방식으로 표현되었다. 그것은 오염되었다. 정말 놀라운 사실은 우리가 너무나 깨끗한 것을 취하여 오염시킬 수 있다는 것이다. 종종 사랑은 위장된 것이다. 위조된 사랑의 몇 가지 형태가 있다.

착한 사람(The Pleaser)

불행히도 어떤 사람들은 타인을 만족시키는 사람이 되는 것과 사랑을 동일시한다. 관계 속에서 늘 주기만 하는 사람들이 있는데, 그것은 사랑 때문이 아니다. 죄책감 때문이거나 혹은 그들 자신의 필요 중 일부가 충족되고 있기 때문이다. 그들은 자기 자신에 대해 좋은 느낌을 갖기 위해 다른 사람들에게 주어야만 한다. 그것은 마치 남을 돕는 일에 중독되는 것과 같고, 그들은 도움 중독자들이 된다. 착한 사람은 자신의 감정에 의해 지배되고 이끌리는 사람이다. 그들은 잘못된 이유로 옳은 일을 한다. 사랑하는 사람이 되기보다 사랑하는 일을 하고 있는 것이다.

레스 페롯 3세 박사는 그의 책에서 위조된 사랑의 유형들을 잘 묘사했다. 각각의 유형은 몇 가지 특성이 있다.

착한 사람의 특성

착한 사람은 남을 기쁘게 해주려는 강력한 욕구가 있다. 그들은 마치 사람들을 행복하게 해주기 위해 사는 것 같다. 그들을 보면 참 양심적이고 배려심이 많아 보인다. 다른 사람들을 편안하게 해주기 위해 무리할 정도로 노력한다. 특히 다른 사람들이 간과하는 작은 일들을 잘 기억한다. 그들은 다가가기 쉽고 잘 맞춰주며, 무슨 일을 부탁하면 대개 당신이 요청한 것 이상의 일을 해준다. 그것도 따뜻한 미소와 함께 말이다.

하지만 이러한 사랑의 행위들은 자발적인 것이 아니다. 무언가에 이끌리는 것이다. 그들은 개인적으로 다른 사람들의 행복에 대한 책임이 있다고 느낀다. 그들의 파트너가 행복하지 못하면 죄책감을 느낀다. 그래서 너무 많은 일을 해야만 한다. 이 때문에 그들은 쉽게 다른 사람들의 마음을 끌지만, 관계 속에서 결국 이용당한 느낌이 들 수도 있다. 이런 사람들은 대부분 여자이다.

착한 사람들은 생명을 내어주는 이들이다. 그들은 받는 것을 피할 뿐만 아니라 불편해 한다. 죄책감을 느끼며 보답할 궁리를 하기 시작한다. 착한 사람들은 또한 성과 중심의 사고방식을 갖고 있다. 그들은 즉시 어떤 일들을 해야 하며 착하게 보이기 원한다. 그들의 죄책감을 관리하려면 인정이 필요하다. 그들은 박수를 받기 위해 산다. 실패에 대한 두려움을 안고 산다. 불행히도 이것은 그들의 도움을 구하는 비현실적인 부탁도 들어주게 만들 수 있다. 누구에게도 "안 돼!"라고 말하는 것을 들어본 적이 없다. 그들은 이것을 개인적인 실패로 여기기 때문이다. 이것은 다른 사람을 사랑하는 건강하고 성경적인 방법이 아니다.

착한 사람은 너무 부풀려진 책임감을 갖고 있다. 결혼하면 자신이 배우자의 행복을 책임져야 한다고 믿는다. 그들을 보면 구조자, 자칭 인명 구조원이 생각난다. 하지만 그들이 구조하려 하는 이들은 물에 빠져 죽지 않는다.

그들에게 자기부인은 어떤 목적에 이르는 수단이 아니라 목적 그 자체다. 하지만 그것은 사랑의 행위를 더 이상 사랑스럽지 않게 만든다. 그들은 순교자가 되어가며, 그 과정에서 사람들을 떠나게 만든다. 그러면 이것이 또 그들의 죄책감을 자극하여 그들은 더 열심히 노력하고, 그 노력이 다른 사람들을 더욱더 밀어내는 것이다.

착한 사람은 세상에서 제일가는 갈등 회피자들이다. 그들은 남의 의견을 따르고, 양보하며, "안 돼"가 더 적절한 답일 때에도 "그래"라고 말한다. 그리고 잘못된 일이 계속되게 내버려둔다. 내가 결혼 전 상담에서 만난 이런 유형들이 많은 경우에 혼전 성관계를 가짐으로써 성경 말씀은 물론 자기 자신의 가치관도 위반한 것은 놀라운 일이 아니다. 그러나 그들도 한계가 있다. 어쩔 수 없이 갈등 상황에 몰리면 그들은 굴복하고 자신을 비난하거나 화산처럼 폭발하거나 둘 중 하나다. 갈등을 해결하는 데 능숙하지 않기 때문이다.

착한 사람에게 솔직한 대답이나 개인적으로 선호하는 것을 알아내려고 해본 적이 있는가? 그렇게 하지 말라. 그들은 결정을 미루고 자신의 의견을 말하려 하지 않는다. 그들은 선택하고 결정하기를 원치 않는다. 그들의 결정이 당신을 만족시키지 못할 수도 있기 때문이다.

부부 관계에서 착한 사람은 배우자의 사랑을 얻기 위해 산다. 그들은 그것을 구하며 작은 일들에 매달린다. 그러나 그들은 또한 굳이 말하지 않아도 자신이 원하는 것이나 필요한 것을 배우자가 알아주기를 기대한다. 착한 사람이 배우자에게 자신의 필요와 욕구를 표현하는 모습을 상상할 수 있겠는가? 절대 그럴 리 없다! 배우자의 친밀감이 줄어들거나 없어지는 것은 재앙이다. 그리고 자주 나는 내 사무실에서 같은 시나리오가 반복되는 것을 보았다. 그들은 이렇게 말한다.

"저는 이해가 안 가요. 저는 그 사람을 정말 많이 사랑하고, 기쁘게 해주려고 노력했어요. 하지만 제가 노력할수록 그 사람을 저에게서 더 밀어내고 있는 것 같아요."

맞는 얘기다. 그들의 파트너는 숨이 막히고 답답함을 느꼈다. 착한 사람과 결혼한 남편은 이렇게 말했다.

"정말 피곤해요. 전 그녀가 좀 더 당당해지고 저에게 맞섰으면 좋겠어요. 좀 충돌해보자고요. 배우자에게 무조건 '예' 하는 사람이 지겨워요."

당신은 의존적인 사람일지 모른다

착한 사람은 그들이 피하려 하는 바로 그 문제들을 만들어내는 경향이 있다. 당신은 어떤가? 이것이 왠지 좀 익숙하게 들리는가? 당신이 이런 유형의 사람과 만나고 있다면 반드시 기억하라. 당신이 생각하는 사랑은 가짜다.

이런 특성들이 당신에게 있다면 좀 더 멀리 나아가보자. 당신과 다른 사람들의 관계는 착한 사람보다 더 심할 수 있다. 그것을 표현하는 다른 용어가 있을지 모른다. 당신의 사랑과 남을 도우려는 반응들이 진심인지 확인하기 위한 방법이 있다.

다음 문장들을 보고 당신의 배려심, 느낌, 행동들을 평가해보라. 각 문장에 대해 1부터 10까지 자신의 점수를 매겨보라. 1은 그 문장이 분명히 당신을 나타내지 않는 것이고, 10은 확실히 당신의 모습을 반영하는 것을 의미한다. 5는 중간쯤을 나타낸다. 어떤 항목에 대해 점수가 5점 이상이면 이런 특성을 나타내는 이유를 생각해보라. 이것들이 당신의 모습을 반영하지 않는다면 당신이 아는 누구와 관련이 있는가?

- 나는 다른 사람들의 감정, 생각, 행동, 선택, 욕구, 필요, 행복, 행복의 결핍, 궁극적인 운명에 대해 책임감을 느낀다. _____
- 다른 사람들에게 문제가 있을 때 불안감, 연민, 그리고 죄책감을 느낀다. _____
- 상대방이 원치 않는 조언을 해주거나 일련의 제안을 하거나 그의 감정을 바로잡으려고 애씀으로써 그의 문제를 해결하도록 도와야 할 것 같다. _____
- 나의 도움이 효과가 없을 때 화가 난다. _____
- 나는 다른 사람들의 필요를 예상한다. _____
- 왜 다른 사람들이 필요를 예상하지 않는지 궁금하다. _____
- 마음으로는 "아니"라고 말하고 싶을 때 "그래"라고 말하고, 내가 정말로 하고 싶지 않은 일들을 하며, 내 몫보다 더 많은 일을 하고, 다른 사람들이 스스로 할 수 있는 일들까지도 내가 하고 있는 것을 발견한다. _____
- 나는 종종 내가 무엇을 원하거나 필요로 하는지 모른다. 그것을 알

때는 내가 원하거나 필요로 하는 것이 중요하지 않다고 나 자신에게 말한다. _____

- 나 대신 다른 사람들을 기쁘게 해주려고 노력한다. _____
- 내가 당한 부당한 일들보다 다른 사람들에게 가해진 부당한 일들에 분노를 느끼고 표현하기가 더 쉽다는 것을 발견한다. _____
- 내가 주고 있을 때 가장 안전하다고 느낀다. _____
- 누군가가 나에게 무엇을 주면 불안하고 죄책감을 느낀다. _____
- 평생 남에게 베풀기만 하고 아무도 나에게 주는 이가 없어서 슬프다. _____

- 어려운 사람들에게 마음이 끌린다. _____
- 어려운 사람들이 나에게 마음이 끌리는 것을 발견한다. _____
- 내 삶에 위기가 없고 해결해야 할 문제나 도와야 할 사람이 없으면 지루하고 공허하며 무가치하다고 느낀다. _____
- 곤경에 처한 사람에게 대응하거나 다른 사람을 위해 뭔가를 하기 위해 나의 일상을 포기한다. _____
- 나 자신에게 무리한 요구를 한다. _____
- 괴로움과 압박감을 느낀다. _____
- 마음 깊은 곳에선 다른 사람들이 나에게 책임이 있다고 믿는다. _____

- 내가 처한 상황을 다른 사람들의 탓으로 돌린다. _____
- 다른 사람들이 내가 이렇게 느끼게 만든다고 믿는다. _____

- 다른 사람들이 나를 미치게 만들고 있다고 믿는다. _____
- 나는 화가 나고, 희생당하고 있고, 인정받지 못하며, 이용당하고 있다고 느낀다. _____
- 앞의 모든 특성에 대해 다른 사람들이 나에게 짜증을 내거나 화내는 것을 발견한다. _____

당신이 이 25문항에서 평균 6점 이상을 기록한다면 당신은 소위 의존적인 사람일지도 모른다. 착한 사람들이 모두 의존적인 유형에 딱 들어맞는 것은 아니지만, 거기에 가까울 것이다. 당신의 삶은 착한 사람의 부정적인 특성들을 나타낸다.

당신은 이 착한 사람의 프로필에 이의를 제기하고 싶을지도 모른다. 다른 이들도 그랬다. 나는 남편들과 아내들에게 이런 말을 들었다.

"저는 결혼의 요소 중 하나가 상대방을 제일 우선시하고 그들의 필요를 채워주며 기쁘게 해주는 거라고 생각했어요. 우리는 서로에게 종이 되어야 하지 않나요?"

당연히 맞는 얘기다. 하지만 앞에서 제시한 이유들 때문이 아니라 건강하고 사랑을 나타내는 방법으로 행해야만 한다.

부부는 서로의 종이 되라

결혼생활에서 사랑의 표현으로서의 섬김의 개념을 생각해보자. 결혼생활에서 우리는 서로의 종이 되라는 부름을 받는다.

각각 자기 일을 돌볼뿐더러 또한 각각 다른 사람들의 일을 돌보아 나의 기쁨을 충만하게 하라 너희 안에 이 마음을 품으라 곧 그리스도 예수의 마음이니 그는 근본 하나님의 본체시나 하나님과 동등됨을 취할 것으로 여기지 아니하시고 오히려 자기를 비워 종의 형체를 가지사 사람들과 같이 되셨고 사람의 모양으로 나타나사 자기를 낮추시고 죽기까지 복종하셨으니 곧 십자가에 죽으심이라 이러므로 하나님이 그를 지극히 높여 모든 이름 위에 뛰어난 이름을 주사 빌 2:4-9

예수님은 자발적으로 '종'이 되셔서 예수님의 이익보다 우리의 이익을 더 보살피셨다. 마찬가지로 사도 바울은 우리에게 "그리스도를 경외함으로 피차 복종하라"(엡 5:21)고 말한다.

한 가지 요점에 주목하라. 우리는 배우자가 우리의 종이 되거나 성경의 명백한 가르침을 따라 살 것을 결코 요구해서는 안 된다. 우리가 그것을 요구하거나 심지어 언급해야 한다고 느낀다면 우리는 종이 되는 것보다 우리 자신의 필요를 채우는 데 더 관심을 갖게 되는 것이다. 종 됨은 모든 참된 크리스천을 식별하는 표시이다.

간단히 말하면, 종의 역할은 다른 사람의 필요가 채워지고 있는지 확인하는 것이다. 남편과 아내의 관계에서 종이 된다는 것은 사랑의 행위이며, 서로의 삶을 더 온전케 하기 위해 주는 선물이다.

그것은 요구하는 것이 아니다. 약함이 아니라 강함을 나타내는 행동이다. 서로에게 자신의 사랑을 나타내기 위해 선택된 긍정적인 행동이다. 따라서 바울은 또한 종의 역할을 아내에게만 국한하지 않고 "피차 복종하라"고 말했다.

종은 또한 '조력자, 가능케 하는 사람'(enabler)이라고 할 수 있다. '가능케 하다'(enable)라는 단어는 '더 좋게 만든다'는 뜻이다. 조력자로서 우리는 배우자를 구속하는 요구를 하는 대신 그를 위해 삶을 더 편안하게 만들어주어야 한다. 조력자는 배우자에게 더 많은 일을 시키지 않으며, 그가 본래의 모습을 찾아가는 것을 방해하지도 않는다.

종은 또한 '다른 사람을 교화시키거나 세워주는 사람'이다. 영어로 'edify'(교화시키다)라는 단어는 '난로' 또는 '벽난로'를 의미하는 라틴어 'aeds'에서 왔다. 고대에 난로는 활동의 중심이었다. 가정에서 온기와 빛이 있는 장소였을 뿐만 아니라 매일 먹을 빵을 준비하는 장소였다. 또한 사람들이 함께 모이는 장소이기도 했다.

'교화'(edifying)는 종종 신약 성경에서 다른 사람을 세워주는 것을 가리키는 말로 사용되었다. 교화의 세 가지 예가 아래 구절들에 나타나 있다. 개인적인 권면과 내적인 강화, 그리고 개인 간의 평화와 화목을 도모하는 것이 바로 그것이다.

> 그러므로 우리가 화평의 일과 서로 덕을 세우는 일을 힘쓰나니 롬 14:19

> 우리 각 사람이 이웃을 기쁘게 하되 선을 이루고 덕을 세우도록 할지니라 롬 15:2

그러므로 피차 권면하고 서로 덕을 세우기를 너희가 하는 것같이 하라

살전 5:11

진실하고 투명한 것은 착한 것과 다르다

착한 사람의 특성들과 그들이 배우자의 사랑을 얻기 위해 매달리는 이유들을 다시 살펴보라. 그들은 서로 섬기라는 사랑의 표현과 어울리는가? 사랑은 진실해지는 것이다. 진실한 사람은 자신의 자아와 감정을 억압하거나 감추기보다 적절하게 표현할 수 있다.

항상 남들 앞에서 허세를 부릴 때, 당신은 당신의 참된 정체성과 당신이 보여주고 있는 캐릭터를 혼동하기 시작할 것이다. '나는 정말로 누구인가?'라는 의문이 들기 시작할 것이다. 그것은 크리스천의 기쁨 중 하나이다. 우리가 우리의 진정한 모습을 받아들일 수 있는 것은 하나님께서 그의 아들 예수 그리스도를 통해 우리를 그렇게 바라보시기 때문이다.

진실함의 중요한 요소는 정직함이다. 어떤 사람이 진실할 때 당신은 그가 믿을 만한 사람이라는 사실에 안심할 수 있다. 진실함은 또한 성경적인 특성이다. 바울은 하나님께서 빌립보 신자들의 사랑을 지식과 모든 총명으로 점점 더 풍성하게 하사 그들이 지극히 선한 것을 분별하며 또 진실하여 허물 없이 그리스도의 날까지 이르기를 기도했다(빌 1:9,10).

'진실한'(sincere)이라는 단어는 '밀랍으로 메우지 않은'(without wax)이

라는 의미의 라틴어 단어에서 왔다. 고대에 질 좋고 비싼 도자기가 가마에서 구워질 때 종종 미세한 금들이 생겼다. 정직하지 못한 상인들은 그 흠집들이 보이지 않을 때까지 그 위에 진주처럼 흰 밀랍을 발랐고, 흠 없는 도자기라고 주장했다. 하지만 도자기를 햇빛에 비춰보면 밀랍으로 채워진 금들이 보였다. 그래서 정직한 상인들은 그들의 도자기에 밀랍을 바르지 않았다는 뜻으로 'sine cera'라는 글자를 써놓았다. 진실함이란 바로 그런 것이다. 흠을 감추지 않고, 숨은 동기나 의도가 없는 것이다.[1]

다른 사람들에게 진실한 것은 또 다른 위험한 요소와 관련이 있다. 바로 투명함이다. 투명함이란 당신의 실제 모습을 그대로 내보일 수 있는 것이며, 요즘에 보기 드문 것이다. 다른 사람들에게 당신의 내면을 드러내는 것보다 가면을 쓰는 것이 더 쉽고 안전하다. 하지만 가면을 쓴 사람과는 관계를 형성하기가 어렵다. 예수님은 "마음이 청결한 자는 복이 있나니 그들이 하나님을 볼 것임이요"(마 5:8)라고 말씀하셨다. '청결한'이라는 단어는 문자 그대로 '깨끗한, 오염되지 않은, 진실한, 부패하지 않은, 순수한, 교활하지 않은, 동기가 정직한'이라는 뜻이다. 나는 척 스윈돌의 투명함에 대한 묘사를 즐겨 읽었다.

어젯밤에 나는 요점을 잘 전달하기 위해 전에 한 번도 해본 적이 없는 일을 시도해보기로 결심했다. 지난번 내 생일에 우리 누이가 나에게 얼굴

전체를 가리는 고무 가면을 주었다. 도저히 이해가 안 가는 미친 짓 중 하나였다. 그녀는 내가 어느 주일날 그 가면을 쓰고 강단에 올라가면 10달러를 주겠다고 했다(우리 아이들이 15달러로 금액을 올렸다). 하지만 나는 그럴 수 없었다! 그러다가 어젯밤에 설교를 하려고 일어설 때 그 추한 야수의 가면을 썼다. 나는 이 중에 누가 그것을 감당할 사람이 있을까 싶었다. 너무나 터무니없는 일이었다!

나는 그것에 주의를 환기시키지 않았다. 아무 설명도 없이 그냥 일어서서 진실한 사람에 대한 설교를 시작했다. 계속 발언을 이어가자 그곳은 어수선해졌다. 왜일까? 왜인지는 누구나 알 것이다! 나의 가면이 내가 하는 모든 말을 상쇄해버렸기 때문이다. 특히 그 주제에 관해서는 더 그랬다. 당신이 가면을 쓰고 있는 동안에는 설득력을 갖는 것이 불가능하다.

마침내 내가 가면을 벗자 거의 즉시 그곳은 안정되었다. 그리고 곧바로 모든 사람이 요점을 이해했다. 재미있는 것은 우리가 실제 가면을 쓰고 있을 때는 아무도 속지 않는다는 것이다. 그러나 보이지 않는 가면을 쓰고 수백 주 동안 사람들을 속이기는 얼마나 쉬운지 모른다.

당신은 '위선자'(hypocrite)라는 단어가 고대 그리스 연극에서 유래했다는 사실을 알고 있었는가? 어느 배우가 얼굴 정면에 웃는 모습의 커다란 가면을 쓰고 희극 대사를 인용하자 청중은 큰 소리로 웃었다. 그다음에 그는 슬쩍 무대 뒤로 가서 찡그리고 슬퍼하는 커다란 가면을 쓰고 나와 비극적인 대사를 읊었다. 그러자 청중은 탄식하며 울기 시작했다. 그가 뭐라고 불렀을지 추측해보라. 위선자, 즉 가면을 쓴 사람이다.

마음이 청결한 종들은 자신의 가면을 벗었다. 하나님께서는 그들의 삶에 특별한 축복을 내려주신다.[2]

투명한 사람들은 기억되고, 인정받고, 신뢰를 받는다. 진실한 사람들, 투명한 사람들은 남을 기쁘게 하려는 착한 사람들이 아니다.

왜 나는 사랑의 유형들을 논하고 있는가? 그것은 단순하다. 당신이 관계에 너무 애착을 갖게 되기 전에 당신 자신이나 파트너의 위조된 사랑의 패턴에 대한 경고 신호들을 확인할 수 있기를 바란다.

통제자

통제자의 유형은 여러 면에서 착한 사람과 정반대다. 그러나 그들은 둘 다 인정받고 싶은 욕구가 강하다. 다만 그들은 분명 서로 다른 방식으로 그것을 얻으려고 노력한다. 착한 사람들은 사랑받고 싶은 마음에 다른 사람들에게 힘을 부여하지만, 통제자는 다른 사람들의 존경을 받기 위해 자신이 책임을 떠맡는다. 착한 사람은 동정심이 과하게 많고 객관성이 매우 부족하다. 통제자는 정반대로 객관성은 많으나 연민이라곤 하나도 모른다. 통제자들은 매우 분석적이다. 이것은 그들이 다른 사람들의 필요를 이해하는 데 도움이 되지만, 대개 목적은 그들을 통제하려는 데 있다.

통제자의 특성

통제자들은 보통 다른 사람들과의 관계에서 나타나는 다음 일곱 가지 특성을 통해 알아볼 수 있다.

첫째, 통제하려는 그들의 욕구는 명백하며, 이것을 이루기 위해 두 가지 수단을 사용한다. 협박을 통해 나타나는 두려움이 대표적이고, 그들은 다른 사람들의 약점을 발견하고 이용하는 데 매우 능숙하다. 다른 도구는 조용하며, 말이나 눈동자의 굴림이나 어떤 몸짓에 의해 통제자의 배우자 안에서 활성화될 수 있다. 어떤 실수를 알아채면 그것을 이용하여 잘못한 배우자를 그들의 의견에 동조하도록 이끄는 것이다.

둘째, 통제자들은 매우 독립적이다. 또한 결혼생활에서 그들에게 팀워크는 불가능한 일이다. 완전히 독립적인 그들은 자기만의 고독한 공백을 만든다. 그들의 독립적인 스타일이 다른 사람들을 멀어지게 만들기 때문이다.

셋째, 그들의 삶 속에 나타나는 감정의 부재는 결국 배우자가 친밀감에 굶주린 결혼생활을 하게 만드는 데 일조한다. 건강한 관계를 위해 반드시 필요한 감정적 유대가 생겨나지 못하는 것이다. 많은 통제자가 자기 자신에게 감정을 느낄 기회를 허용하지 않았다. 만일 그것을 허용한다면 그 감정을 간직할 텐데 말이다. 나는 마음속으로 우는 법만 배운 사람들을 많이 본다. 많은 통제자가 오직 분노만 느낀다. 기쁨, 즐거움, 슬픔은 그들의 삶에서 사라지고 있다. 그들은 감정들에 대해 생각은 하지만 거의 느끼지 못한다. 배우자가 감정을 표현하면 그들은 아마 그 표현에 매우 불편해하며 얼른 이성적으로 해결하려 할 것이다.

넷째, 통제자들은 진실한 사랑의 행위를 표현하는 데 매우 서툴다. 당신이 다정함, 정중함, 친절함, 심지어 매우 사교적인 것으로 여기는 것들이 모두 한 가지 목적을 갖는다. 바로 다른 사람을 통제하는 것이다. 사랑을 최종 결과로 삼는 것은 실제로 아무 의미가 없으나 어떤 목적을 이루기 위한 수단으로 사랑을 이용하는 것은 그들에게 이해가 된다. 다른 사람에게 관심이 있다면 그것은 한 가지 목적을 위한 것이다. 그들이 결혼을 하든 안 하든, 그들의 파트너는 결국 이용당한 기분을 느끼게 된다. 그러나 많은 통제자는 자신이 파트너를 사랑하고 있다고 믿는다. 그들을 이용하는 것이 그들의 사랑 표현인 것이다.

다섯째, 지배하고, 더 많이 지배하는 것이 그들의 삶의 방식이다. 또한 그들은 엄격할수록 더 좋다. 어떤 일들을 행하는 올바른 방식이 있으니, 그것은 곧 그들의 방식이며 유일한 길이다. 그들은 다른 사람들에게 무엇이 최선인지 알며 그들의 삶을 지휘할 것이다. 만일 당신이 통제자와 관계를 맺고 있다면 어떤 방식을 따를 것을 강요받고 있을 것이다. 모두는 아니지만 많은 통제자가 완벽주의자라는 부가적인 문제를 갖고 있다. 이것이 당신의 삶을 훨씬 더 견딜 수 없게 만들 것이다.

여섯째, 통제자들은 그들의 명칭대로 사는 사람들이다. 내가 상담하면서 보는 가장 흔한 경우는 통제자가(남자인 경우가 많다) 자기 아내에게 이렇게 말하는 것이다.

"이제 당신은 가서 다시는 나를 감정적으로 대하지 마. 당신이 그렇게 나오면 우리가 아무것도 해결할 수 없다는 걸 알잖아. 당신이 냉정을 되찾을 때 우리는 계속 얘기할 수 있을 거야."

일곱째, 그들의 의사소통 방식은 요구하는 말과 의도와 목소리톤에서 특성이 있다. 그들은 바로 문제의 핵심으로 들어가는 실리적인 사람들이다.

상호관계가 필요하다

관계 속에 통제자가 있을 때 당신이 고려해야 할 마지막 요소가 있다. 한 배우자가 너무 지배적이거나 통제력이 강하고 다른 사람은 순종적일 때 부부관계 속에서 친밀감이 자라기가 매우 어렵다. 통제자는 자신의 힘과 통제력을 잃을까 봐 두려워 내적인 삶과 감정을 솔직하게 드러내지 않을 것이다. 그리고 순종적인 파트너는 상대방에게 공격과 제압을 당할 수 있기 때문에 솔직하게 자신의 약점을 드러내는 것을 두려워한다.

《When Love Dies》(사랑이 사라질 때)에서 연구 결과를 보면 부부가 배우자를 향한 사랑을 잃어버리고 결국 이혼하는 주된 이유 중 하나가 결혼생활 속에 상호관계가 없기 때문인 것을 알 수 있다. 상호관계는 관계 속에서 각 사람이 평등하다는 믿음을 기반으로 배우자를 존중하는 것이다. 상호관계의 행위가 없으면 사랑은 사라진다. 상호관계의 결핍에는 배우자를 통제하거나 지배하는 것, 그들의 신념과 견해와 갈망 등을 무시하는 것, 또는 그들의 뜻에 반하는 어떤 일을 하도록 강요하는

것이 포함된다. 그것은 그들의 존재를 무시하는 것을 나타낸다.[3]

이 이야기가 당신이 아는 사람, 즉 과거의 파트너나 현재의 파트너, 어쩌면 당신 자신에 대한 이야기는 아닌가? 착한 사람들의 대다수는 여자이고, 통제자들의 대다수는 남자라는 것을 명심하자. 종종 그들은 자신의 성격의 빈 공간을 채우기를 갈망하며 서로의 마음을 끌어당긴다. 통제자와의 결혼생활에서 당신은 결국 이해받지 못하고 지배당한다고 느끼게 된다. 통제자들은 친밀한 관계를 키워가기 위한 시간을 갖지 않는다. 그들은 자신의 필요를 충족시키기에 급급하고 죄책감이나 수치심이 표면으로 나오려고 하면 상대방의 죄책감을 활성화함으로써 억눌러버린다.[4]

이런 유형의 사람과 연애하고 관계를 지속하고 있다면 당신 자신에게 물어보라.

"이런 사람에게 끌리게 하는 내 안의 필요는 무엇인가? 그들이 나에게 무엇을 해주길 바라는가?"

지금으로부터 5년, 또는 10년 후 당신의 결혼생활이 어떨지 생각해보라. 당신은 결혼생활의 공백을 받아들일 준비가 되어 있는가?

억제자

또 한 가지 관계의 유형이 있다. 억제자는 자기가 만든 보호의 성 안에 살고 있다. 공감 또는 연민을 수반하는 친밀한 관계들은 존재하지 않는다. 억제자는 거절의 두려움을 안고 산다. 이는 대개 과거의 깊은 상처 때문이다. 그는 생존자이지만 너무 많이 손상되어서 효과적으로 관계 맺는 법을 모른다. 그들에겐 깊은 수치심이 있고, 많은 이가 친밀한 관계를 회피함으로써 자신을 보호한다. 그들은 건강한 관계에 대한 큰 희망이 없다.

나는 지난 몇 년 동안 상담하면서 억제자들을 많이 만났다. 보통 처음에 관계를 발전시키기 위해 인내하며 끈질기게 노력한 사람은 그들의 파트너다(그 파트너는 상대방이 반응하는 법을 배우기를 바라지만, 혼자서 관계를 이끌어가는 경우가 너무 많다). 그러나 종종 노력하던 배우자가 혼자서 모든 일을 다 하다가 지치면 그만두고 싶어 한다.

많은 억제자는 소위 '책임 수집가들'이다. 그들은 문제들을 개인화하고 무슨 일만 생기면 그들이 잘못했기 때문이라고 믿는다. 그들의 모든 초점은 그들 자신에게 맞춰져 있다. 이런 이유로 그들은 다른 사람들과 실질적으로 관계를 맺을 수 없다. 죄책감 외에, 그들의 감정생활은 밋밋하거나 아예 존재하지 않는다. 마치 한 사람의 마음의 모니터를 보는데 심장박동이 빨라지는 것은 안 보이고 평평한 선만 보이는 것 같다. 억제자는 고통을 회피하는 데 많은 시간과 에너지를 쏟아왔고 그것을 잘해왔다. 그리고 희망이나 기쁨, 사랑 같은 다른 감정들은 다 무감각하게 만들었다.

억제자의 특성

확인해보아야 할 중요한 몇 가지 특성이 있다. 이것이 당신이나 당신이 관심을 갖고 있는 사람을 묘사할 경우 이것들을 인식할 필요가 있다. 자신이 억제자들을 이 껍데기에서 끌어낼 수 있다고 믿는 자들이 억제자들을 만나려 한다.

억제자는 자신의 내적인 상처들을 드러내지 않으려는 욕구가 있다. 그들의 고통은 착한 사람들만큼 명백하지 않고, 또한 그들은 통제하려고 하지도 않는다. 그들은 매우 단정해 보일 것이다. 그러나 그들은 체념하는 태도를 가지고 살고 있다. 그들은 자신에게 아무 좋은 일도 일어나지 않을 것이라고 생각한다. 꿈들이 다 산산이 부서지는데 왜 꿈을 꾸는가? 실망할 게 뻔한데 왜 희망을 품는가? 많은 억제자가 친밀한 관계를 회피하는 이유는 멀리 떨어져 있는 것이 안전하기 때문이다.

나는 이런 남자들을 좋아하는 여자들이 "하지만 그에게는 많은 잠재력이 있다. 하나님께서 그를 붙잡아주시기만 하면 본모습을 되찾을 수 있을 것이다. 나는 그 사람에게 그런 일이 일어나게 만들 수 있다"라고 믿는 것을 보았다. 또한 그들은 그 사람을 개조하고 변화시키기를 갈망하며 결혼하고 대개는 불행해진다. 그들의 마음처럼 되지 않기 때문이다. 반면에, 억제자와 결혼하고 그들이 그냥 그 모습으로 살아가게 놔두는 배우자들이 있다. 하지만 그것도 좋은 결혼생활은 아니다.

억제자의 초점은 자기 자신에게 있다는 것을 기억하라. 초점은 당신에게 있지 않을 것이다. 당신이 이러한 사람을 선택한다면 그들의 눈은 당신을 향하지 않을 것이다. 사회적으로 그들 중 많은 이가 관계를 잘 맺지 못한다. 자신의 감정의 온도를 재고 자신을 보호하는 데만 너무 몰두해 있다.

억제자들은 무력감을 느끼며 그들이 하는 어떤 일도 그들의 운명을 바꾸거나 개선시키지 못할 것이라고 믿는다. 이와 더불어 그들은 관계 속에서 지나치게 조심스럽다. 어떤 사람이 그들에게 관심을 나타내면 그들은 그게 진심일까 의심한다. 숨은 의도가 있고 그들에게서 무언가를 원할 것이라고 생각한다. 다른 사람들의 진실성을 믿는 것은 어리석은 걸음이라고 생각한다. 결국은 데일 것이기 때문이다.

수동적인 공격성의 문제

지난 몇 년간 결혼생활 속에서 본 많은 문제의 근원인 억제자의 특징은 '수동적인 공격성'이다. 이것은 간접적이고 겉으로 드러나지 않으며 미묘하지만 확실한 저항이다. 여러 책의 주제로 다뤄질 만큼 중요한 관심사인 수동적인 공격성 문제는, 매우 좌절감을 주는 패턴으로 반드시 다루어야 할 필요가 있다. 그것만 아니면 성공할 관계들을 파괴해버리기 때문이다.

수동적인 공격성이 드러나는 행위에는 여러 형태가 있다. 미루는 것이 가장 선호하는 선택이다. 미루는 사람들은 책임을 미루거나 어떤 일을 하지 않고 다른 사람에게 미룬다. 그들이 당신을 데리러 오기로 해놓고 한 시간 늦게 오면, 결국 당신이 책임감을 느끼게 된다. 그들은 이렇게 말하기 때문이다.

"정말 10시라고 말했어? 난 당신이 11시라고 말한 걸로 알고 있는데.

뭐, 어쩔 수 없지."

이런 말을 여러 번 듣다 보면 당신은 자기가 한 말을 의심하게 된다.

망각은 저항을 나타내는 또 한 가지 방법이다. 그것은 다른 사람을 외면할 수 있기 때문이다.

"정말로 나한테 부탁했어?"

"정말 우리가 그 시간에 만나기로 했어?"

그들은 당신의 차를 사용하고 지저분하게 놔두거나 기름을 채워넣지 않을지도 모른다. 수표를 사용해놓고 수표장에 기록하지 않는다. 당신이 그들에게 중요한 일에 대해 이야기하고 있는데 그들은 방에서 나가거나, 일어나서 시끄러운 믹서기를 켜서 음료를 만들거나 TV 볼륨을 높일 것이다.

억제자들은 약간 자학적인 것처럼 보인다. 그들은 상처를 받음으로써 무언가를 얻는 것처럼 보이기 때문이다. 어쩌면 조용히 고통당하는 자기 자신에 대해 좋은 느낌을 갖고 자신에게 상처를 주었다고 생각하는 사람을 원망할 것이다. 이것은 그들이 자신의 삶을 억제함으로써 보복하기 위해 필요한 핑계의 전부다. 만일 그들의 파트너가 힘들어하고 있다면 그들에게서 많은 것을 기대하지 말라. 그들은 공감하는 법을 모른다. 그들은 오로지 자기 자신의 고통만 생각하기 때문이다. 그들은 원한을 쌓아놓는 사람들이다. 상처가 쌓여 원망으로 변하고, 그것이 그들을 더 위축되게 만드는 것이다.

가장 고통스럽고 좌절감을 주는 특성 중 하나는 바로 그들의 의사소통 방식이다. 그들은 제압하지는 않으나 그냥 가버리거나 어떠한 입장도 밝히지 않는다. 어떤 의견을 내거나 결정을 내리지 않을 것이다. 그들은 회피하고 침묵을 행사하며 방에서 나가버린다. 그들에게는 많은 것을 시사하는 단순한 소리가 많다. 이를테면 한숨 소리와 신음 소리, 침묵과 같은 것들이다. 당신이 "무슨 문제 있어?"라고 물으면 그들은 "아무것도 아니야"라든가 "당신은 당연히 알고 있어야지"라고 대답하거나 어깨를 으쓱하며 방에서 나가버린다.

때때로 억제자들이 결혼 상대를 잘못 선택하는 이유는 자신이 버림받을 것에 대한 두려움 때문에 올바른 사람을 선택하는 것을 두려워하기 때문이다. 그들은 그들의 관계에 대한 부정적인 관점과 기대들이 있다. 당신은 매우 긍정적이고 95퍼센트 다정한 연인일 수 있지만, 이것은 무시될 것이다. 왜냐하면 억제자가 집착하는 것은 나머지 5퍼센트이기 때문이다.

당신이 억제자의 성향이 있다면 관계를 고려하기 전에 전문 상담가를 찾아가보기 바란다. 당신이 기꺼이 그렇게 한다면 당신의 삶은 달라질 수 있다. 만일 당신이 그런 사람과 연애를 하고 있다면 스스로 "왜?"라고 질문해보라. 결혼 후에 당신이 그에게 바라는 것과 꿈꾸는 것들은 무엇인가? 이 관계에 더 많은 시간을 투자하기 전에 그 사람에게 상담을 받아볼 것을 권하라.[5]

관계 속의 세 가지 문제 유형을 인식하게 된 후에 아마도 당신은 '과연 건강한 사람이 있을까', 또는 '누구든 건강해질 수 있을까'라는 의문이 들 것이다. 모든 성장의 단계에 건강하고 성숙한 개인들이 있다. 우리는 삶의 모든 면에서 계속 성장하도록 부름을 받았다. 바울은 "오직 너희의 심령이 새롭게 되어"(엡 4:23)라고 말했다.

사랑꾼

패롯 박사가 이야기하는 네 번째 건강한 관계 유형은 '사랑꾼'이다. 이 사람은 앞 장에서 이야기한 아가페 사랑을 나타낼 수 있는 사람이다. 그리고 비교적 죄책감에서 자유로운 사람이다.

사랑꾼의 특성

만일 다음과 같다면 당신은 사랑꾼일 것이다.

- 어떤 사람의 메시지 뒤에 감춰진 무언의 감정들에 귀를 기울인다.
- 섣불리 결론을 내리기 전에 객관적으로 상황을 평가한다.
- 당신이 모든 사람을 행복하게 해줄 수 없다는 것을 안다.
- 갚아야 한다는 부담을 느끼지 않고 다른 사람에게 받는 것을 즐긴다.
- 다른 사람들이 당신을 어떻게 생각하는지에 연연하며 괴로워하지 않는다.
- 다른 사람의 입장이 되어 생각한다.
- 당신 자신의 필요들을 인식하고 있지만 또한 다른 사람들의 필요에도 민감하다.

- 당신이 원하는 대로 하기 위해 비방이나 협박을 사용하지 않는다.
- 갈등을 솔직하고 성숙하게 다룬다.[6]

당신이 이러한 각각의 특성들을 어떻게 나타내는지 예를 들어볼 수 있겠는가? 지금 당신이 어떤 관계를 맺고 있다면 당신의 파트너 안에서 이런 특성들이 보이고, 그도 당신 안에서 이런 특성들을 보는가?

사람들이 이와 같이 되려면 예수 그리스도 안에서 확고한 안정감과 정체성을 가져야 한다. 그들은 자신들이 누구인지 알며 자기 자신에 대해 좋은 느낌이 있다. 결혼생활에서 이런 사람은 배우자의 독특성을 받아들일 수 있으며 그들에게 배울 수 있고, 솔직하게 자신의 약점을 드러내고 필요를 전달하며, 무엇보다 공감할 수 있다.[7]

공감은 무관심이나 동정과 다르다

당신은 공감이 무엇을 의미하는지 정말로 이해하고 있는가? 공감은 'einfulung'이라는 독일어에서 왔는데, '안으로 느끼다' 또는 '함께 느끼다'라는 뜻이다. 공감은 다른 사람의 눈으로 삶을 바라보고, 다른 사람이 느끼는 대로 느끼며, 다른 사람의 지각을 통해 이야기를 듣는 것이다. 모든 크리스천은 짐을 서로 지고(갈 6:2) 즐거워하는 자들과 함께 즐거워하고 우는 자들과 함께 울도록(롬 12:15) 부름을 받는다.

어떤 사람들은 공감을 무관심이나 동정과 혼동하는데, 비슷하게 들리지만 실제로는 매우 다른 것이다. 동정은 다른 사람들의 감정에 지나치게 몰입하는 것을 의미한다. 동정은 실제로 당신의 감정적인 힘을 약화시켜서 당신이 가장 필요한 순간에 도울 수 없게 만들 수 있다. 무관심은 다른 사람들에게 관여하지 않는 것을 의미한다. 공감은 내적인 세계 안에서 다른 사람과 함께 걷는 것을 의미한다.

무관심은 다른 사람에 대해 아무 감정이 없다. 통제자들이 그렇다. 동정은 다른 사람을 가여워하는 것이다. 착한 사람들이 그렇다. 그리고 공감은 다른 사람과 함께 느끼는 것이다. 무관심은 "난 관심없어"라고 말하고 동정은 "오, 불쌍해라"라고 말할 때, 공감은 "너 오늘 참 힘들어 보인다"라고 말한다.

공감은 어떤 사람이 파트너의 즐거워하는 모습을 보고 그 기쁨의 바탕이 무엇인지를 인식하며, 자기가 이해한 것을 전달한다. 어떤 사람이 우리에게 공감할 때 우리는 이해받고 받아들여지고 있다는 만족감을 경험한다. 다른 사람이 우리의 관점을 알아주기 때문이다. 우리가 다른 사람들에게 공감을 표현할 때 그런 만족감을 줄 수 있다.

당신이 관계 속에서 원하는 것은 무엇인가? 이제 선택은 당신에게 달렸다.

chapter 09

건강하지 않은 관계는 끊어라

8명의 독신 남녀로 구성된 그룹이 한 식당의 테이블에 앉아 있었다. 그들은 어떤 축하행사를 하는 듯했다. 그런데 뭔가 다른 점이 있었다. 그들 모두 관계를 끝낸 것을 축하하기 위해 그곳에 온 사람들이었다. 각 사람은 미래가 없는 연애를 해왔지만, 관계를 끝내는 결정적인 조치를 취할 용기를 찾았고 이제 그들은 앞으로 나아갈 준비가 되어 있었다. 그들의 이야기를 들어보자.

린다 제가 왜 그렇게 오래 붙들고 있었는지 모르겠어요. 사귄 지 두 달째에 벌써 잘되지 않을 거라는 걸 알았어요. 아, 저도 알아요. 제가 해결사라는 걸. 저는 제가 테드를 고칠 수 있을 거라 생각했어요. 하지만 당사자가 뭐가 문제인지도 모르는데 어떻게 고칠 수 있겠어요? 그냥 그런 상태가 계속되었던 것 같아요. 그는 만족하는 듯했지만 전 확실히 아니었어요. 제가 좀 더 일찍 플러그를 뽑았다면 더 좋았을 텐데 말이에요. 아마도 전 그저 누군가와 함께 있는 게 편안했던 것 같아요. 테드는 없는 것보단 나은 존재였죠. 하지만 차라리 없는 게 더 낫다는 사실을 깨달았을 때, 저는 무언가를 해야겠다는 마음이 생겼어요. 이제는 계속 앞으로 나아갈 수 있어요.

필 관계를 끊는 것은 쉬운 일이 아니에요. 저도 그녀만큼 힘들다고 생각해요. 그래서 그렇게 오랫동안 그녀 곁을 떠나지 못했나 봅니다. 저는 기분이 안 좋았어요. 우리 둘 다 장애물이 너무 많다는 걸 알았지만, 계속 노력했어요. 그녀는 나를 정말 많이 사랑했어요. 그녀만큼 절 사랑해줄 여자를 찾지 못할 거라고 했어요. 어쩌면 그 말이 맞을지도 몰라요. 하지만 남은 인생을 그녀와 함께 보내고 싶진 않았어요. 전 그녀를 사랑하지 않았거든요. 적어도 그녀가 절 사랑하는 것처럼은 아니었어요. 그렇게는 될 수 없었어요. 이제 2주가 지났는데 안도감이 상처보다 더 강해지고 있답니다.

티나 우리가 오래 함께할수록 그는 저의 삶 속에 더 깊이 들어왔어요. 처음에 그는 착하고 친절했어요. 그런데 점점 소유욕이 강해졌어요. 그는 항상 지배하려 했어요. 저는 빌이 원하지 않으면 어디에도 갈 수 없었어요. 그는 저에게 너무 많은 걸 주었고 저를 아주 좋아하는 듯했어요. 하지만 그의 소유욕은 저를 무섭게 했어요. 그는 제가 제 친구들과 어울리는 걸 원치 않았고 친구들은 모두 그에게 관심을 끊었어요. 그는 저를 감시하기 시작했고, 어디에 있었는지, 누구와 얘길 나눴는지, 누구와 통화했는지 묻기 시작했어요. 이런 무서운 말들도 했어요. '난 너 없이 못 살아. 너는 내 삶의 전부고 존재의 원천이야.'

헤어지자고 하면 어떻게 될까 늘 궁금했어요. 그런데 이제 알았어요. 전 그에게 직접 말하고, 전화로 말하고, 편지를 보내기도 했지만, 그는 들으려 하지 않았어요. 제가 무슨 말을 해도 무시하고 '그건 네 진심이 아니야. 넌 그냥 화가 났을 뿐이야, 그렇지?'라는 대답이 돌아왔어요. 그게 정말로 저를 미치게 했죠. 그래서 전 그와 말도 하지 않았고 심지어 그가 와도 아는 척도 하지 않았어요. 무례한 게 싫지만, 그 사람이 믿질 않으니 어떻게 하겠어요? 빌이 제 뒤를 밟고 있는 것만 같아요. 관계가 멀어지는 만큼 그는 제 삶에서 멀어졌지만, 여전히 제 삶을 방해하고 있어요.

붙잡고 있는 이유들

당신은 아마 이미 끝난 관계에 관여하고 있고, 어서 탈출하기 위해 낙하산을 찾는 과정을 거쳤을 것이다. 하지만 이별은 안도감과 함께 뒤죽박죽 섞인 다른 감정들도 가져온다. 나는 관계를 끊는 것이 결코 쉬울 것이라고 생각하지 않는다. 그것이 당신에게 최선일 때에도 말이다. 관계를 잘 유지하려면 두 사람이 필요하고, 끊을 때는 한 사람이 관계를 끊으면 될 것이라고 생각했을지 모른다. 하지만 그렇지 않다. 역시 두 사람이 필요하다. 다른 한 사람이 관계가 끝났다는 사실을 받아들여야만 한다. 그렇지 않으면 그가 당신의 삶을 불행하게 만들 수 있다.

많은 사람이 이 결정을 매우 어려워한다. 싱글들이 봉착하는 큰 딜레마 중 하나는 언제, 어떻게 관계를 끊어야 할지 모른다는 데 있다. 다른 사람과 연애할 가능성이 희박하면 관계를 지속해야 할 것 같은 압박감을 더 느낀다. 그 사람이 그렇게 좋지는 않아도 확실히 홀로 있는 것보다는 나을 수도 있으니 말이다.

당신이 원하지 않는 관계, 또는 당신에게 건강하지 않은 관계를 끊지 못하는 이유는 무엇인가? 종종 당신은 다른 사람의 감정에 연루된다. 우리 대부분은 다른 사람에게 고통을 주는 것을 원치 않는다. 이별이 두 사람에게 가장 건강한 결정이라 하더라도, 당신의 파트너는 상처를 받을 것이다. 그가 매우 예민하거나 의존적이라면 아마 더 심할 것이다. 강박적인 연인이라면 훨씬 더 심할 것이다. 그는 초강력 접착제처럼 붙어 있을 것이고 여러 방법으로 당신을 따라다닐 것이다.

헤어지기 어려운 또 한 가지 이유는 성적 쾌락의 힘 때문이다. 당신은 관계를 끊는 게 최선이라는 것을 알지만, 당신의 마음은 강렬한 쾌락을 느꼈던 때로 돌아가 당신의 호르몬에 귀를 기울이기 시작한다. 그리고 때로는 그것이 당신의 가장 좋은 의도를 압도한다. 당신은 "그래, 한 번만 더 해보자"라고 말한다. 그리고 그때마다 당신의 죄책감도 더 심해질 수 있다. 당신의 파트너가 매우 매혹적이고 이것을 이용해 당신을 계속 함정에 빠뜨릴 수 있다는 것을 알게 된다면, 당신이 생각하는 것보다 더 많은 면에서 통제받게 될 것이다. 성관계가 당신의 관계의 한 부분을 차지하고 있다면 당신은 새로운 관계를 찾는 어려움을 감수하는 것보다 안전한 사람 곁에 계속 머물려 할 것이다. 에이즈를 비롯해 성적으로 전염되는 병에 걸릴지도 모르기 때문이다.

당신은 안전에 대한 집착 때문에 잘못된 관계를 계속 유지할지도 모른다. 안 좋은 관계라 하더라도, 사람들은 몰라서 두려운 관계의 위험을 감수하기보다 그래도 좀 아는 관계 속에 머무는 것이 더 안전하다고 느낀다.

어떤 사람이 관계를 끝내려 할 때 느끼는 긴장이나 모순된 감정은 사람에 따라 매우 심하게 나타날 수 있다. 30살의 한 여자는 관계를 끝내려고 애쓸 때 느꼈던 감정을 롤러코스터와 범퍼카를 같이 탄 느낌이었다고 묘사했다.

나는 좀 미쳐가는 것 같았다. 나의 감정은 혼란 상태였다. 어떤 때는 내가 테리를 좋아하는 것 같다가도 그에게 통제받고 억압받는 것처럼 느꼈다. 한때는 그를 사랑했지만 그다음엔 그와 그의 행동에 화가 났다. 아, 그는 자상한 사람이었다. 그건 확실하다. 하지만 그는 멈춰야 할 때를 몰랐다. 나는 마음대로 밀고 들어오는 군대처럼 그에게 침략당하고 있다고 느꼈다. 그런데 이제 내가 관계를 끝내려고 하니 죄책감이 느껴진다. 나에게 무슨 문제가 있는 걸까?

그녀는 관계 속에 있고 싶기도 하고 나오고 싶기도 한 것처럼 들렸다. 그런 감정은 누구라도 혼란스럽게 만들 것이다. 때로 당신은 어떤 사람이 당신의 인생에서 나가기를 원할 때에도 그 사람에게 빠져 있을 수 있다. 한 사람에 의해 채워지는 필요가 있는데, 그게 누구라도 상관이 없는 것이다.

많은 여성이 건강하지 못한 관계를 계속 붙잡고 있다. 그들은 어떻게든 남자가 마법처럼 변하여 백마 탄 왕자님이 되기를 바라고 있다. 하지만 어떤 라디오 진행자가 말했듯이 "당신이 두꺼비에게 키스를 해도 두꺼비는 왕자로 변하지 않는다. 단지 당신의 입 안이 끈적끈적해질 뿐이다."

이렇게 생각해보자. 만일 당신이 어떤 관계에서 나오려고 애쓰는데 여전히 그 관계를 유지하고 있다면 당신은 결혼 같은 장기적인 목적보다 단기적인 필요들을 채우는 데 더 관심이 있는 것이다. 불가피한 일을 오래 미룰수록 당신 자신을 더 많이 속이는 것이다. 다른 사람보다 당신 자신에게 더 많은 상처를 주고 있다.

진은 많은 사람이 헤어지기를 주저하는 또 다른 이유를 말해주었다.

노먼, 저는 관계 속에서 제가 뭘 원하는지 압니다. 진지하게 생각해보았고 저의 목록도 갖고 있어요. 하지만 제가 원하는 걸 발견할 수 있을

지 확신이 없어요. 아마 타협해야 할 것 같지만 매우 찜찜한 건 사실이에요. 어떤 날은 관계를 끝내는 게 최선이라고 생각했다가도 '나는 그녀를 찾을 수 없을 거야'라는 생각이 들어 그냥 그렇게 지낸답니다.

그럭저럭 참고 지내는 것은 평생 지속되지 않는다.

나는 또한 수많은 싱글이 자신이 사랑하고 있다고 생각하기 때문에 관계를 지속하는 것을 본다. 그러나 그들이 경험하고 있는 사랑은 과거의 패배로부터 오는 것이거나 육체적인 관계를 사랑으로 착각하는 것이다. 어떤 사람들은 "하지만 난 그를 사랑해"라고 말하며 살아간다. 변덕스럽고 오해하기 쉬운 감정들에 근거하여 인생의 결정을 내리는 것은 자신을 고통 속에 가두는 길이다. 남자고 여자고 나는 이렇게 말하는 것을 들었다.

"난 단지 그 사람을 사랑해. 그 사람이 …하다는 걸 난 알아. 하지만…."

내가 듣기로 그들이 자신의 파트너를 묘사할 때 사용한 단어는 '차가운, 화가 난, 거친, 지배적인'에서부터 '말이 없는, 소원한, 폭력적인, 난폭한'까지 다양했다. 그런데 그 뒤에 나오는 말은 "하지만 전 그 사람을 사랑해요"라는 것이었다. 사랑한다는 말이 앞에서 그를 묘사할 때 쓴 단어들을 없애주지 않는다는 사실을 명심하라. 실제로 그 사람의 삶 속에 근본적인 격변이 일어나거나 집중적인 치료가 이루어지지 않는 한 그 묘사는 없어지지 않을 것이다.[1]

짐 스모크는 이혼한 사람들에 대한 사역을 하면서 그 딜레마를 이런 식으로 묘사한다.

때때로 당신은 오랫동안 지속해온 관계를 끝내고 싶어 고심하면서도 그동안 이 관계에 들인 모든 시간과 노력을 바라본다. 아마도 우리는 이런 어려움들을 극복할 수 있을 것이다. 아니면 가족과 친구들로부터 압력을 받고 있을지도 모른다. 그들은 계속 이렇게 말한다.
"어서 해. 언제까지 시간을 끌 거야? 서로에게 맞는 사람이라는 걸 알잖아. 누구나 갖는 일반적인 불안감일 뿐이야. 그러니 어서 결혼해."
그러면 당신은 이런 생각이 들기 시작한다.
'그래, 사람들이 다 우리가 서로 잘 맞는다고 생각한다면 내가 놓치고 있는 뭔가가 있을 거야.'
하지만 이런 압력은 당신에게 필요하지 않다. 당신이 확신을 가져야 한다. 다른 사람이 당신을 위한 결정을 내리게 해서는 안 된다. 그 결정을 안고 살아야 할 사람은 그들이 아니라 당신이기 때문이다.[2]

몇 년 전에 5년간 사귀어온 커플과 결혼 전 상담을 했다. 그러나 수많은 차이점과 문제점 때문에 진행되지 않았다. 결국 나는 그들에게 관계를 내려놓고 결혼을 잠시 보류하면서 그들 자신의 개인적인 문제들에 집중할 것을 제안했다. 그때 내가 들은 대답은 이것이었다.
"드디어 누군가가 우리에게 결혼하지 않아도 된다고 말해줬어요. 우리는 모든 사람에게 '어서 결혼하라'는 압력을 받고 있었거든요."

내가 그들에게 들은 안도의 한숨은 많은 사람이 이 결정을 내릴 때 경험하는 한숨이다. 일정 기간 그 커플의 가족들은 함께 친밀한 관계를 키우며 서로 잘 지냈을 것이다. 그때 두 사람이 헤어지는 것은 단지 두 사람만의 문제가 아니라 가족 간의 친분 관계가 깨지는 것도 될 수 있다. 그리고 그것은 또한 커플에게 과도한 압박감을 줄 수 있다.

감정적 구조와 재정적 구조

감정적 구조는 당신이 다른 사람의 고통을 없애주려고 애쓰는 것이다. 당신은 다른 사람의 가슴 아픈 이별이나 슬픈 이혼 이야기를 듣고 제일 먼저 그들을 구조하려고 뛰어든다. 그러나 그들이 연약한 상태에서 당신에게 의존하는 강도가 압도적일 때가 너무 많다. 또 한편으로는 다른 사람들이 자신에게 전적으로 기대는 것을 즐기는 사람들도 있다. 그러나 그것은 병적인 관계로 이어질 뿐이다.

관계의 구조자는 그들이 서로를 위한 준비가 되기 전에 새로운 사람을 찾는다. 그들은 누구든 상관없이 관계를 맺어야 한다. 나는 이런 많은 커플이 함께 살고 있는 것을 본다. 그들에게는 한 사람과 한 몸이 필요하다. 이것이 어디에도 이르지 못한다는 것을 알지만 가정의 위로를 얻는다. 종종 그들은 점찍어둔 다른 사람이 있지 않은 한, 빈 과도기를 피하기 위해 관계를 깰 생각을 하지 않는다.

나는 홀어머니들이 그들을 재정적으로 구조해주는 남자들과 얽히는 것을 보았다. 이혼한 어머니들은 그들의 낮아진 생활수준 때문에 힘든 시간을 보낸다. 경제적 도움을 거절하는 것은 어려운 일이지만, 보통은 그에 대한 대가가 따른다. 당신이 매달 몇백 달러의 지원금을 잃게 될 것이라는 사실을 알 때 어떻게 관계를 끊겠는가? 그러나 이 사람은 당신이 여생을 함께 보내고 싶은 사람이 아니다![3]

관계는 언제 끝나는가?

당신의 관계에 대해 반대 감정이 병존하거나 관계를 끝내려고 애쓰고 있다면 당신이 그 사람과 함께할 때 따르는 결과들을 8개에서 10개 정도 적어보는 것이 도움이 될 것이다. 종이에 적힌 결과들을 보면 아마 충격을 받고 행동하게 될지도 모른다. 동시에 당신이 이 관계에서 무엇을 얻고 있는지를 적어보라. 이를테면 이런 것이다. 건강에 도움이 된다, 신앙생활과 간증을 향상시켜준다, 어떻게든 낮아지게 한다 등.

이것이 당신에게 최선인가, 아니면 더 잘할 수 있는가? 이 모든 것 안에 하나님의 뜻은 어디에 있는가? 하나님께서는 당신에게 뭐라고 말씀하고 계신가? 생각해보아야 할 다른 질문들도 있다.

1. 파트너의 모습이나 행동 중에 당신이 원하지 않는 것은 무엇인가?
2. 관계를 끝내는 것에 대해 얼마나 오랫동안 생각해왔는가?
3. 이 관계가 잘될 것이라고 느끼려면 무슨 일이 일어나야 하는가?
4. 당신은 파트너에게 이런 얘기를 얼마나 자주 꺼냈는가? 그 이후로 무

슨 일이 생겼는가?

5. 당신의 파트너가 무엇이든 하려고 하지만, 그것이 당신에게 더 이상 중요하지 않은가?
6. 당신이 그 사람과 함께 있을 때 그는 당신을 위해 무엇을 해주는가?
7. 당신을 향한 그의 태도와 행동이 당신 자신에 대해 긍정적인 느낌을 더 많이 갖게 해주는가?
8. 당신은 그와 함께 있을 때 더 매력적인 존재라고 느끼는가?
9. 그는 당신의 강점들을 격려해주는가, 아니면 약점들을 상세히 이야기하는가?
10. 당신은 그와 함께함으로써 더 좋은 사람이 되는가? 그는 믿을 만한 사람인가?
11. 당신은 계속해서 그를 위해 변명을 늘어놓는가? 당신이나 그가 계속 서로 변화시키려고 애쓰는가?
12. 그와 함께함으로써 당신과 예수 그리스도의 관계가 더 좋아지는가?

한 여자가 내게 이렇게 말했다.

"그 사람을 미워하지 않아서 너무 힘들어요. 그는 정말 좋은 사람이지만, 저에게는 아니에요. 차라리 그가 비열한 사람이라고 경멸할 수 있다면 더 편하겠는데 그게 아니에요!"

당신은 관계를 끝내기 위해 상대방을 미워하거나 싫어할 필요가 없다. 그 관계가 당신에게 유익하지 않다면, 그가 뭐라고 하든 간에 상대방에게도 유익하지 않은 것이다. 이에 대해 생각해본 적이 있는가?

당신은 또한 상대방에게 마음이 있을 때에도 관계를 끝낼 수 있다. 하지만 당신도 알다시피 두 사람 모두에게 해당되지는 않을 것이다. 당신이 파트너에게 적어준 개선점 여덟 가지를 그가 모두 실행한다고 해도, 그것은 당신을 위해 한 것이다. 그들이 정말로 그 가치를 알아서 변화되기를 원하지 않는 한, 그 변화가 지속될 것이라고 믿을 수 있는가? 나는 사람들이 "끝내야 하는 관계였다면 제 결정을 의심하지 않을 거예요, 그렇겠죠? 그런데 저는 자꾸만 이리저리 흔들리는 것 같아요"라고 말하는 것을 들었다. 이것은 정상적인 현상이다. 이런 생각 때문에 중단하지 말라.

이럴 때 당신은 관계를 끊을 필요가 있다. 첫째, 관계를 유지하고 싶은 마음보다 끝내고 싶은 마음이 더 클 때. 이것은 꼭 상호 간의 결정이 아니어도 된다. 둘째, 둘 다 그만두기를 원하고 당신은 그 일에 신경 쓰고 싶지 않을 때. 때로 이런 상황에 놓인 커플은 이렇게 말할 것이다.

"우리는 여전히 서로 친구처럼 대할 거예요. 그냥 함께 있으면 즐거우니까요."

왜 그럴까? 그러면 굳이 회복을 위해, 그리고 생의 동반자가 될 사람을 찾기 위해 시간과 에너지를 쏟지 않아도 되기 때문이다.

어쩌면 당신이 관계를 끊고 싶은 이유는 그것이 당신에게 부당해 보이기 때문일 것이다. 당신의 파트너는 당신을 향한 기대를 바꾸었을 수도 있고, 혹은 어떤 이유로든 당신에게 위협을 느끼고 성장하려는 당신의 노력을 방해하려 할지도 모른다. 당신이 파트너보다 관계를 위해 기여하는 것이 더 많은데, 그는 자기가 하는 것에 만족하는 듯이 보일 수도 있다. 당신이 어떤 식으로든 파트너를 위협하거나, 아니면 어떤 이유로든 그에게 위협을 받고 있는가? 이런 지표들은 위험 신호다.

어쩌면 당신은 자신이 너무 많은 것을 주고 있다고 느낄 것이다. 파트너가 당신에게 그렇게 하도록 요구하는가, 아니면 당신이 선택한 것인가? 때로는 그가 자기 중심적이거나 받기만 하는 사람일 수도 있고, 당신이 자신의 사랑과 가치를 입증하거나 그의 사랑을 붙잡기 위해 계속 주는 것일 수도 있다. 그리고 그것은 당신이 관계를 끊기 힘들어하는 이유 중 하나일 수 있다.

파혼

가장 끝내기 어려운 관계 중 하나가 아마 약혼일 것이다. 약혼은 세상을 향해 공개적으로 "저는 이 사람과 결혼할 것입니다. 그가 너무 멋져 가슴이 떨립니다"라고 선포하는 것이다. 그러면 파혼하게 됐을 때는 뭐라고 말할까?

"실수했습니다. 그 사람은 전혀 멋진 사람이 아니에요. 무언가가 완전히 잘못됐어요. 저는 그 사람을 사랑하지 않고, 그 사람도 저를 사랑하지 않습니다."

아마 이런 이유로 어떤 사람들은 이 단계를 밟는 대신 힘든 결혼생활을 하거나 결국 이혼하고 만다.

그러나 파혼도 고통스럽지만 이혼만큼 큰 충격을 가져오는 일은 없을 것이다. 많은 부부가 "신혼 첫해 동안 제가 실수했다는 것을 알게 됐어요", "결혼한 지 2주 만에 제 머릿속에서 울리는 위험 신호를 들었어야 했다는 것을 깨달았어요"라고 말했다. 가장 충격적인 것은 아내와 이혼 중인 젊은 남자에게서 나온 말이었다. "당신이 실수했다는 사실을 얼마나 빨리 알게 됐습니까?"라는 질문에 그는 이렇게 말했다.

"결혼식장에서 그녀를 보았을 때요."

얼마나 비극적인 일인가!

불행히도 많은 사람이 약혼을 결혼과 동등한 수준의 약속이라고 믿는다. 사실은 그렇지 않다. 우리나라에서 약혼한 커플의 약 40~50퍼센트 정도는 파혼한다. 지난 5년간 내가 결혼 전 상담에서 만난 커플 중 30~35퍼센트는 결혼하지 않기로 결정했고, 어떤 커플은 마지막 순간에 결정을 내리기도 했다. 두 경우를 제외하고는 내가 이 단계를 권할 필요도 없이 그들 스스로 결정을 내렸다.

내 친구는 자기가 결혼 전 상담을 진행한 커플 중 80퍼센트가 결혼하지 않기로 결정했다고 했다. 지난 몇 년 동안 나는 결혼식을 불과 1,2주 앞두고 취소하는 커플들을 보았다.

한 20대 여성은 자신과 약혼한 훌륭한 남자를 충분히 사랑하지 않는다는 것을 깨달았다. 그녀는 결혼한 후에 그와 사랑에 빠지기를 기대해왔다. 매우 크고 화려한 예식과 피로연이 열릴 예정이었던 결혼식을 2주 앞두고, 그녀는 이 사실을 아버지께 고백했다.

"아빠, 아빠에게 나쁜 소식이 있어요. 금전적으로 많은 손해를 끼쳐 드려 정말 죄송하지만, 전 제 약혼자를 사랑하지 않아요. 이 결혼식을 강행하면 안 될 것 같아요."

그녀의 아버지는 "애야, 돈 걱정은 하지 말아라. 내겐 너와 네 행복이 더 중요하단다. 뭐든지 너의 생각이 최선이니, 아빠는 네 편이 되어줄 거야"라고 대답했다. 그리고 결혼식은 취소되었다. 2년 뒤, 그녀는 남편이 될 사람을 만났다. 그녀의 행동은 용기가 필요했다. 많은 사람에게 실망과 아픔을 주었지만, 인생에서 가장 현명한 결정 중에는 그런 것들이 있다.

당신은 오랜 관계를 끝낼 때보다 파혼할 때 다른 사람들에게 더 많은 압력을 받게 될 것을 예상할 수 있다. 곤란한 상황과 쏟아지는 질문들, 혹은 진심 어린 관심에서 나오는 제안들을 피하기 위해 은둔생활을 택하고 싶을지도 모른다.

하지만 어떤 관계가 끝날 때는 항상 명확하게 밝힘으로써 당당하게 책임을 지는 것이 더 좋다. 이것이 당신 자신과 다른 모든 사람을 편안하게 하는 데 도움이 될 것이다. 가장 좋은 방법 중 하나는 당신에게 소중한 친척들, 친구들에게 보낼 편지를 작성하여 파혼이 당신에게 어떤 영향을 미쳤는지, 그들이 당신에게 어떻게 반응하는 것이 가장 좋은지를 설명해주는 것이다. 사람들은 이별이나 사별, 이혼을 경험하거나 집안에 장애아가 태어났을 때 이런 방법을 사용해왔다. 편지는 다음과 같이 쓸 수 있다.

친애하는 ○○에게

당신은 제 인생에서 중요한 사람이기에 최근에 제 삶에 일어난 일을 말씀드리려 합니다. 이 일은 아마 한동안 저에게 영향을 끼칠 것입니다. 당신도 알다시피, ○○와 저는 지난 3년 동안 연애를 했습니다. 우리가 보기에, 또 다른 많은 사람이 보기에도 우리는 결혼을 향해 가는 듯했으나 지금은 그렇지 않은 것 같습니다. 저(또는 우리)는 지금 우리의 관계를 끝내고 각자의 길을 가는 것이 최선이라는 결정을 내렸습니다. 여러 이유가 있었고, 많이 생각하고 의논하고 기도한 끝에 저(또는 우리)는 이것이 최선이라고 생각하게 됐습니다. ○○와 저의 친구이신 많은 분이 이 일로 인해 실망과 불편을 겪으실 것을 생각하니 죄송합니다. 어떤 분들에겐 이 일이 예전처럼 우리 커플과 무언가를 함께하는 경험의 상실을 의미할 것입니다. 따라서 당신에게도 약간의 적응이 필요할 것입니다.

당신은 지금 저에게 어떤 반응을 보여야 할지, 무슨 말을 하거나 하지 말아야 할지 고민되실 것입니다. 그런데 예전과 같이 그냥 자유롭게 반응하시면 됩니다. ○○와 저에 대해 언급하셔도 감당할 수 있습니다. 꼭 그것을 피하실 필요는 없습니다. 당분간 새로운 상황에 적응하는 동안 ○○와 제가 자주 다녔던 곳들은 가지 않을 것입니다. 더 자세한 얘기는 하지 않겠지만, 지금 제 인생에서 그 결정이 최선이라는 말로 충분할 것입니다. 당신의 지지와 기도에 감사드립니다.

이 편지에는 진심이 담겨 있으며 이별과 관련된 트라우마가 그렇게 많지 않아 보인다. 만일 트라우마가 크다면, 이별이 너무나 충격적이어서 때때로 눈물을 흘리며 속상해할 것이라고 솔직하게 털어놓는 것이 도움이 될 것이다. 특히 당신이 그들에게 원하는 것이 무엇인지 알려주고, 몇 달 지나면 회복될 것이라는 사실을 말해주라. 회복에 대해 비현실적인 시간표를 갖고 있는 사람들의 기대는 바뀔 필요가 있다.

모든 사람에게 이 편지가 필요한 것은 아니지만, 당신에게 관심이 있는 많은 사람에게 도움이 될 것이다. 또한 이 편지로 당신은 하루에도 몇 번씩 그 상황을 설명하지 않아도 된다. 반복해서 이야기하는 것은 지치고 괴로운 일이 될 수 있다.

관계를 끊기에 가장 적당한 때

관계를 끊기에 가장 좋은 때는 언제일까? 관계가 잘되지 않을 것이라는 사실을 알게 된 직후다. 당신은 당신의 마음과 생각, 그리고 하나님의 인도하심에 귀를 기울여야 한다. 당신 자신을 믿어야 한다. 관계에서 긍정적인 부분이 나머지 부분을 이끌어갈 수 있을 만큼 강력한가?

어떤 사람은 처음 전화 통화를 한 후, 첫 만남 후, 3개월 후, 또는 3년 후에 관계가 잘 안 될 것이라는 사실을 알게 된다. 일단 그 사실을 알았다면 더 기다리는 것은 시간 낭비다. 그럴수록 당신의 회복이 늦어지고, 따라서 새로운 관계를 시작하는 것도 늦어지기 때문이다. 당신은 이리저리 흔들리며 혼란을 겪을 것이다. 그것은 정상이다. 이런 일이 전

허 일어나지 않는 관계도 있을 것이며, 이 경우 당신은 관계가 끝났다는 것을 확실히 안다! 이것 또한 정상일 수 있다. 당신을 가두고 꼼짝 못하게 만들 발언을 하지 않도록 주의하라. 다음과 같은 말들이 거기에 포함된다.

"난 그냥 다른 사람에게 상처를 주기가 싫어."

"모두 어떻게 생각할까?"

"그가 정말로 나에게 화를 내면 어쩌지? 난 그걸 감당할 수 없어."

"뭐라고 말해야 할지, 어떻게 해야 할지 모르겠어."

"너무 어려운 일이야."

당신이 이런 말을 할 때마다 그 말을 더욱 믿게 되며, 필요한 조치를 취하기가 더 어려워진다.

관계를 끊는 방법

여기 중요한 질문이 있다. "당신은 어떻게 관계를 끊을 것인가?", "어떻게 '아니오'라고 말하겠는가?" 다음 제안들을 생각해보라.

1. 당신이 직접 이 일을 하기 원하는지, 전화 또는 편지나 이메일로 말하기 원하는지 결정하라. 어떤 방법이든, 당신이 진지하게 이 사람을 다시 보지 않을 생각이라면 애매하게 말하거나 여지를 남겨두지 말라. 첫 데이트 중에 그런 결정을 내렸거나 직장에서 그 사람을 계속 마주쳐야 한다면 직접 말하는 것이 가장 좋다. 관계가 오래되었다면, 때

에 따라 이메일이 더 편할 수 있다. 상대방이 대답하기 전에 생각할 시간이 필요할 수도 있고, 당신에게 생각을 바꿔달라고 압력을 가할 수도 없을 것이기 때문이다. 그러나 그는 언젠가 당신과 이야기를 나누기 원하고 또 그럴 필요가 있을 것이다. 당신이 무엇을 하든, 그가 그 얘기를 다른 사람에게 듣지 않게 하라.

2. 부드럽고 정중하게 하라. 당신은 긍정적인 이야기를 하는 동시에 그 사람을 다시 만나고 싶지 않다는 의사를 밝힐 수 있다. 이를테면 "감사합니다만 저는 그러고 싶지 않습니다"라고 말하면 좋을 것이다. 그러나 당신이 "지금은"이라는 말을 덧붙인다면 그들은 당신의 거절이 단지 일시적인 것이고 마음을 바꿀 수도 있다고 생각할 것이다. 이제 막 시작했거나 오래된 관계를 끝내기 원한다면 "나중에 연락드릴게요"라든가 "나중에 전화 주세요"라는 말은 하지 말라.

진실하게 말하라. 당신은 단지 "시간을 내줘서 감사합니다. 하지만 저는 관계를 계속 유지하고 싶은 마음이 없습니다"라고 말하고 싶을지도 모른다. 상대 쪽에서 당신이 관계를 끝내기 원하는 이유를 알려 달라고 해도 당신이 그 이유를 일일이 나열할 필요는 없다. 같은 말을 반복하는 기법을 사용해서 처음에 했던 말을 그대로 되풀이하면 된다. 특히 첫 만남이거나 짧은 관계였다면 굳이 이유를 말할 의무는 없다. 그렇게 해봐야 상대방에게 당신을 통제하거나 제압할 여지를 줄 뿐이고, 이제 그는 당신이 말한 이유들을 공격하기 시작할 수 있다.

오래된 관계라면 이유를 이야기해주는 것이 개인적인 성장에 도움이 될지도 모른다. 그 이유들은 당신이 느끼는 감정이며 당신의 관점에서 나온 것임을 확실히 말해주라. 상대방이 당신의 생각에 동의해줄 것을 기대하지 말라. 그는 방어적인 태도를 취하고 당신의 결정뿐 아니라 당신의 관점까지도 바꾸도록 설득하려 할 것이다. 당신은 변론이나 언쟁을 하고 싶지 않으며 이미 결정을 내렸다는 얘기를 덧붙여야 할 수도 있다. 때로는 그의 감정을 인정해주고 그가 놀라거나 상처받거나 화내는 것을 이해할 수 있다고 말하는 것이 도움이 된다. 하지만 그들이 어떻게 반응하든 간에 그것에 대한 책임은 그들에게 있다는 것을 명심하라. 그 책임을 당신이 떠안고 짐을 짊어지거나 그들의 기분을 더 좋게 해주려고 애쓰지 말라. 돌려줄 물건이 있다면 지금 돌려주는 것이 가장 좋다. 옮겨야 할 것들이 있다면 최대한 빨리 옮기도록 하라.

당신의 파트너가 당신에게 신뢰를 잃었다면, 이를테면 그의 정체나 직장이나 경제적 상태나 신앙에 대해 거짓말을 했거나, 성적으로 당신을 괴롭혔거나, 돈을 갖다 썼거나, 당신에게 충실하지 않았다면 정면으로 부딪칠 필요가 있다. 나는 그런 사람을 아무 대립 없이 자유롭게 놓아주는 경우를 너무 많이 봐왔다. 그의 본색이 드러나지 않았다. 그는 자신의 잘못된 행동의 자연스러운 결과들과 불편함을 경험할 필요가 있다. 그래야 그가 죄를 깨닫고 진심으로 회개하거나 다른 사람들이 파괴적인 행동양식의 피해자가 되지 않을 것이기 때문이다.

나는 교회의 독신자들 모임에서 파트너를 이용하거나 자원을 남용하는 것, 성적인 나쁜 행실이 계속되는 것, 성폭행 같은 비기독교적인 행위들 때문에 가해자가 그 그룹에서 나갈 것을 요구받는 경우들을 보았다. 그리고 그 이유들에 대한 소문은 금세 퍼져나간다. 이별을 통보받은 쪽에서 예측할 수 없는 돌발 행동을 하기 때문에, 당사자가 그 관계가 끝났음을 알릴 때 안전상의 이유로 목사님이나 가까운 친구 몇 명에게 함께 있어달라고 요청하는 경우도 보았다.

불행히도 거절을 받아들이지 않는 사람들이 있다. 그들은 당신에게 집착하고 있거나, 관계에 중독되어 있거나, 단지 마음이 상하고 화가 나서 당신의 삶을 불행하게 만들기 원할지도 모른다. 어떤 경우든 당신의 안전과 행복, 마음의 평안과 미래가 위태롭다.

당신이 매우 단호하고 확실하게 말할 필요가 있다면 미리 해야 할 말을 생각해두고, 이것이 당신에게 어려울 것 같으면 큰 소리로 말하는 연습을 하라. 미묘하거나 확신이 없어 보이면 안 된다. 특히 상대방이 당신의 말을 듣기 싫어하거나 그 모든 생각에 반대할 경우엔 더욱더 그렇다. 상대방이 당신을 궁지에 몰아넣거나 방어 태세를 취하게 만들지 못하게 하라. 당신은 다음과 같이 말할 수 있다.

"당신이 속상해하는 건 이해해. 하지만 우리가 함께하는 시간은 끝났어. 더 이상 이 얘기를 하고 싶지 않아. 그건 협상할 수 있는 일이 아니거든."
(만일 그가 집요하게 집이나 직장으로 전화를 건다면) "난 지금 전화를 끊을 거야. 계속 얘기하는 건 우리 중 누구에게도 도움이 되지 않아. 다시 전

화해도 바로 끊을 거야."

"어떤 식으로든 나한테 연락하지 마. 각자의 길을 가는 게 더 좋겠어."

"당신의 행동이 날 괴롭히는 것처럼 느껴져. 계속 이러면 접근 금지 명령을 받아낼 거야. 그래야 우리 둘 다 자신의 삶을 살아갈 수 있을 테니까."

때로는 헤어지기를 원치 않는 파트너가 당신의 생각과 감정을 당신보다 더 잘 알고 있다고 믿는다. 그래서 당신이 무슨 말을 해도 통하지 않는 것이다. 당신이 더 많은 정보를 줄수록 그들에게 당신이 진심이 아니라는 희망만 품게 할 뿐이다. 명심하라! 그것은 사실이다. 당신이 설명할수록 그들에게 끈질기게 계속하라고 격려하는 것이다. 때로 사람들은 "이런 식으로 끝내는 건 너무 잔인해 보입니다"라고 말한다. 하지만 이것은 온당하고 애정 어린 방법이다. 잔인한 것은 관계가 끝난 줄 알면서도 아무 진전 없는 관계를 붙잡고 질질 끄는 것이다.

당신은 메시지를 전달하기 위해 더 많은 조치를 취해야 할지도 모른다. 이를테면 모든 전화를 차단하거나, 이메일을 차단하거나, 전화번호를 바꾸거나, 둘 다 아는 친구들에게 당신의 예전 파트너가 어떤 활동에 참여하면 알려달라고 부탁하거나, 그 사람이 오는 행사에는 당신을 부르지 말아달라고 이야기해두는 것 같은 극단적인 조치들이 여기에 포함된다.

chapter 10

서로 잘 맞는 걸까?

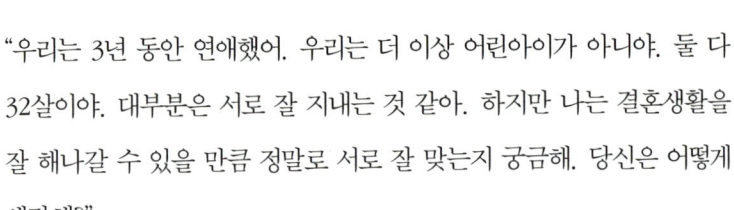

"우리는 3년 동안 연애했어. 우리는 더 이상 어린아이가 아니야. 둘 다 32살이야. 대부분은 서로 잘 지내는 것 같아. 하지만 나는 결혼생활을 잘 해나갈 수 있을 만큼 정말로 서로 잘 맞는지 궁금해. 당신은 어떻게 생각해?"

무엇이 잘 맞는 것일까?

좋은 질문이다. 하지만 나의 대답에 당신은 당황할지도 모른다. 잘 맞는다는 것은 저절로 되는 것이 아니라, 당신이 그렇게 만드는 것이다. 커플들은 자기들이 잘 맞는다고 생각하지만 그렇지 않다. 서로 화합하는 법을 배울 기회를 얻으려면 결혼을 해야 한다. 그리고 이것이 현실이 되려면 10년은 결혼생활을 해야 한다. 일정 기간이 지나야 얻을 수 있는 것이다.

많은 사람이 '서로 잘 맞는'(compatible)이라는 단어를 사용하지만, 그들은 그 의미를 충분히 이해하지 못한다. 사전에서는 이 단어를 '함께 조화롭게 살아갈 수 있는, 함께 사이좋게 지내는, 조화를 이루는, 잘 결합되는' 등으로 정의한다.[1] 가장 흔한 이혼 사유는 서로 잘 맞지 않는다는 것이다.

서로 맞춰간다는 것은 당신과 파트너가 어떤 변화를 일으킬 것이라는 뜻이다. 당신은 변할 수 있고, 변할 것이다. 실제로 당신은 변해야만 한다. 그렇지 않으면 정체될 것이다. 그리고 믿든 안 믿든, 당신은 당신의 파트너를 변화시킬 것이다.

그것은 가능한 일이며 바람직한 일이다. 변화는 건강한 결혼생활의 구성요소 중 하나이다. 당신이 변화되지 않았다면 그것은 당신이 완벽하여 성장할 필요가 없다는 뜻일 것이다. 그리고 우리는 둘 다 그 믿음에 대한 반응을 알고 있다!

서로 잘 맞는 파트너들을 보여주는 결혼생활은 소위 '상호적 교육'이라는 요소를 갖고 있다. 이것은 두 사람이 수용적인 학습자이자 동시에 능숙한 교사가 된 것을 의미한다. 이 요소가 없으면 관계가 위험에 처할 수 있다.

상호적 교육은 온화한 과정이다. 기꺼이 변화되려는 의지와 상대방에게 바람직한 태도나 행동의 긍정적인 본을 보이는 것이 포함된다. 그것은 또한 온화한 자극, 세심한 촉구, 격려, 파트너가 변화되고 잘될 수 있다는 믿음, 비난하고 질책하지 않는 것을 포함한다. 그것은 긍정적인 면에 초점을 둔다. 당신은 긍정적인 결과가 나오도록 변화를 이끌어가기 원한다.[2]

서로 잘 맞는다는 것이 이런 것이라면, 당신이 관심을 가져야 할 영역들은 무엇인가? 육체적인 끌림은 어떤가? 그것이 존재하며 서로 비슷한가? 나는 서로 사랑한다고 말한 두 남녀와 이야기를 나눠보았다. 그러나 그들은 실제로 파트너에게 육체적으로 매력을 느끼지 못하고 있었다. 관계의 모든 것이 잘되고 있었으나 육체적인 끌림은 매우 저조했다. 어쩌면 이런 질문을 할지도 모른다.

"당신은 육체적으로 무슨 일이 일어나기를 기대하는가? 당신의 기대 수준이 비현실적일 수도 있을까?"

때때로 사람들은 자기 파트너를 과거의 애인이나 환상 속의 인물과 비교하거나, 심지어 음란물을 볼 때 그들의 반응과 비교하기도 한다. 그러나 비교하지 말라. 현재의 관계에 방해가 될 것이다. 어쨌든 환상이나 기억과 경쟁하는 것은 어려운 일이다.

앞서 지적한 대로, 강한 성적 매력과 욕구 자체가 결혼생활을 지탱해 주지 않는다. 상대방과 함께 자신의 성적 욕구를 충족시키고 싶을 만큼 상호적인 관심이 있어야 할 것이다.

온화한 성적 이끌림과 갈망이 다른 영역의 화합과 우정과 결합된 것이 건강한 반응이다. 왜냐하면 결혼생활에서 둘이 함께하는 대부분의 시간은 사실상 성적인 것이 아니기 때문이다.

결혼하면 주기적으로 강렬한 성적 경험을 하게 될 것이라는 환상에 집착하는 사람들은 종종 '이게 끝이야?'라는 느낌을 갖게 된다. 그들은 실망한다.

또한 당신이 약혼이나 결혼을 해도 다른 매력적인 이성들을 보면 육체적으로 매력을 느낄 것이라는 사실을 명심하라. 당신은 동시에 한 사람 이상에게 성적인 욕구를 느낄 수 있고 그렇게 될 것이다. 나는 다음과 같은 작가의 생각이 마음에 든다.

여러 방향으로 향할 수 있는 것이 성적인 욕구의 특성이다. 바울은 고린도전서 7장에서 그 점을 염두에 둔 것 같다. 그가 크리스천에게 "음행을 피하기 위하여" 결혼하라고 충고할 때, 그의 요점은 "다른 사람은 생각할 수 없을 만큼 아주 강하게 끌리는 사람과 결혼하라"는 것이 아니다. "여러 사람에게 마음이 끌릴 가능성이 있으니 당신의 성적 에너지를 한 사람, 당신의 배우자에게 쏟기로 결단하라"는 것이다. 이것은 내가 자연적으로 다른 사람들에게 끌리는 경향이 있다는 사실을 바꾸지 않으나, 나의 관심이 부부관계 밖으로 벗어나지 않게 하겠다는 약속과 결단이 중요함을 강조한다.[3]

그리고 결혼한 후에 당신의 육체적 욕구와 관심, 격렬함이 변하지 않을 것이라는 사실을 명심하라. 그것 또한 정상적인 것이다.

결혼생활을 유지시키는 친밀함

몇 가지 다른 차원에서의 친밀감은 결혼생활을 유지시키는 접착제이므로 우리는 화합을 위해 이런 것들을 살펴보는 것이 중요하다.

지적인 화합

지적인 조화 또는 화합은 두 사람이 같은 학력 수준이거나 직업적인 관심사 등이 같아야 한다는 뜻이 아니다. 당신들은 아마 같은 것을 보거나 같은 생각을 하지도 않을 것이다. 학습 스타일도 서로 달라서 한 사람은 보는 것을 통해 배우는 것을 좋아하고, 다른 사람은 듣는 것을 통해 배우는 것을 좋아할지 모른다. 그러나 결혼은 각 사람이 지적으로 성장하고 자신의 영적 은사를 더 많이 발견할 기회를 준다.

어떤 사람은 열렬한 독서가이고, 어떤 사람들은 그렇지 않다. 나는 독서가이지만, 아내의 주된 배움의 원천은 독서가 아니었다. 이것은 때때로 유용 가능한 시간, 직업적인 추구와 나이대의 영향을 받는다. 다른 사람의 지식, 통찰, 의견들을 통해 받는 도전을 열린 마음으로 받아들이라. 이것은 두 사람 안에 성장을 일으킨다. 배우자의 능력과 다른 점을 존중하는 것이 지적인 화합의 한 부분이다.

의사소통 능력

모든 영역의 기초가 되는 것이 바로 '의사소통 능력'이다. 당신의 의사소통은 관계의 생명선이다. 지금 당신은 파트너와 소통하고 있다고 생각하겠지만, 정말 그런가? 화합이 이루어지려면 반드시 서로의 언어로 말하는 법을 배워야 할 것이다. 강조점은 그렇게 하기 위해 배우는 데 있다. 아마도 당신들이 아직 같은 언어를 구사하지 않는 이유는 성별과 성격, 학습 스타일의 차이 때문일 것이다. 이 모든 것이 당신의 의사소통 방식에 반영되어 나타난다.

당신이 결혼할 때는 자기만의 문화와 관습, 언어를 가진 외국인과 결혼하는 것이나 마찬가지다. 각 사람이 외국 문화 속으로 들어가는 것이므로, 다른 나라를 방문하는 두 종류의 여행자, 즉 개척자와 이민자에 대해 생각해보자.

'개척자'는 자신의 관점으로 그 나라를 경험하기 위해 다른 나라를 방문하려 한다. 그 나라에 입국하자마자 모국어로 된 표지판을 찾고 모국어를 잘 구사하는 사람들을 찾는다. 익숙한 것을 찾으며 미지의 세계로 발을 들이지 않는다. 언어의 기본도 배우려고 시도하지 않는다. 따라서 그 나라에서 3개월을 보냈어도 현지 주민들과 소통이 그리 잘되지 않는다. 그들은 그의 말을 못 알아들어 어리둥절해 하고, 그 또한 그들을 이해하지 못한다. 어느 쪽에도 행복한 경험이 아니다.

다른 유형의 여행자인 '이민자'는 약간 모험가다. 외국 문화에 자신을 맞춤으로써 여행을 준비한다. 새로운 나라의 문화와 관습, 역사, 음식에 관한 책들을 읽고 일상적인 언어 표현들을 익히기까지 한다. 떠나기 전에 그들의 언어를 배우기도 할 것이다. 목적지에 도착하면 그는 할 수 있는 한 모든 것을 발견하고 싶은 마음이 간절하다. 유적지를 찾아가고, 새로운 음식들을 모두 먹어보며, 할 수 있는 만큼 그 나라의 언어로 많은 것을 읽는다. 그리고 기회가 있을 때마다 새롭게 익힌 말하기 능력을 발휘한다. 그는 새로운 세계의 풍미를 온전히 맛보기 위해 한동안 그 나라의 현지인 가정에서 머무는 것을 즐길 것이다.

이민자가 새로운 언어로 말하려고 노력할 때 사람들은 최대한 돕기 위해 애쓴다. 낯선 단어의 발음을 돕거나 혹은 그들이 여행자의 언어에 능숙한 경우에는 그를 편안하게 해주기 위해 그 언어로도 말하기 시작할 것이다. 그들은 그가 자기들의 언어를 배우려고 시도하는 것을 기뻐하며, 가끔 그가 잘못 발음해도 모두 웃을 수 있다.

결국 이민자는 즐거운 시간을 보내지만, 개척자는 좌절하고 만다. 선택은 각자에게 있다.

자신과 파트너의 대화 방식을 고려하라

당신의 성격 특성과 대화 방식을 자세히 살펴보라. 그다음에 당신의 파트너에 대해서도 똑같이 살펴보고 그 둘을 비교해보라. 서로 다른 부분에서 다른 점들을 받아들이는 법을 배우고 균형을 잡기 위해 노력하라. 그리고 당신의 소통 방식을 배우자의 방식에 맞추라. 근본적으로 당신은 배우자의 방식대로 말하게 될 것이며, 반대로 배우자는 당신만의 특유한 대화 방식을 반사해 보여줄 것이다.

배우자의 언어로 말하는 것은 어휘뿐만 아니라 그 사람의 포장재까지도 포함한다. 여기서 포장재란 무슨 뜻일까? 배우자가 '확장형'인지

'압축형'인지를 가리키는 것이다(이것은 1장에서 잠깐 언급한 바 있다). 당신의 파트너가 세세한 부분까지 다 이야기하는 확장형이라면 길게 말하고, 결론만 말하는 압축형이라면 짧게 말하라.

부부의 약 70퍼센트는 남자가 압축형이고 여자가 확장형이다. 어느 쪽도 부정적인 성향은 아니다. 다만 확장형은 상대방이 좀 더 많이 얘기해주기를 바라고, 압축형은 상대방이 말을 좀 줄여주기를 바랄 뿐이다. 각 사람이 상대방의 스타일에 맞출 때 비로소 화합이 이루어지기 시작한다. 그런데 이때 당신은 자아를 부인하거나 자신의 성격을 억누르는 것이 아니라는 것을 기억하라. 서로 화합하기 위해서 배우는 융통성은 비즈니스 세계를 비롯한 삶의 다른 관계에도 도움이 될 것이다.

어떤 사람들은 대화할 때 문자 그대로 말한다. 그들은 주제에 집중하고 자기가 받은 질문에 답한다. 추측하거나 예감에 의존하지 않는다. 요점 1에서 2, 3, 4로 가다가 5에서 결론을 짓는 편이다. 때로 많은 설명이 필요한 질문을 받으면 신문 기사와 비슷한 형식으로 답한다. 그들은 당신에게 요약한 문장을 제시하고 세부사항들을 말한 후, 마지막으로 자세히 설명한다.

그러나 어떤 이들은 대화할 때 문자 그대로 정확하게 말하지 않는다. 그들은 예감을 따르고 추측하기를 좋아하며 모든 가능성을 고려한다. 어떤 것을 설명할 때 우회로로 돌아갈지도 모른다. 그들은 주제에 맞게 말하지 않고 여러 번 주위를 빙빙 돈다. 한 문장을 끝내지 않고 계속 다른 문장으로 전환할 것이다. 그들은 요점 1에서 3으로 갔다가 다시 2

로, 4로 갔다가 5로 가는 경향이 있다. 이것이 그들에게는 완벽하게 이해된다. 어떤 질문을 하거나 새로운 생각을 나눌 때, 그들은 먼저 세부적인 것들을 말한 다음에 주제를 찾아낸다.

지금 이 두 가지 유형이 익숙하게 들리는가? 어쩌면 당신은 둘 중 하나에 속할 수 있으나, 완전히 그렇지도 않을 것이다. 당신은 두 가지 능력이 다 있지만, 한 가지가 당신이 선호하는 것이거나 당신의 강점일 것이다. 당신은 자신이 선호하지 않는 것을 사용하는 법을 생각보다 더 많이 배울 수 있다. 이렇게 함으로써 당신은 어쩌면 당신과 정반대인 사람에게 맞춰가는 것이다.

우리가 좀 더 화합할 수 있는 법을 보여주는 또 다른 예가 있다. 우리는 상대방이 보고, 듣고, 느끼는 취향을 고려해야 한다. 이 취향은 어떤 사람이 가장 잘 배우는 방식과 관련이 있다. 당신이 선호하는 것이 무엇인지 알고 있는가? 당신의 배우자가 선호하는 것은 알고 있는가? 각 사람에겐 우세한 감각이 있고, 당신은 그 감각을 통해 서로 소통하는 것을 좋아한다. 그러나 당신이 배우자의 소통 방식에 맞출 수 있으려면 이런 것들을 인식할 필요가 있다.

'시각적인 사람'은 자기에게 보이는 것에 의해 주변 세상을 이해한다. 이것은 그 사람이 가장 잘 배우는 방식이며 인구의 70퍼센트는 시각적이다. 그는 상상할 때 마음속으로 그려보고, 회상할 때는 어떤 장면을 떠올린다. 눈으로 세상을 경험한다. 그는 영화, TV, 스포츠 행사, 사람들,

미술전시회, 박물관, 풍경 등을 주로 보는 사람이다. 아마도 책을 읽고, 보기 좋은 물건들을 수집하며, 사진을 찍고, 당신을 바라보는 것을 좋아할 것이다. 그는 종종 자신이 다른 사람들에게 어떻게 보일지에 신경을 쓴다.

시각적인 사람은 자기가 어떻게 느끼는가보다 무엇이 어떻게 보이는지에 대해 이야기한다. 종종 속상할 때 문제에 대해 이야기하기보다 뒤로 물러나 혼자 고민하는 경향이 있다. 당신은 이런 사람을 알고 있는가? 시각적인 사람들은 전화로 말하는 것보다 직접 대화하는 것을 더 좋아하며 문자 메시지에 잘 대답한다.

어떤 사람이 시각적인 사람인지 어떻게 알 수 있을까? 그들이 사용하는 단어들을 잘 들어보라. 다음은 시각적인 사람이 자주 사용하는 문장들이다.

"나의 관점에서는…."
"네가 무엇을 겨냥하는지 보여."
"그것은 확실해 보여."
"내게 정말 명백해."
"네가 묘사하는 것은…."
"나는 몰라. 아무것도 떠오르는 게 없어."
"네가 말하려는 것을 내게 보여줘."
"여기에는 명백한 패턴이 있어."
"내게 분명해지기 시작했어."

당신은 시각적인 사람에게 대답할 때, 다음과 같은 문장들을 사용할 수 있다.

"네 관점이 보이기 시작했어."

"내겐 그것이 좋아 보여."

"너와 함께 나누는 것들이 정말로 나의 하루를 환하게 밝혀줘."

"너도 알다시피, 난 그걸 마음속에 그려볼 수 있어."

"네 뜻이 뭔지 알겠어."

특히 새로 만나는 사람일 때 시각적인 단어들을 사용하는 연습을 하라. 시각적인 단어들을 죽 적어보라. 많으면 많을수록 좋다. 그리고 시각적 성향이 강한 파트너와 대화할 때 그 단어들을 어떻게 사용할지 궁리하라. 평소에 당신이 "아주 좋은 느낌인데"라고 말한다면, 시각적인 사람과 이야기할 때는 "아주 좋아 보이는데"라고 바꿔보라.

시각적인 사람과 결혼할 예정이라면 그들의 지배적인 지각 방식에 적응해야 한다. 예를 들어, 거실에 놓을 새 의자를 살 계획이 있다면 당신은 그 의자가 얼마나 편안한지뿐만 아니라 그로 인해 거실의 모습이 어떻게 더 좋아질지를 의논하라. 전화도 없고 사람들도 거의 없는 곳에 가서 조용히 쉬다 오고 싶으면 그에게 그곳의 경치가 얼마나 좋은지를 강조하라. …

'청각적인 사람'은 삶에 대해 듣기를 원한다. 이 사람은 청각을 통해 가장 잘 배우며, 인구의 20퍼센트는 청각적인 범주에 속한다. 이 사람은 보이는 것보다 소리에 더 공감한다. 책을 읽을 때도 그림을 보기보다 침묵 속에서 듣는다. 당신은 그 사람에게 보여주는 것보다 말을 더 많이 해야 한다. 이 사람은 어떤 것을 보는 것보다 그것에 대해 이야기하는 것을 더 좋아한다. 청각적인 배우자에게는 긴 대화가 중요하며, 그들은 들은 것을 다른 사람들보다 더 잘 기억하는 경향이 있다. …

당신이 감정을 나누기 원한다면 당신이 느끼는 것을 언어로 표현할 때 청각적인 사람이 가장 잘 이해할 것이다. 청각적인 사람들은 말한 것과 말하지 않은 것을 똑같이 들으며, 음색의 변화와 목소리의 억양을 예리하게 알아차린다.

청각적인 사람들은 두 부류로 나뉜다. 어떤 이들은 침묵의 순간들을 말소리, 오디오 소리, 콧노래 같은 소리로 채워야 할 것 같은 의무감을 느낀다. 그러나 어떤 이들은 조용한 것을 더 좋아한다. 왜 청각적인 사람이 침묵을 선택하는 것일까? 많은 이가 내면의 대화를 계속 하고 있기 때문에 외적인 소리들이 방해가 되는 것이다. 때로는 이렇게 조용하면서 청각적인 사람이 간헐적으로 내뱉는 대답들이 이해가 안 될 수도 있다. 그 사람의 머릿속에서 진행되는 대화가 다 전달되지 않기 때문이다.

청각적인 사람과 연애할 때는 반드시 "사랑해"라는 말을 거듭 반복해야 한다. 그러나 그 말을 얼마나 자주 하는가만큼 중요한 것이 어떻게 하는가이다. 당신의 사랑을 가장 잘 전달하는 단어, 문구, 어조들을 발견하여 자주 사용하라.

다음은 청각적인 사람이 사용하는 단어와 문구들이다.

"그것 참 듣기 좋은 말이다."

"이것에 대해 다시 이야기해보자."
"내 귀에 들리는 음악 같은 좋은 소리야!"
"사람들은 그가 이야기할 때 듣지 않는 것 같아."
"화음은 내게 참 중요해."
"네 목소리가 종처럼 맑게 들려."
"그것에 대해 좀 더 말해줘."
"그 제안에 대해 의논하게 내게 전화해줘."
"네 목소리가 크고 청아하게 들려와."

청각적인 사람들에게 어떤 대답을 해야 할까? 그들과 똑같은 유형의 단어와 문구들을 사용해야 할 것이다. "나랑 같이 새로 나온 영화를 보러 갈래?"라고 묻는 대신 "새 영화 음악을 들으러 가는 건 어때?"라고 물으라.

당신은 이렇게 말할지 모른다.

"우리가 서로 대화하는 방식을 바꾼다는 건 많은 노력이 요구되는 무의미한 게임처럼 들립니다."

노력이 필요한 것은 맞다. 그런데 게임은 아니다. 효과적인 커뮤니케이션을 하려면 파트너의 특성에 세심한 주의를 기울이며 부지런히 맞춰가야 한다. 새로운 대화 방식을 배움으로써 우리의 틀에 박힌 대화 방식에서 나와 좀 더 융통성 있는 사람이 된다. 당신의 대화 방식을 바꾸는 것이 그 사람의 주의를 끌 것인지 무시당할 것인지를 좌우할 수 있다. …
어떤 사람들은 매우 감정 중심적이다. 주로 남자들보다는 여자들이 그런 경우가 더 많다. (감정 중심적인 사람들은 훨씬 더 많지만 배움에 관하여 이러한 유형에 속하는 사람들은 10퍼센트에 지나지 않는다. 따라서 시각적인 사람도 매우 감성적일 수 있다.) '감정 중심적인 사람'은 많이 접촉하는 경향이 있다. 그들은 종종 깊은 관계들을 발전시키기 원한다.

감정 중심적인 사람들은, 비록 그들 중 많은 이가 자신의 감정을 언어로 잘 표현하지는 않지만, 종종 자신의 감정을 드러낸다. 당신은 대개 그들의 얼굴에 나타난 행복, 슬픔, 분노, 사랑, 기쁨을 읽거나 그들의 목소리 톤에서 이러한 감정들을 들을 수 있다. 또한 그들은 다른 사람들이 그들에 대해 어떻게 느끼는지에 관심이 있다. 자신의 감정을 언어로 잘 표현할 수 있는 감정 중심적인 사람은 함께 살기에 가장 편안한 남편이 될 수 있다.

감정 중심적인 사람은 종종 다음과 같은 단어와 문구들을 사용한다.

"이것에 대해 좋은 느낌이 들어."

"난 그것에 대한 감각이 있어."

"너와 더 가까워지고 싶어."

"그 사람은 참 감수성이 풍부해."

"난 오늘 정말 행복해. 어제는 행복하지 않았어."

"네 곁에 있는 게 좋아."

당신은 또한 감정적인 사람에게 '촉감, 긴장, 압력, 상처, 민감한, 부드러운, 매끄러운, 편안한' 같은 단어들을 들을 것이다. 시각적인 사람은 "보기 좋다"라고 말하고 청각적인 사람은 "듣기 좋다"고 말하는 반면에, 감정적인 사람은 "느낌이 좋다"라든가 "마음에 든다" 또는 "당신이 어떤 기분인지 이해한다"라고 말한다.

당신의 파트너가 시각적인 사람이라면 마음을 열고 감정적인 차원에서 반응하도록 요구하지 말라. 그 혹은 그녀는 시각적 차원에서 당신과 교감해야만 편안함을 느낀다. 만약 시각적인 스타일로 점차 감정을 공유한다면 파트너도 당신과 교감하기 시작할 것이다. 시각적인 사람에게 자신의 감정을 말로 표현하는 것은 항상 가장 쉬운 일이 아니다.

당신의 파트너가 자기 감정을 표현하지 않더라도 당신이 그의 감정을 알 수 있다는 사실을 설명하라. 먼저 그들의 느낌보다는 어떻게 보이는지를 물으라. 시간이 지나면 "당신이 나의 감정적인 단어들을 사용한다면 그것을 어떻게 표현하겠어요?"라고 물을 수 있다. 그러면 당신의 파트너가 그렇게 할 수 있을지도 모른다.[4]

감정적인 화합

감정적인 화합은 매우 중요한 결합이다. 감정적인 화합이 없거나 그 가능성이 없다면 결혼하더라도 다음과 같은 일들이 일어날 수 있다.

첫째, 당신들은 결국 따로따로 존재하는 한 쌍의 결혼한 싱글이 될 수 있다.

둘째, 당신과 당신의 배우자는 감정적으로 굶주리게 되고 불륜에 빠지기 쉽다.

셋째, 결국 이혼하게 될 수도 있다.

나는 위의 모든 일이 일어나는 것을 보았다. 때로는 한 부부에게 세 가지 일이 모두 일어나기도 한다. 그것은 매우 슬픈 일이다. 그런 결혼생활에서 발생할 수 있는 공허감의 깊이를 가장 생생하게 보여주는 서술적 묘사는 텍사스의 샌 안토니오(San Antonio)에 있는 한 묘비명에서 볼 수 있다. 그것은 맥스 루케이도의 책 《그 금요일의 여섯 시간》에 묘사되어 있다.

그때 나는 그것을 보았다. 그것은 묘지의 북쪽 끝에 있는 한 묘비에 새겨져 있었다. 그 묘비는 그레이스 플리웰렌 스미스의 몸의 종착지를 나타낸다. 출생일도, 사망일도 적혀 있지 않다. 다만 그녀의 두 남편 이름과 이 비문만 새겨져 있다.
"잠들었으나 편히 잠들지 못한다.
사랑하지만 사랑받지 못했다.
기쁘게 해주려고 애썼지만 기쁘지 않았다.
그녀는 살아 있을 때처럼 죽었다 - 외롭게."[5]

많은 사람이 이렇게 살았지만, 당신도 그것을 원하는지 의문이다. 나는 결혼 전 상담을 할 때 어떤 커플들에게 감정적 친밀감이 존재하지 않는지, 혹은 결혼생활에 친밀감이 없을 가능성이 명백한지 미리 예측할 수 있다. 어떤 커플들은 이것에 충격을 받는다. 감정적 친밀감이 생길 때까지 노력하는 커플들도 보았고, 어떤 커플들은 결혼식을 미루고 다시 생각해보기도 했고, 헤어지는 이들도 있었다.

여자들은 감정을 나누고 그들의 환경에 감정적으로 적응해가는 것을 더 잘하는 경향이 있다. 그들에게는 직관적 감각이 있다. 하나님께서 그렇게 만드셨기 때문이다. 그리고 사회는 이런 성향을 더 권하고 강화한다. 남자들은 다른 강점들이 있으며 삶의 이 영역에서 노력해야 한다. 보통 그것은 자연스럽게 되지 않는다. 대부분의 남자는 감정적으로 불리하게 양육되었다. 우리는 본받을 만한 좋은 롤 모델이 없었고, 우리의 감정을 인식하도록 격려 받지 못했으며, 감정 표현에 사용할 어휘력도 기르지 못했다. 그러나 누구나 마음만 있으면 배울 수 있기에, 이 문제는 해결할 수 있다.

아마도 비감정적인 사람들은 감정 중심적인 파트너를 절대 따라가지 못할 것이다. 그러나 그들이 감정적으로 화합할 수 있을 만큼은 발전할 수 있다. 나는 남성들에게 결혼 전에 게리 스몰리의 《아내가 바라는 남편》을 참고하라고 권한다. 이 책은 많은 결혼생활에 중요한 변화를 일으켰다.

영적인 화합

감정적인 것보다 훨씬 더 중요한 것이 영적인 차원이다. 그러나 화합이 이루어지려면 두 사람이 예수 그리스도를 자신의 구주와 주로 알고 사랑하는 것 이상의 것이 필요하다. 당신이 이 부분에서 화합한다 해도 모든 갈등이 사라지리라는 법은 없기 때문이다. 이것은 단지 한 영역에 불과하다.

영적으로 화합하는 것은 단지 두 사람이 같은 교회에 다니는 것, 일주일에 세 번 교회에 가는 것을 좋아한다는 것, 또는 같은 영적 은사가 있다는 것으로 측정되지 않는다. 당신의 믿음의 경험과 표현과 관련하여 당신의 독특한 특성들이 나타난다. 서로 다른 점이 많다고 해서 그것이 화합을 무효화하지는 않는다.

나의 관점에서 바라보는 영적인 화합은 믿음이 중요하다는 것이다. 이 믿음에는 각 사람이 예수 그리스도와 인격적인 관계를 맺는 것이 포함되며, 그 안에는 그리스도를 따르고자 하는 갈망과 다른 사람들도 그를 알게 되기를 바라는 마음이 담겨 있다. 각 사람이 자신의 삶의 지침서로서 성경에 두는 중요성과 가치는 화합의 한 부분이다. 그러나 이것 역시 다양성을 감안한다.

한 사람은 환란 전 휴거를 믿고 다른 한 사람은 환란 후 휴거를 믿지만, 두 사람은 차이점이 있는 한 영역에서 서로의 관점을 존중할 수 있다. 한 사람은 하루에 30분씩 성경을 읽고 다른 한 사람은 5분씩 읽을 수도 있다. 한 사람은 하루 종일 기독교 라디오 방송을 듣고 다른 한 사람은 가끔씩 들을 수도 있다. 이런 차이점들은 영적 성숙도나 화합을 평가하는 척도가 아니다. 당신은 즐겨 듣는 기독교 음악의 유형, 좋아하는 설교자, 예배 형태 등과 같은 각 영역에서 상대방의 영적인 특성을 존중하는가?

핵심 문제는 영적 생활에 대해 서로 대화를 나눌 수 있는 능력이라고 믿는다. 당신들은 함께 성경에 대해 토론하거나 성경 공부를 할 수 있는가? 서로 기도 제목을 나누고 서로를 위해, 그리고 함께 기도할 수 있는가? 영적인 생각이나 염려, 또는 믿음을 나눌 때 어떤 망설임이나 저항감이 있는가? 각 사람은 서로 영적으로 성장하도록 적극적으로 격려하는가? 서로의 영적 은사를 고려하고 영적인 화합의 의미를 강화하고 나타내도록 서로 격려하는가? 결혼 전에 두 사람을 서로 끌리게 하는 요소 중 하나로서 이것이 발전하는 모습을 보는 것이 가장 좋다.

마지막으로 생각해보아야 할 것은 당신의 결혼생활을 위한 사명문을 작성하는 것이다. 교회들은 그들의 목적이나 목표가 무엇인지를 나타내는 성명서를 만든다. 결혼생활의 영적 목적과 방향을 나타내는 사명문은 두 신자가 오랫동안 결혼생활을 하면서 영적으로 흔들리지 않게 지켜줄 것이다.

서로의 기대와 목표를 확인하라

생각해보아야 할 또 다른 영역은 전반적인 가치관과 목표의 영역이다. 결혼 전 상담에 포함된 배움의 경험 중 하나가 각 사람이 결혼생활에 대한 자신의 기대와 목적들을 확인하게 하는 것이다. 미리 이렇게 함으로써 각 사람에게 중요한 것이 무엇이며 그들이 바라보는 결혼생활의 방향이 어느 쪽인지를 명확히 알게 된다.

당신은 이것을 혼자 하고 싶을지도 모른다. 그러나 각자 결혼생활 자체는 물론 잠재적 배우자를 향한 기대들을 20~25가지 적어보는 것부터 시작하라. 그다음에 각 목록을 보면서 다음 질문들에 답해보라(이것은 약혼한 커플을 위해 작성됐다).

1. 우리는 둘 다 이 영역에서 기대가 있는가?
2. 애인을 향한 기대를 똑같이 나 자신에게도 갖고 있는가? 그렇지 않은 이유는 무엇인가?
3. 서로를 향한 우리의 기대는 어떻게 비슷한가, 혹은 어떻게 다른가?
4. 누구의 기대가 더 강한가?
5. 누구의 기대가 가장 자주 충족되는가? 그 이유는 무엇인가? 그 사람이 더 나이가 많고, 강하고, 더 똑똑하고, 남자고, 좀 더 힘이 있기 때문인가?
6. 나의 기대들은 어디서 비롯되는가? 부모님, 책, 교회, 형제자매들, 내가 자라온 동네에서 온 것인가?
7. 나의 기대들은 내 애인의 기대들보다 더 성취할 가치가 있는가?
8. 내가 아는 모든 사람이 한 영역에서 같은 기대들을 품고 있는가?
9. 나는 그 기대들을 품을 자격이 있는가?
10. 나는 미래의 배우자가 품은 기대에 부응하는 삶을 살 의무가 있는가?[6]

이제 각 기대들을 살펴보며 다음 질문들에 답하라.

1. 애인을 향한 나의 이 기대는 객관적인 사실에 의거한 것인가? 그가 이렇게 행동해야 하는 것이 객관적으로 맞는가?
2. 이 기대가 충족되지 않으면 나는 어떤 식으로든 상처를 받는가?
3. 이 기대는 내가 나의 결혼생활을 향해 품는 어떤 구체적인 목적의 달성에 반드시 필요한 것인가?
4. 이 기대는 내 미래 배우자가 나에 대해 인식하는 데 어떤 영향을 끼치는가?
5. 이 기대는 내가 결혼생활에서 나의 배우자와 나에게 원하는 감정적 반응에 도달하도록 도와주는가?[7]

기대들을 평가하는 것은 두 사람을 갈라놓을 수 있는 차이점들을 해결하는 한 방법이다. 당신은 두 사람 모두를 만족시킬 해결책을 찾아낼 수 있다. 모든 것을 평가하고 명확히 해야 한다. 정말로 '모든 것'을! 여기에는 식성, 요리 스타일, 깔끔함의 정도, 잠자리에 드는 시간, 함께 자는지 따로 자는지, 인테리어 장식의 취향, 선물을 사는 데 쓰는 비용, 생일이나 기념일을 기억하는 것을 얼마나 중요시하는지, 집안의 소음 수준, TV를 보는 빈도와 프로그램의 유형 등이 포함된다.

별 것 아닌 것처럼 들릴지 모르지만, 얼마나 많은 부부가 이런 갈등으로 헤어지는지 알면 놀랄 것이다. 어떤 항목이나 문제가 당신에게 그다지 중요하지 않더라도 당신의 파트너에겐 중요하다면 당신에게도 더 중요해져야 한다. 이것은 당신이 성장하고 배워가는 과정의 일부이다.

그다음에 당신의 목표들을 기록하고 함께 의논하라. 목표는 당신이 달성하기 원하거나 일어나기 바라는 일임을 명심하라. 그것은 믿음을 포함하는 성명서이다. 예수님은 "믿음은 바라는 것들의 실상"(히 11:1)이라고 하셨다. 우리는 모두 목표와 꿈이 있다.

목표는 당신에게 방향감각을 준다. 목표는 미래 지향적이므로 당신을 현 상황의 어려움들로부터 끌어올려줄 수 있다. 당신의 초점이 미래를 향한 긍정적인 희망에 맞춰질 수 있다. 크리스천으로서 우리는 현재와 미래에 살고 있다. 성경은 우리에게 삶에 대한 목적과 방향을 갖도록 권면한다.

"뒤에 있는 것은 잊어버리고 앞에 있는 것을 잡으려고 푯대를 향하여… 달려가노라"(빌 3:13,14).

"사람이 마음으로 자기의 길을 계획할지라도 그의 걸음을 인도하시는 이는 여호와시니라"(잠 16:9).

일단 목표를 정했으면 우리의 걸음은 하나님의 인도를 받을 수 있다. 목표는 당신이 시간을 더 효율적으로 사용하도록 도울 것이다. 중요한 것과 그렇지 않은 것을 구분하도록 만들기 때문이다. 당신이 하려는 것, 또는 해야 하는 것이 무엇인지 알면 곁길로 새는 것을 더 쉽게 막을 수 있다.

나는 내 시간을 사용해야 하는 사역들을 감당하고 있다. 얼마 전에는 매달 설교 사역에 얼마큼의 시간을 쓸 수 있는지, 이 사역 기간 내에 꼭 달성해야 할 일이 무엇인지, 그 목표를 달성하기 위한 최선의 방법은 무엇인지 결정했다. 이제는 나를 향한 요구들을 평가하여, 하나님께서 인도하시는 본래 목적에서 멀어지게 하는 것들은 거절하기가 훨씬 더 쉬워졌다.

우리는 목표를 정할 때 그것이 성취할 수 있고 측정할 수 있는 미래의 사건이라는 것을 알아야 한다. 내가 수영을 잘하고 싶다고 말한다면 한 가지 목적을 말한 것이다. 만일 내가 7월 1일까지 올림픽 경기장 크기의 수영장에서 6번 왕복할 수 있게 되기를 원한다고 말한다면, 나는 하나의 목표를 말한 것이다.

다음은 잘 쓰인 목표들의 특성이다.

1. 목표는 최종 결과와 관련하여 기술해야 한다.
   예 일주일에 두 시간은 아내와 마주 보며 대화를 나눈다.

2. 목표는 일정한 기간에 달성할 수 있어야 한다.
   예 '~까지' 일주일에 두 시간은 아내와 마주 보며 대화를 나눈다.

3. 목표는 해당되는 양과 관련하여 정확하게 기술해야 한다.
   예 ~까지 '일주일에 두 시간은' 아내와 마주 보며 대화를 나눈다.

4. 목표는 몇 가지보다 한 가지 중요한 목표나 진술문으로 표현해야 한다.

하나님의 뜻을 어떻게 알 수 있을까?

당신과 당신의 잠재적 배우자가 서로 잘 맞는다고 느끼는지의 여부에 대해 결정적인 요인이 하나 더 있다.

"이 모든 논의 안에 하나님의 뜻은 어디에 있는가?"

이것은 중심이 되는 가장 중요한 면이다. 하나님의 뜻을 알아나가는 과정에 포함된 몇 가지 단계를 살펴보자.

첫 번째 단계는 당신의 삶을 향한 하나님의 뜻을 갈망하는 것이다. 이것은 당신의 삶을 하나님께 내어드리고 인도자가 되어달라고 간구하는 것을 의미한다. 드렉 프린스는 그의 책에서 당신이 하나님께 굴복할 때 일어나는 일에 관해 다음과 같이 말한다.

> 당신이 굴복할 때, 하나님께서는 당신 자신의 의지적 노력으로는 절대 달성할 수 없는 일을 당신을 위해 이루어주실 것이다. 그는 당신의 마음을 새롭게 해주실 것이다. 당신의 목표, 가치관, 태도, 우선순위들을 포함한 당신의 사고방식을 바꿔주실 것이다. 모든 것이 하나님 그분의 것들과 조화를 이루게 될 것이다.
>
> 이 내적인 변화는 당신의 외적인 행동으로 나타날 것이다. 당신은 더 이상 주변의 회개하지 않은 사람들처럼 행동하며 '순응'하지 않을 것이다. 그 대신 '변화'될 것이며 당신의 행동으로 하나님의 본성과 성품을 나타내기 시작할 것이다.
>
> 이렇게 마음이 새로워지는 것을 경험하기 시작할 때까지, 당신은 하나님

께서 당신을 위해 계획해두신 많은 놀라운 일을 발견할 수 없다. 로마서 8장 7절에서 바울은 새로워지지 않은 낡은 생각을 '육신의 생각'이라고 칭하며 이는 "하나님과 원수가 되나니 이는 하나님의 법에 굴복하지 아니할 뿐 아니라 할 수도 없음이라"라고 했다. 하나님께서는 그와 원수된 마음에 그의 비밀을 드러내시거나 그의 보물들을 보여주지 않으실 것이다. 그러나 당신의 마음이 새로워질 때, 하나님께서 당신을 위해 계획하신 모든 것을 발견하기 시작할 것이다.

이렇게 당신의 새로워진 마음에 하나님의 계획을 보여주시는 것은 점진적으로 일어날 것이다. 바울은 그것을 '선하신', '기뻐하시는', '온전하신'이라는 세 단어로 나타낸다.

당신이 제일 먼저 발견하는 것은 당신을 위한 하나님의 계획이 늘 선하다는 사실일 것이다. 하나님께서는 결코 그의 자녀들에게 해롭거나 나쁜 것을 계획하지 않으신다. 하나님의 계획은 선할 뿐만 아니라 또한 그가 기뻐하시는 것이다. 하나님께 온전히 복종하는 것은 다른 방법으로는 절대 경험할 수 없는 도전과 기쁨들이 가득한 삶으로 들어가는 관문이다.

오랫동안 나는 이렇게 하나님께 굴복한 많은 크리스천을 만났다. 그러나 그것을 후회하는 사람은 아직 한 명도 보지 못했다. 한편, 하나님께 굴복하라는 도전을 받았으나 거부했던 다른 크리스천들도 알고 있다. 그들은 거의 예외 없이 좌절했고 성취감을 느끼지 못했다.

계속해서 하나님의 계획들을 발견해갈 때 당신은 선하시고 기뻐하시는 것을 넘어 온전하신 뜻을 알게 될 것이다. 완전히 받아들였을 때 하나님의 계획은 온전하다. 완벽하다. 누락된 것이 없다. 당신의 삶의 모든 영역을 포함하며, 모든 필요를 충족시키고, 모든 열망을 만족시켜준다.

결혼이 당신을 위한 하나님의 계획의 한 부분이라면 하나님께서 당신과 당신의 짝을 위해 모든 세세한 일을 이루어주실 것을 믿을 수 있다. 그분은 당신에게 꼭 맞는 사람을 만나게 하실 것이며, 당신들은 함께 하나님께서 본래 계획하신 결혼생활을 경험하게 될 것이다. 이것은 세상이 꿈꿔왔던 것보다 더 높은 차원에서 이루어질 것이다.[8]

두 번째 단계는 삶의 모든 영역에서 하나님의 뜻에 순종하는 것이다.

"주의 말씀은 내 발에 등이요 내 길에 빛이니이다"(시 119:105).

세 번째 단계는 신자들과의 관계를 성장시키는 것이다. 결혼은 기존 관계들에서 발전하는 경향이 있기 때문이다. 이것은 비크리스천과의 결혼을 방지하는 보호장치이다.

"그가 빛 가운데 계신 것같이 우리도 빛 가운데 행하면 우리가 서로 사귐이 있고…"(요일 1:7).

네 번째 단계는 성령님의 인도하심을 구하는 것이다. 성령님께 의지한다고 고백하고 성령님의 인도하심에 민감하게 반응하라. 보통 성령님의 인도하심은 조용하고 부드럽다.

"무릇 하나님의 영으로 인도함을 받는 사람은 곧 하나님의 아들이라"(롬 8:14).

또 다른 단계는 당신이 마음에서 몰아내는 것과 마음속으로 받아들이는 것을 유심히 살피는 것이다. 당신이 환상이나 음란물에 빠져 있다면 이런 것들이 당신이 찾는 것에 대한 관점을 왜곡시킬 수 있다. 또한 가벼운 불장난과 피상적이거나 육체적인 관계에 근거하여 관계를 발전시키는 것은 당신이 찾는 사람을 찾지 못하게 만들 수 있다.

"모든 지킬 만한 것 중에 더욱 네 마음을 지키라 생명의 근원이 이에서 남이니라"(잠 4:23).

가장 어려운 단계 중 하나는 기꺼이 하나님을 기다리는 것이다. 우리는 마음이 급해지고 독자적으로 행동하려고 한다. 그러나 당신이 기다릴 때, 당신의 믿음이 시험을 받을 뿐만 아니라 당신의 동기도 정결케 된다. 이것은 또한 성숙한 인격 특성을 형성한다.

"이는 너희 믿음의 시련이 인내를 만들어 내는 줄 너희가 앎이라 인내를 온전히 이루라 이는 너희로 온전하고 구비하여…"(약 1:3,4).

기다림은 기분과 감정의 일부가 될 수 있는 변덕스러운 왜곡들을 극복한다. 이 구절이 우리에게 중요한 사실을 상기시켜준다.

"주 외에는 자기를 앙망하는 자를 위하여 이런 일을 행한 신을 옛부터 들은 자도 없고 귀로 들은 자도 없고 눈으로 본 자도 없었나이다"(사 64:4).

친구들과 가족 같은 다른 사람들의 지혜를 구하라. 세상적인 연구도 이렇게 하는 것이 지혜롭고 가치 있는 일임을 보여주었다.

"미련한 자는 자기 행위를 바른 줄로 여기나 지혜로운 자는 권고를 듣느니라"(잠 12:15).

"아비의 훈계를 업신여기는 자는 미련한 자요 경계를 받는 자는 슬기를 얻을 자니라"(잠 15:5).

마지막으로, 아내나 남편을 선물로 주시는 이는 하나님이심을 명심하라. "무엇이 하나님을 기쁘시게 할까?"라는 질문을 가지고 모든 상황과 결정에 접근하라.9

"또 여호와를 기뻐하라 그가 네 마음의 소원을 네게 이루어주시리로다"(시 37:4).

"아내를 얻는 자는 복을 얻고 여호와께 은총을 받는 자니라"(잠 18:22).

하나님의 뜻을 발견하기 위한 원칙들

당신은 "하나님의 뜻을 발견하기 위해 따를 다른 지침이나 원칙들이 있습니까?"라고 물을지 모른다. 이 과정을 바라보는 다른 관점이 여기에 있다.

짐 돕슨은 하나님의 뜻을 알기 위한 몇 가지 기본 원칙들을 제시했다. 이 원칙들은 어떤 사람이 결혼에 관해 갖는 모든 느낌에 적용되어야 한다.

첫째, 그 느낌은 성경적인가? 하나님에게서 오는 인도는 항상 하나님의 뜻과 일치한다. 어떤 크리스천이 비크리스천과의 결혼을 고려한다면 하나님의 뜻을 구하는 기도를 드릴 필요가 없다. 이 상황에 관하여 성경은 분명히 밝히고 있기 때문이다. 성경을 찾아볼 때는 문맥 속에서 구절을 보아야 한다. 무작위로 구절을 찾아보면 안 된다.

둘째, 그것은 하나님의 섭리인가? 모든 느낌은 하나님의 섭리에 의한 상황들에 비추어 숙고해보아야 한다. 꼭 필요한 문들이 열려 있는가 닫혀 있는가? 하나님께서 사건들을 통해 말씀하고 계신가?

셋째, 그 느낌은 합리적인가? 이치에 맞는가? 그것을 요구하는 것이 하나님의 성품과 일치하는가? 어떤 사람이 다른 사람과 결혼하는 것에 대해 수많은 감정이 뒤섞여 있다면, 다가올 일들에 대해 마음의 평안이 없다면, 그리고 대다수의 친구와 친척이 결혼을 반대한다면, 그 결정은 다시 생각해보아야 한다.[10]

관점이 약간 다르긴 하지만, 한 상담가는 크리스천이 자신의 의사결정 능력을 확인하기 위해 귀 기울일 수 있는 5가지 목소리를 발견하여 전해주었다. 어느 한 가지 목소리가 인생의 동반자를 선택하는 무거운 책임을 다 짊어져서는 안 된다.

첫 번째 음성은 성경 자체의 음성이다. 우리가 생의 동반자를 선택하려 할 때 성경이 가져다주는 균형은 우리가 삶의 모든 영역에서 균형을 유지하도록 이끌어준다. 우리는 우리와 접촉하는 많은 개인에게 빠지기 쉽다. 그 사람들과 완전히 사랑에 빠졌다고 생각하기도 쉽다. 우리는 신자들과 불신자들에게 똑같이 매력을 느낄 수 있다. 그러나 성경은 우리에게 신자가 어떤 사람과 결혼해야 하는지에 대해 제대로 알도록 도와준다. 성경은 분명히 말한다.

"너희는 믿지 않는 자와 멍에를 함께 메지 말라 의와 불법이 어찌 함께하며 빛과 어둠이 어찌 사귀며"(고후 6:14).

결과적으로 크리스천은 믿는 자를 동반자로 택하는 것 외에는 진정한 자유가 없다.

두 번째 음성은 하나님의 성령이 내면에서부터 우리를 인도하시는 '작고 세미한 음성'이다. 즉 '네가 하려고 하는 일이 옳다'라고 말하는 내적인 느낌이다. 생의 동반자를 택하는 것과 같은 중요한 결정에 대해 하나님의 뜻을 알아볼 때는 각각의 음성을 다른 음성들과 함께 주의 깊게 점검해보아야 한다는 것을 명심하라.

세 번째 음성은 섭리적이고 경험적인 상황들에 근거한 것이다. 이 음성은 우리가 연애 기간을 거치면서 이 사람이 하나님께서 우리의 동반자로, 우리 아이들의 부모로, 평생 우리를 부양하고 보살펴줄 사람으로 부르신 파트너일지도 모른다는 사실이 점점 더 명확해질 때 들린다.

네 번째 음성은 종종 우리 자신의 감정들에서 형성된 감방에 갇혀 있다. 사랑이 들어오면 이성은 문 밖으로 날아간다는 말이 있다. 우리는 우리가 택할 사람에 대해 좀 더 깊이 생각하고 기도할 필요가 있다. 그리고 궁극적으로 누가 우리 생의 동반자가 될지는 우리의 선택에 달렸다.

다섯 번째 음성은 사실상 여러 음성의 합창일 것이다. 그것은 우리의 삶 속에서 중요한 역할을 하는 다른 사람들이 제공해주는 긍정과 확신이다.

이 모든 제안에 대해 생각해보라. 이것들과 함께 당신이 그 특별한 사람과 어떻게 화합을 이룰 것인가를 같이 생각해보아야 한다.

하나님께서는 당신의 삶을 위한 모든 계획과 목적을 이루기 원하신다는 사실을 명심하라. 또한 드렉 프린스가 한 말을 좀 더 살펴보자.

"지금부터 당신은 당신 혼자만의 결정을 내리는 것이 아니라는 것을 기억하라. 당신은 하나님의 결정들을 발견하고 그것을 당신의 것으로 만드는 것이다."

또 기억해야 할 것이 한 가지 더 있다.

"하나님께서는 선택을 그분께 맡기는 자들에게 하나님의 가장 좋은 것을 주신다."[11]

chapter 11
두 번째 도전

"노먼, 저 결혼합니다, 또다시. 제가 알아야 할 것이 뭐가 있을까요?"

이것은 흔한 질문이고, 인상적인 질문이며, 압도적인 질문이다. 그것은 분명 대답해주어야 하고 대답할 가치가 있기도 하다. 당신은 재혼하거나 재혼인 사람과 결혼할지도 모른다. 혹은 이 장이 당신과 전혀 관련이 없을 수도 있지만, 당신의 친구에게 도움이 될 수도 있을 것이다.

이 장에서 다룰 내용은 과거의 결혼생활에 대해 당신을 좌절시키거나 낙심시키려는 것이 아니다. 단지 당신의 삶과 새로운 관계를 충분히 인식하고 책임질 수 있도록 미리 준비시키기 위한 것이다.

당신이 다시 결혼할 준비가 되었다면 이는 곧 대부분의 사람이 이혼하는 동안과 그 후에 경험하는 어둡고 혼란스럽고 두려운 골짜기에서 나왔음을 의미한다. 당신이 전 배우자에게 괴롭힘을 당하지 않고 당신의 삶을 재조정할 수 있었기를 바란다. 내가 본 많은 이혼은 둘로 나뉜 나라를 떠오르게 하지만, 한 사람이 다른 한 사람에게 게릴라전 공격을 가한다.

많은 경우에 이혼은 당신에게 끔찍한 패배감과 죄책감을 남길 수 있다. 다시 안정된 삶으로 돌아가는 길을 찾는 것이 당신을 완전히 지치게 하여 온전한 정신과 능력이 의심스러워질 수도 있고, 또는 더 강하고 지혜로워질 수도 있다. 당신은 첫 번째 결혼생활을 할 때와 다른 사람이 될 것이다. 이혼과 재혼 사이의 기간은 당신의 삶에서, 특히 당신의 미래를 위해 지극히 중요한 시간이다. 심한 충격에서 회복되는 것이 결코 쉽지 않으며, 한동안은 종종 두 걸음 전진했다가 한 걸음 물러서는 일이 반복될 것이다.[1]

회복의 네 단계

이혼 후 당신은 네 단계를 거쳤을 가능성이 크다.

첫 번째 단계는 '아픔을 기억하는 것'이었다. 새로운 관계에 대한 생각만 해도 벌어진 상처에 소금을 쏟아붓는 것 같았을 것이다. 너무 쓰라리고 아프다. 당신의 이혼은 너무 최근의 일이고 고통스러웠을지 모른다. 행복해 보이는 커플이 같이 있는 것을 볼 때마다 전반적인 감정들의 맹공격이 시작되었다. 당신은 반쪽 인간이 된 것 같았다.

그러다가 두 번째로 '다시 싱글임을 받아들이는' 새로운 단계로 들어갔다. 고통은 차츰 줄어들었고, 이 새로운 세계가 어떠한지를 보기 위해 물 위로 고개를 들어올렸다. 당신이 혼자가 아니라는 것을 발견했으나 자신이 너무 약하다고 느꼈을 것이다. 여러 질문이 떠올랐다.

"어떻게 다시 다른 사람들을 만날까? 나는 어디에서부터 잘못되었던 걸까? 내가 누군가의 마음을 끌 수 있을까? 누가 나를 원할까?"

새롭고 깊은 헌신은 상상도 할 수 없는 일이었다. 그때 가장 위험한 것은 성관계였다. 누군가와 다시 친밀감을 느끼는 것이 당신의 기독교적 가치관과 충돌했을 수도 있다.

'찾고 선택하는' 세 번째 단계에서 당신은 다시 온전해지는 것을 느끼기 시작했고 누군가를 찾는 일에 관심을 갖게 되었다. 홀로 있는 시간이 편안했고, 좀 더 많은 시간을 냈다. 하지만 새로운 사람을 만날 때마다 조심스럽게 재고 평가하는 경향이 있었을 것이다. 당신은 아직 헌신할 준비가 되지 않았지만, 친밀한 관계를 향해 나아가기 원했을 것이다.

마지막 단계는 "그래, 난 준비됐어!"라고 말했을 때다. 당신은 온전한 사람으로서 제 역할을 하기 시작했고, 독신으로 남는 것보다 결혼하는 것이 더 매력 있어 보이기 시작했다. 당신은 한 관계가 자기 속도대로 진행되도록 허용했다. 그 단계의 위험을 감수할 만큼 두려움이 줄어들었을 때 당신은 헌신할 준비가 되었다. 종종 이렇게 되기까지는 이혼 후 3, 4년이 걸린다. 첫해에 그렇게 되면 너무 빠르다. 기다림은 당신에게 반쪽 인간이 아닌 온전한 사람을 찾고 사랑하는 법을 배울 기회를 준다.[2]

이혼 후에 재혼하는 모든 사람이 첫 번째 결혼보다 더 나은 결혼생활을 바라고 기대한다고 말해도 무방할 것이다. 이러한 갈망이 그들을 자극하여, 바람을 현실로 만들기 위해 가능한 모든 조치를 취하게 하기를 바란다.

그러나 새로운 배우자에 대한 짐 스모크의 이야기들을 들어보자.

다음은 지난 몇 년 동안 내가 들어왔던 새로운 배우자를 향한 숨겨진 기대들이다. 당신의 이야기처럼 들리는 것이 있다면 감추지 말고 드러내라.

1. 전 배우자보다 나를 더 행복하게 해줄 것이다.
2. 전 배우자와 완전히 다를 것이다.
3. 항상 나를 이해해줄 것이다.
4. 전 배우자의 나쁜 습관들을 하나도 갖고 있지 않을 것이다.
5. 전 배우자보다 더 좋은 부모가 될 것이다.
6. 결코 나를 실망시키지 않을 것이다.
7. 절대 전 배우자처럼 돈 관리를 못하지 않을 것이다.
8. 나를 더 나은 사람으로 만들어주고 행복하게 해줄 것이다.
9. 예전 결혼생활에서 받은 모든 아픔과 상처가 사라지게 해줄 것이다.
10. 완벽하다.

곧 재혼할 배우자가 자신에게 이런 기대들을 품고 있다는 것을 알면 아마 나라를 떠나려 할 것이다.[3]

재혼이 어려운 이유

나는 결혼 전 상담을 받을 뿐만 아니라 재혼을 위한 준비 수업을 들으며 몇 달을 준비하는 사람들을 통해 격려를 받았다. 반면에 어떤 사람들은 무조건 더 좋을 것이라 기대하며 당당하게 다음 결혼생활로 걸어들어가는 것 같다. 하지만 두 번째 결혼은 첫 번째보다 더 어렵다. 훨씬 더 복잡하기도 하다. 당신의 첫 결혼이 힘들다고 생각했다면, 지금 일어나는 일에 깜짝 놀랄 것이다.

첫 결혼 때 당신은 당신의 파트너를 다른 누구와도 나눌 필요가 없었다. 당신의 배우자도 당신을 누구와 나눌 필요가 없었다. 하지만 둘 중 한 사람, 혹은 둘 다 자녀들이 있다면 결국 당신의 새 결혼생활을 만들어 가는 데 쓸 시간과 에너지가 50퍼센트에서 75퍼센트까지 줄어들 것이다. 관계를 형성하는 데 첫 해가 가장 중요하다는 점에서 두 번째 결혼은 첫 번째 결혼과 비슷하지만, 쓸 수 있는 시간이 더 적으니 훨씬 오래 걸릴 것이다.

왜 재혼의 이혼율이 초혼보다 더 높은지에 대해 생각해보았는가? 몇 가지 인식 가능한 이유를 염두에 두는 것이 도움이 될 것이다. 재혼을 실패하게 만드는 몇 가지 요인이 있다.

1. 흔히 어떤 사람이 재혼하는 것은 첫 배우자에게 복수하고, 자신을 향한 비난을 면하기 위한 것이다.
2. 두 번째 결혼을 성공적으로 이끌어야 한다는 압박감이 있다. 첫 결혼

에서 결핍되었던 부분들을 보충해야 한다는 생각이 있을 것이고, 결혼생활에 손상을 입힐 수 있는 수많은 의무가 생겨난다.
3. 성급하게 새로운 결혼생활을 시작하는 것은 실패로 향하는 지름길이다. 일부 재혼이 실패하는 이유는 다시 같은 부류의 파트너를 선택하거나 똑같은 나쁜 습관들을 반복하는 반복 강박 때문이다.

첫 결혼에서 배우지 못한 것이 새로운 결혼생활에 악영향을 끼칠 것이다.[4]

재혼의 특징

재혼은 여러 이유에서 초혼과 다르다. 재혼할 때는 보통 두 사람 외에 다른 배역들이 더 있고, 문제가 일어날 가능성이 무제한이다. 당신은 또한 배우자의 원가족, 그의 전 배우자와 가족들, 첫 결혼에서 얻은 자녀들, 또한 친구들과도 관계를 맺게 된다. 각자 자기 자녀들을 무대로 데리고 들어올 때는 관계들이 더 확장된다. 당신은 이제 감정적으로, 또 법적으로 관계를 맺는다.

새 배우자의 전 배우자가 재혼하면 어떻게 되는가? 그들이 당신의 삶 속에 있게 될 뿐만 아니라 그들에 대해 듣게 될 것이다. 어떤 의미에서 당신은 둘 중 누구도 관심이 없는 많은 사람과 함께 거대한 확대가족 안으로 들어가는 것일 수 있다!

또한 당신에게 생소한 외적 압력이 많을 것이다. 부모, 이웃, 가족, 직장, 학교, 예전 가족들로부터 사방에서 압력이 몰려올 것이다. 당신은 긍정적인 말부터 부정적인 말까지, 많은 이야기를 들을 것이다. "오, 네가 밥의 새 아내구나. 어쨌든 그녀보단 그의 아이들을 더 잘 보살펴줄 수 있을 거라 기대한다"라든가 "그래, 짐, 네가 재정에 관해 로라를 도와주길 바란다. 그녀가 장부를 정리하는 데도 도움이 될 거라 생각해" 같은 말들이다.

새 배우자의 부모도 당신에게 해줄 조언이나 경고가 있을 것이다. 또 당신을 원망하는 사람, 싫어하는 사람, 비교하는 사람, 사랑하는 사람, 무시하는 사람, 받아주는 사람들도 있을 것이다. 가능성은 끝도 없다. 어떤 사람은 당신에게 겁을 주거나 당신을 깎아내릴 것이고, 또는 칭찬하거나 두 팔 벌려 환영할 것이다. 나는 그 모든 것을 다 보았다. 어느 재혼한 남자는 이렇게 말했다.

"전처가 여전히 제 삶 속에 있고 모든 걸 망치려 하고 있어요. 그녀는 저의 새 아내에 대해 아이들의 마음에 나쁜 생각들을 심어주고 이웃들에게 그녀에 대한 소문을 퍼뜨렸어요. 이제 아이들은 자기가 누구를 믿어야 하는지 혼란스러워해요!"

초혼 때는 재혼보다 연관된 사람들이 더 적고 감정도 훨씬 덜 복잡하다. 당신이 처음 결혼할 때 부모님의 반응은 어떠했는가? 그러나 재혼할 때는 이 결혼이 과연 잘될 것인지에 대해 주저함과 의구심, 또는 걱정이 있을 것이다. 또한 의붓 자녀들이 연관된다면 그들의 우려는 훨씬 더 커질 수 있다. 이 가능성을 생각해보라. 당신의 자녀들 또는 의붓 자녀들은 자기들이 이 가족의 어느 자리에 낄 것이며 새로운 가족들과 어떻게 잘 지낼 수 있을지 고민할 것이다.

나는 자녀 중 하나가 의붓 부모를 너무 미워해서 자기가 집에 있을 때는 절대 부모가 단 둘이 있게 두지 않아 재혼 가정이 해체되는 것을 보았다. 그 아이는 부모가 이야기를 나눌 때 둘 사이에 끼어들어 대화를 방해하곤 했다.

어쩌면 당신의 부모나 예전 배우자의 부모들이 당신의 재혼 계획에 대해 속상해하고 손주들을 많이 보지 못할까 봐 걱정할 것이다. 어쩌면 전 배우자는 당신이 양육권, 경제적 도움, 방문권 변경을 원할까 봐 걱정할 것이다. 또는 그들이 이런 것들을 원할지도 모른다! 전 배우자가 당신의 자녀들을 결혼 선물로 보낼 수도 있고, 당신의 새로운 배우자의 자녀들이 당신과 함께 살게 될 수도 있다. 다 예전에 있었던 일이다.

사람들은 예전 배우자와 함께해왔던 일상들을 두 번째 결혼생활에 그대로 가지고 들어온다는 것을 명심하라. 새로운 배우자가 이런 일상들을 알고 받아들일 것이라고 기대할 수 있다. 만일 당신이나 당신의 새 배우자가 예전 배우자의 부모와 친밀한 관계를 갖고 있고 그 관계를 유지하기 원한다면 어떨까? 그것이 새로운 결혼생활에 어떤 영향을 미칠 것인가?

사람들은 추억들을 가지고 재혼한다. 거기에는 긍정적인 것과 부정적인 것들이 다 포함된다. 새 파트너와 모든 것이 잘되고 있을 때 예전 관계에 대한 당신의 기억들은 부정적이다. 당신은 단점들을 떠올린다. 하지만 새 파트너와 관계가 좋지 않으면 예전의 관계를 이상화하는 경향이 있다. 재혼은 비교의 온상이 될 수 있다. 둘 중 한 사람, 또는 둘 다 자녀들을 데리고 온다면 적응해야 할 일이 정말 많을 것이다.

40년 넘게 기혼자들, 이혼한 사람들, 결혼을 앞둔 개인들과 커플들을 상담해온 경험을 바탕으로 몇 가지 초기 제안을 하겠다. 당신이 찾는 만족스러운 관계를 갖기 바라는 마음에 이런 제안들을 하는 것이다. 다음 제안들과 의견, 질문들이 성가시거나 불쾌할 수도 있지만, 당신의 미래에 대한 현실감각을 갖게 해줄 것이다.

"당신의 전 배우자가 재혼하지 않았다면 재결합을 고려하거나 시도해본 적이 있는가, 아니면 그럴 가능성이 완전히 없어졌는가?"

"재혼하는 것이 당신의 삶을 위한 하나님의 뜻이라고 믿는가? 당신의 대답에 대한 근거들을 설명할 수 있겠는가?"

"당신은 집중적인 이혼 회복 프로그램에 참여하여 모든 과제를 완수했는가?"

모든 새로운 관계를 시작하기 전에 이것은 필수다. 이것을 완수하려면 당신의 시간과 노력을 들여야 할 것이나, 회복을 위해 꼭 필요한 과정이다. 당신이 전에 결혼한 적이 없더라도 지금 결혼하는 상대가 재혼이라면 당신이 회복 프로그램에 참여하는 것이 도움이 될 것이다. 이혼과 회복의 복잡성에 대한 이해가 깊을수록 건강한 관계로 발전시킬 가능성이 더 커진다.

한편, 당신이 이혼과 회복 과정을 겪었다면 최근에 이혼한 사람과 교제하는 것에 대해 신중하라. 그들은 당신이 자신들을 구조해줄 것이라고 생각하기 쉽고, 당신은 성급하게 새 사람을 만나려는 사람을 다뤄야 할지도 모른다.

준비되었는지 어떻게 아는가?

중요한 질문은 이것이다.

"당신은 재혼할 준비가 되었는가?"

많은 사람이 이혼 후 두려움을 가지고 살며 타인을 신뢰하는 데 어려움을 겪는다. 전 배우자를 향한 신뢰가 깨졌을 가능성이 크며, 누군가를 다시 신뢰하기가 어려울 것이다. 또한 다음 관계가 첫 번째 관계의 반복이 될 것 같은 두려움과 싸울 것이다. 신뢰는 천천히 형성된다. 당신은 자신의 결정과 판단, 감정을 신뢰하는 법을 배워야 한다. 그렇게 할 때 두려움은 밀려날 것이다.[5]

다른 사람들은 당신이 재혼할 준비가 되었다고 생각하는가? 당신의 가장 친한 친구들과 가족들에게 물어본 적이 없다면 한번 물어보라. 또 구체적인 이유들도 말해달라고 하라. 만약 자녀들이 관련되어 있다면 새로운 결혼생활을 시작하는 것에 대해 당신은 현실적인가? 혼합 가족이 서로 잘 섞이려면 적어도 5,6년이 걸린다는 사실을 명심하라.

내가 상담한 커플 중에 재혼을 고려 중인 이들은 과연 자신이 재혼할 만큼 예전 결혼생활의 영향력에서 정말로 자유로워졌는지 궁금해한다. 당신이 다음 질문들에 긍정적으로 답한다면, 지금 재혼을 다시 생각해볼 필요가 있을 것이다.

- 잠재적 새 배우자의 외모가 전 배우자와 닮았는가?
- 당신이 새 사람에게서 가치 있게 생각하는 성격 특성은 전 배우자에게 결핍되었던 것 같은가?
- 예전 결혼생활에 있었던 갈등이 이 관계에도 똑같이 존재하는가?
- 결혼생활에서 일어난 일들에 대해 당신 자신이나 전 배우자를 원망하는 마음이 있는가?
- 이 관계가 결혼생활 중 당신의 외도에서 시작되었는가?
- 예전 배우자나 함께했던 삶을 상기시키는 것들에 대해 거부감이 들거나 저항하는가?
- 당신의 전 배우자에게 일어나는 일들에 대해 생각하는 시간이 많은가?
- 당신의 전 배우자와 꼭 닮았으나 결함이 없는 사람을 찾고 있는가?

때로는 재혼 결정을 미루는 것이 회복과 변화를 위해 도움이 된다.[6]

당신은 새 연인의 예전 결혼생활에 대해 할 수 있는 한 모든 것을 알아내려고 시간을 들였는가? 그가 예전 배우자에 대해 좋아했던 점과 싫어했던 점들은 무엇이며, 그 때문에 당신에게 기대하는 것들은 무엇인가? "당신은 뭘 잘못했나요?"라고 질문하는 것을 두려워하지 말라. 마찬가지로, 당신이 전에 결혼했다면 무엇을 잘못했는지 기꺼이 이야기해 주라.

그가 자신의 첫 결혼에 대해 이야기할 때는 귀를 기울이고 들으라. 그는 단지 지난 역사를 나누는 것이 아니라, 당신의 결혼생활에 영향을 미칠 수 있는 정보를 주는 것이다.

몇 년 동안 축적되어온 두려움과 상처들은 하룻밤 사이에 사라지지 않을 것이다. 문제를 숨기지 않고 드러내는 것이 건강한 것이다. 당신이 전에 결혼한 적이 있다면 당신 자신의 문제들을 반드시 살펴보아야 한다.

나는 왜 재혼하려 하는가?

어쩌면 당신은 이미 새로운 관계를 시작했고, 결혼까지 이어지기를 바랄 것이다. 짐 스모크는 《Growing in Remarriage》(재혼에서의 성장)라는 그의 책에서 결혼에 대한 다양한 유형의 구조 동기들에 관하여 몇 가지 충고성 지침을 제시한다.

이런 일은 재혼 시에 자주 발생한다. 우리는 9장에서 감정적 구조, 관계적 구조, 재정적 구조를 포함한 몇 가지를 논하였다. 우리를 너무 오랫동안 관계에 매이게 하는 똑같은 이유들이 또한 우리를 너무 빨리 관계 속으로 밀어넣을 수 있다.

다른 구조 유형들과 더불어, 당신은 또다시 성적인 문제에 직면할 것이다. 성적인 구조는 대부분의 돌싱들이 직면해야 할 문제이다. 이제 혼자가 되었으니 다시 성관계를 가질 것인가? 아니면 다시 결혼할 때까지 순결을 지킬 마음이 있고 또 지킬 수 있을 것인가? 이것은 많은 사람에게 중요한 일이며, 어떤 이들은 이 압박감이 결혼을 향한 걸음을 더 부추긴다는 것을 발견했다. 하지만 성욕 자체는 결혼하는 충분한 이유가 되지 않는다. 금욕하면서 성경적인 삶을 사는 것도 가능하며 당신이 생각하는 것보다 더 많이 행해지고 있다.

또 한 가지 주목할 만한 구조의 유형은 바로 부모의 구조다. 자녀의 양육권을 가진 부모는 너무 지쳐서 기진맥진할 수 있다. 배우자를 원하기보다는 자녀의 다른 부모를 원해서 재혼하는 경우도 많다. 그러나 생물학적인 부모가 의붓 부모보다 자기 자녀들에게 더 강한 유대감을 가지며 감정적인 투자를 더 많이 할 것이라는 사실을 명심하라. 재혼은 당신을 주 양육자의 역할에서 구해주지 않을 것이다.[7]

다행히 우리는 재혼생활에서의 적응 문제에 대해 지난 몇 년 동안 축적되어온 많은 정보를 이용할 수 있다. 새로운 결혼생활에 함께할 자녀들이 없을 때는 훨씬 더 단순하다. 그러나 많은 재혼 부부에게는 양쪽의 여러 자녀가 있다.

만일 당신과 새 배우자가 자녀들을 데리고 새로운 결혼생활을 시작한다면 친부모와 그들의 전 배우자 간에 건강하고 협력적인 관계가 형성되어 있기를 바란다. 그러나 적대적인 관계에 더 가깝다면, 당신이나 당신의 새 배우자는 전 배우자를 향한 일종의 행동 방침을 수립할 필요가 있을 것이다.

그러한 방침의 목적은 다음과 같다.

- 전 배우자가 당신의 새 결혼생활에서 감정적, 또는 물질적인 자원들을 소모시키지 못하게 한다.
- 당신의 예전 결혼생활이 새 결혼생활을 방해하고 부정적인 영향을 미치지 못하게 한다.
- 전 배우자의 반응이 당신의 새 결혼생활에서 자녀들에게 상처를 주지 못하게 한다.
- 전 배우자들 간에 건강하고 성숙한 상호작용을 형성하기 위해 시도한다.

전 배우자가 연락하려고 할 때, 당신이나 당신의 새 배우자는 어떻게 대응할지 확실히 정해야 하며 때로는 만나지 말아야 한다. 새로운 관계가 우선이라는 것을 분명히 하고, 당신의 새 배우자가 전 배우자에게 잘 대응하도록 도와주라.[8]

중요한 적응 문제들

재혼한 가정의 중요한 몇 가지 문제가 있다. 이것을 언급하는 이유는 당신을 위협하거나 겁을 주기 위해서가 아니라, 깨달음을 주고 성공적인 관계를 형성하는 데 필요한 준비와 적응을 하도록 돕기 위한 것이다. 당신은 이런 문제를 보고 깜짝 놀랄 수도 있지만, 이 문제들은 매우 중요하다는 사실이 밝혀졌다.

한 가지 문제는 새 부모에게 어떤 호칭을 사용하느냐 하는 것이다.

각 가족은 가족 구성원의 만족도를 높이기 위해 노력해야 한다.

첫째, 자녀가 당신을 뭐라고 부를 것인가? 새 부모 혹은 대리 부모? 아이들은 종종 '새 아빠', '옛날 아빠', 또는 '진짜 아빠'로 생각하는 것을 더 좋아한다. 또는 '첫째 아빠', '둘째 아빠'라고 부를 수도 있다. 의붓자녀들은 '의붓'이라는 꼬리표 때문에 힘들어할 뿐만 아니라 자기들과 다른 아버지의 성 때문에 어려움을 겪을지도 모른다.

둘째, 새 부모를 향한 사랑과 애정의 표현은 굳히기가 쉽지 않다. 그것은 그들의 친부모를 향한 충성이나 동맹의 감정과 연관이 있기 때문이다. 의붓 부모는 아마 자녀들에게서 긍정적인 감정과 부정적인 감정을 다 경험할 것이다. 어떤 아이들은 의붓 부모와 가까워지겠지만, 계속 거리를 두는 경우도 있다.

셋째, 친부모의 상실은 애도 반응을 일으킬 것이다. 새로운 가족이 들어올 때 가족들이 여전히 애도 반응을 나타내고 회복과 새로운 관계 속에서의 연합은 지체될 것이다. 우리 사회에서 대부분의 사람은 애도의 방법을 모르며 그들의 주변 사람들은 어떻게 그들을 도와야 하는지 모른다.

넷째, 많은 재혼 가족은 가족 관계 안에서 사랑과 애정의 감정이 쉽게 자랄 수 있다고 믿는다. 그러나 이것은 일반적으로 저절로 되지 않으며, 이렇게 될 것이라는 높은 기대 수준은 새 결혼생활에 강한 환멸감을 가져올 수 있다. 그 일은 상당한 시간이 걸릴 것이다. 만일 당신이 혼합 가족이 될 예정이라면, 당신의 경험의 일부가 될 다음과 같은 일들을 고려해야 할 것이다.

가족이 혼합될 때 일어나는 일들은 대체로 다음과 같다.

1. 분열된 가족들의 상처를 어루만지는 데 많은 시간을 보내게 될 것이다.
2. 아이들이 공항에서 서로 지나치게 되는 휴일들이 두려워질 것이다.
3. 집안에 당신이 처치하기 버거운 여분의 장난감, 담요, 타월, 침낭들이 있게 될 것이다.
4. 어떤 날은 어떤 아이들이 어떤 별에서, 어떤 부모에게서 태어났는지 궁금해질 것이다.
5. 당신은 악역인 의붓 부모 역할에 금세 싫증이 날 것이다.
6. 훈육할 때는 모든 아이가 법원의 피보호자가 되기를 원할 것이다.
7. 아이들에게 "우리 진짜 아빠(엄마)는 …해도 된다고 했어요"라는 말을 듣는 것이 지겨워질 것이다.
8. 어떤 날은 사랑과 미움을 동시에 받을 것이다.
9. 하나님께서 천국에서 모든 의붓 부모에게 아이들이 없는 성에 살게 해주시기를 기대할 것이다.[9]

다섯째, 부모가 화해할 것이라는 꿈과 환상이 실현되지 못할 때, 아이들은 실망한다. 재혼 사실은 그들의 희망을 없애는 것이다. 이혼한 지 몇 년이 지났어도 아이들은 이러한 꿈을 품고 있다. 만일 자녀들이 양육권 없는 부모와 특별히 친하고 그들의 부모가 다시 합칠 것이라는 꿈을 붙잡고 있다면, 새로운 결혼생활은 어려움을 겪을 가능성이 크다.

아이들이 있는 재혼의 첫 번째 문제는 훈육에 대한 갈등이다. 어떤 의붓 부모들은 신경 쓰지 않고 거리를 두려고 하는데 이것은 효과가 없다. 그렇다고 해서 적극적으로 관여하고 지나치게 구속하거나 머뭇거리는 것도 효과가 없다. 그럼 무엇이 효과가 있을까? 효과적인 접근법은 천천히, 부드럽게, 융통성 있게 다가가 친밀감을 키우면서 아이의 참여를 얻어내는 것이다. 그러나 친부모가 주도하고 의붓 부모는 그것을 뒷받침해주어야 한다. 그런데 이것은 당신들이 미리 그것에 대해 상의할 때만 효과가 있다.

둘째, 형제자매 간의 갈등이다. 만약 아이들이 여전히 부모의 이혼에 화가 나 있다면 의붓 형제자매들 간에 마찰이 있을 것이다. 이런 관계들은 혼합 가족의 성공에 매우 중요하다. 의붓 형제자매들 간의 관계가 좋을수록 온 가족의 화합도 더 좋아진다.

셋째, 혼합 가족 안에서 당신은 당분간 경쟁을 발견할 것이다. 보통은 시간 분배가 불평등하게 이루어지고, 아이들은 종종 의붓 부모와 친부모 사이에서 선택해야 한다고 느낀다.

넷째, 새로 형성된 가족의 수가 많을수록 관계도 더욱 복잡해진다. 사람이 많을수록 그 조직 안에서 자신을 발견하기가 더 어려워진다. 새 남편이자 의붓아버지인 한 남자는 이렇게 말했다.

"저는 결혼해서 수많은 군중 속으로 들어간 것 같아요. 그 안에서 제자리를 찾기도 힘들뿐더러 홀로 있는 시간을 갖기도 어렵네요."

다섯째, 재혼 가족은 부적절한 성적 행위의 잠재력을 더 많이 갖고 있다. 이것은 의붓 형제자매들 간에 일어날 수도 있고, 또는 불행히도 의붓 부모와 의붓 자녀 사이에서 일어날 수도 있다. 때로는 성적인 긴장감, 환상, 불안감이 긴장과 분노를 낳고, 또 그것이 일반적인 일상생활을 방해할 수 있다.

여섯째, 자녀들은 자기 집과 다른 친부모의 집을 왔다 갔다 하면서 감정적인 혼란을 경험한다. 나가고 들어오는 시간이 방문 시간보다 더 늘어나기 때문에 며칠 동안은 혼란스러울 것이다. 준비 시간과 집으로 돌아온 후 회복 시간이 또 있다. 종종 이 혼란은 학교에서도 나타난다. 죄책감, 상실감, 애도의 욕구가 이 적응 기간의 일반적인 반응이다.

일곱째, 자녀들이 있는 재혼은 각 개인이 자녀들을 데리고 한 가족을 구성하는 것을 의미하므로 부부간의 문제들은 더 악화될 것이다. 부부 관계를 가장 우선시할 기회가 없다. 그러나 의붓 부모와 자녀들의 관계가 원활하다면 결혼생활에 긍정적인 영향을 미친다.

여덟째, 돈 문제도 중요한 문제가 될 수 있다. 자녀 양육, 배우자 부양, 유언장, 신탁 재산, 미래 자산의 분배, 딸의 결혼식 비용, 혼전 합의서 등의 문제로 갈등이 있는 경우가 흔하다.

아홉째, 자녀 양육에서 양육권이 없는 부모의 지속적인 영향력이다. 부모가 협력하지 않으면 아이는 스트레스를 느낀다. 이혼 후 재혼이 빠를수록 부모들 간의 경쟁도 더 심하다.[10]

이 모든 적응과 문제, 여러 관계에도 불구하고 재혼은, 미리 계획하고 기도하고 끈질기게 문제들을 해결함으로써 각 사람이 결혼생활 속에서 늘 찾던 것을 발견할 수 있는 만족스러운 시간이 될 수 있다. 나는 이런 일이 일어나는 것을 여러 번 보았다. 그것은 당신의 선택에 달렸다.

부록

새로운 관계를 위한 질문 목록

- 당신의 어린 시절에 대한 특별한 기억들은 무엇인가?
- 당신은 부모님과 사이가 어떠했는가? 부모님은 어떤 분이셨는가?
- 당신의 부모에 대해 좋았던 점과 싫었던 점들은 무엇인가?
- 어렸을 때 어떤 상처와 실망을 경험했는가?
- 당신의 취미와 제일 좋아하는 게임들은 무엇이었나?
- 대체로 어떻게 혼이 났는가?
- 보통 어떻게 벌을 모면하려 했는가?
- 학교생활에서 즐겨 했던 활동들은 무엇이었나?
- 어떤 애완동물들을 키웠는가? 당신이 제일 좋아하는 동물은 무엇이었고, 그 이유는 무엇인가?
- 장래 희망은 무엇이었나?
- 어릴 때 당신 자신을 좋아했는가? 그 이유는 무엇인가?
- 십대 때 당신 자신을 좋아했는가? 그 이유는 무엇인가?
- 당신의 재능과 특별히 잘하는 것은 무엇이었나?
- 어떤 상을 받았고 어떤 특별한 성취를 이루었는가?
- 당신에게 별명이 있었는가?
- 가장 친한 친구들은 누구였나? 지금 그들은 어디에 있는가?
- 더운 여름날 오후에는 무엇을 했는가?

- 당신이 자란 지역을 묘사해보라(사람들, 동네 등).
- 당신은 무엇을 두려워했는가? 그중에 지금도 두려운 것이 있는가?
- 당신의 형제자매들과는 어떻게 지냈는가? 형제자매가 없다면 어떤 친척과 가장 가까웠는가?
- 첫 데이트는 언제였는가?
- 누구와, 얼마나 오랫동안 데이트를 했는가? 데이트를 할 때 어디에 갔는가?
- 어떤 사람이 마음에 드는데 그 사람이 당신에게 관심이 없을 때 어떤 기분을 느꼈는가?
- 어릴 때 당신의 영적 생활은 어떠했는가? 사춘기 때는?
- 성인이 되어(만 19세 이상) 당신의 삶은 어떻게 바뀌었는가?
- 10년 전 당신과 오늘날 당신은 어떻게 다른가?
- 가장 실망스러웠던 일은 무엇이었나? 그 일을 어떻게 이겨냈는가?
- 당신이 그 일로부터 배운 것 중에 내가 배우기 원하는 것은 무엇인가?
- 어린 시절의 어떤 부분을 다시 경험하고 싶은가?
- 학교에 간 첫날에 대해 어떤 기억이 있는가?
- 당신은 학교를 좋아했는가? 그 이유는 무엇인가? 제일 좋았던 학년은 언제였고 제일 좋아했던 선생님은 누구였나?

- 몇 살 때 처음으로 이성을 좋아했는가?
- 가족 중에 몇 째로 태어났는가?
- 어릴 때 돈이 많았는가? 옷은 많았는가?
- 다른 데이트 상대, 또는 고정적으로 사귄 사람들은 누구였는가? 그들 각각의 어떤 점이 좋고 싫었는가?
- 당신은 어떤 직업을 가졌는가?
- 당신의 교육과 직업 경험은 어느 정도인가? 직장, 동료들, 상사를 향한 당신의 감정적 반응은 어떠했는가? 당신의 야망은 무엇이었나?
- 당신이 타고난 재능은 뭐라고 생각하는가?
- 당신의 강점과 약점은 뭐라고 생각하는가?
- 당신의 병력은 어떠한가?
- 제일 좋아하는 휴일, 음악, TV 프로그램, 취미는 무엇인가?
- 당신의 이상적인 배우자의 정의는 무엇인가?
- 당신은 애완동물을 좋아하는가? 어떤 동물을 좋아하는가?
- 당신의 삶에서 가장 중요한 다섯 사람은 누구인가?
- 어떤 기독교 지도자들 혹은 작가들이 당신에게 영향을 미쳤는가?
- 당신의 친구들은 누구인가?
- 어디에 살고 싶은가? 어느 나라, 도시, 집, 아파트에 살고 싶은가?

- 늙는 것에 대한 당신의 견해는 어떠한가?
- 당신의 가족 중에 누가 크리스천이었나?
- 당신의 인생에서 최고의 해는 언제였나? 그 이유는 무엇인가?
- 성교육은 누가 해주었는가? 당신의 성적 경험은 무엇이었나? 지금 당신의 삶에서 성적 표현의 기준은 무엇인가?
- 당신의 정치적 견해는 무엇인가?
- 무엇을 즐겨 읽는가? TV 보는 것을 좋아하는가?
- 자녀를 낳은 적이 있는가? 자녀를 갖기 원하는가?
- 당신이 기억할 수 있는 최초의 일은 무엇인가?
- 제일 좋아하는 친척들은 누구인가?

미주

1장 결혼은 무엇인가

[1] Miriam Arond and Samuel L. Parker, M.D., The First Year of Marriage (New York: Warner Books, 1987), pp. 9-10.

[2] 위의 책, p. 307.

[3] 위의 책, pp. 342-43.

[4] 위의 책, p. 343.

[5] Claire Cloninger, When the Glass Slipper Doesn't Fit and the Silver Spoon Is in Someone Else's Mouth (Dallas: Word Publishers, 1993), p. 93.

[6] Mike Mason, The Mystery of Marriage (Portland, OR: Multnomah Press, 1985), p. 56.

[7] Michael J. McManus, Marriage Savers (Grand Rapids, MI: Zondervan, 1993), p. 23.

[8] Susan Page, If I'm So Wonderful, Why Am I Still Single? (New York: Bantam Books, 1988), pp. 19-20.

[9] McManus, pp. 92-93.

[10] Jim Talley and Bobbie Reed, Too Close, Too Soon (Nashville: Thomas Nelson Publishers, 1982), p. 21.

[11] 위의 책.

[12] Bob Burns and Tom Whiteman, The Fresh Start Divorce Recovery Workshop (Nashville, TN: Thomas Nelson, 1992), p. 144.

13 Steve Wilke, Dave Jackson, and Neta Jackson, When We Can't Talk Anymore (Wheaton, IL: Tyndale, 1992), p. 11.

14 Donald Harvey, The Drifting Marriage (Old Tappan, NJ: Fleming H. Revell, 1988), p. 213.

15 Neil Clark Warren, Finding the Love of Your Life (Colorado Springs: Focus on the Family, 1992), p. 171.

16 Second Edition by Robert O. Blood, Jr., Copyright © 1969 by The Free Press, a Division of Simon & Schuster, pp. 10-11.

17 John Gottman, Ph.D., Why Marriages Succeed or Fail (New York: Simon & Schuster, 1994), pp. 32-57.

18 Harvey, p. 44.

2장 관계 속에 찾아오는 두려움

1 M. Blaine Smith, Should I Get Married? (Downers Grove, IL: InterVarsity Press, 1990), pp. 190-97.

2 Tim Timmons and Charlie Hedges, Call It Love or Call It Quits (Fort Worth, TX: Worthy Publishing, 1988), pp. 122-28.

3 David Burns, Feeling Good (New York: Signet Books, 1980), p. 258.

4 H. Norman Wright, Afraid No More (Downers Grove, IL: Tyndale, 1989), pp. 76-77.

5 위의 책, pp. 54-56.

3장 아직 회복되지 못했다면 기다려라

1 Stephen Gullo, Ph.D., and Connie Church, Love Shock: How to Recover from a Broken Heart and Live Again (New York: Bantam Books, 1988), pp. 63-75.

2 Dr. Zev Wanderer and Tracy Cabot, Ph.D., Letting Go (Dell Books, 1978), pp. 11-12.

3 Gullo and Church, p. 26.

4 Anita Brock, Divorce Recovery (Fort Worth, TX: Worthy Publishing, 1988), p. 20.

5 위의 책, pp. 19-23.

6 Dr. Susan Forward, Obsessive Love (New York: Bantam Books, 1991), pp. 48, 76.

7 Wanderer and Cabot, Letting Go, pp. 27-28.

8 위의 책, pp. 97-100.

9 Brock, Divorce Recovery, pp. 39-45.

10 Gullo and Church, pp. 99-109.

4장 나를 알고 그 사람을 알라

1 Tim Stafford, A Love Story (Grand Rapids, MI: Zondervan, 1977), pp. 91-93.

2 Charles Cerling, "Is Marriage For You?: A High School Curriculum," Marriage and Family Resource Newsletter, vol. 3, no. 6(June/July 1977).

3 Dr. Larry E. Davis, Black and Single (Chicago: Noble Press, 1993), pp. 79-80.

4 Margaret Kent, How to Marry the Man of Your Choice (New York: Warner Books, 1984), p. 66.

5 Davis, pp. 24-27.

6 Robert F. Stahmann and William J. Hiebert, Premarital Counseling (Lexington, MA: Lexington Books, 1980), pp. 20-21.

7 J. Richard Udry, The Social Context of Marriage, 3rd ed. (New York: Lippincott, 1974), p. 157.

5장 어디에서 만나 무슨 말을 해야 할까?

1 Susan Page, If I'm So Wonderful, Why Am I Still Single? (New York: Bantam Books, 1988), pp. 41-42.

2 Judith Sills, Ph.D., How to Stop Looking For Someone Perfect and Find Someone to Love (New York: Ballantine Books, 1984), pp. 35-38.

6장 단기적인 관계에서 장기적인 관계로

1 Michael S. Broder, Ph.D., The Art of Staying Together (New York: Hyperion, 1993), pp. 125-26.

2 위의 책, p. 128.

3 Darryl E. Owens, from The Orlando Sentinel. "Bachelor Fad," Missoulian, June 20, 1994, section B, Families, p. 1.

4 Broder, pp. 127-31.

5 Dr. Susan Forward, Obsessive Love (New York: Bantam Books, 1991), pp. 23-24.

6 위의 책, p. 7.

7 위의 책, pp. 11-12.

8 Broder, p. 30.

9 David G. Myers, Ph.D., The Pursuit of Happiness (New York: William Morrow & Co., 1992), pp. 168-69.

7장 사랑의 종류와 정의

1 M. Scott Peck, The Road Less Traveled (New York: Simon & Schuster, Inc., 1978), p. 91.

2 Webster's New World Dictionary, Third College Edition (New York: Prentice Hall), p. 691.

3 Susan Page, If I'm So Wonderful, Why Am I Still Single? (New York: Bantant Books, 1988), p. 106.

4 Webster's New Collegiate Dictionary.

5 Thomas Whiteman and Randy Peterson, Love Gone Wrong (Nashville: Thomas Nelson Publishers, 1994), p. 41.

6 Peck, p. 84.

7 Dr. Phillip Captain, professor at Liberty University, Lynchburg, VA. Workshop presentation at the International Congress on Christian Counseling in Atlanta, GA, 1992.

8 Thomas F. Jones, Sex and Love When You're Single Again (Nashville: Thomas Nelson Publishers, 1990), pp. 93-96.

9 Neil Clark Warren, Ph.D., Finding the Love of Your Life (Colorado Springs: Focus on the Family, 1992), pp. 81-82.

10 위의 책, p. 84.

11 Bernard I. Murstein, Paths to Marriage (San Mateo, CA: Sage Publications, 1986), p. 110.

12 Warren, pp. 97-99.

13 Paul Tournier. 원본 출처 미상.

14 David L. Leuche, The Relationship Manual (Columbia, MD: The Relationship Institute, 1981), p. 3.

15 Walter Trobisch, I Married You (New York: Harper & Row Publishers, Inc., 1975), pp. 75-77.

16 William J. McRae, Preparing for Your Marriage (Grand Rapids, MI: Zondervan Publishing House, 1980), p. 37.

17 Jones, pp. 86-87.

18 Leo F. Buscaglia, Loving Each Other (New York: Random House, Inc. - Fawcett Columbine, 1984), pp. 46-50.

8장 위조된 사랑의 유형들

1 Charles Swindoll, The Quest for Character (Portland, OR: Multnomah Press, 1988), p. 67.

2 Charles Swindoll, Improving Your Serve (Waco, TX: Word Books, 1981), pp. 116-17.

3 Karen Kayser, When Love Dies (New York: The Guilford Press, 1993), pp. 93-94.

4 Dr. Les Parrott III, Love's Unseen Enemy (Grand Rapids, MI: Zondervan Publishing House, 1994), pp. 121-30, 184-85.

5 위의 책, pp. 143-48, 185.

6 위의 책, p. 158.

7 위의 책, pp. 158-59, 186.

9장 건강하지 않은 관계는 끊어라

1 Margaret Kent, How to Marry the Man of Your Choice (New York: Warner Books, 1984), p. 66.

2 Jim Smoke, Growing in Remarriage (Old Tappan, NY: Fleming H. Revell, 1990), p. 47.

3 위의 책, pp. 47-51.

10장 서로 잘 맞는 걸까?

1 Webster's New World Dictionary, Third College Edition, Victoria Neufeldt, ed. (New York: Prentice Hall, 1994), p. 284.

2 Jeanette C. Laver and Robert H. Laver, Till Death Do Us Part (New York: Harrington Park Press, 1986), pp. 153-54.

3 Blaine Smith, Should I Get Married? (Downers Grove, IL: InterVarsity Press, 1990), p. 92.

4 Gary J. Oliver and H. Norman Wright, How to Change Your Spouse (Ann Arbor, MI: Servant Publications, 1994), pp. 116-21, 174-83.

5 Max Lucado, Six Hours One Friday (Portland, OR: Multnomah Press, 1989), p. 36.

6 H. Norman Wright, So Your're Getting Married (Ventura, CA: Regal Books, 1985), p. 108.

7 위의 책, p. 109.

8 Derek Prince with Ruth Prince, God Is a Match Maker (Grand Rapids, MI: Chosen Books, 1986), pp. 54-56.

9 위의 책, pp. 70-80.

10 James Dobson, Dr. Dobson Talks About God's Will (Glendale, CA: Regal Books, 1974), pp. 13-21.

11 Prince, p. 57.

11장 두 번째 도전

1 Leslie Altridge Westoff, The Second Time Around (New York: The Viking Press, 1977), pp. 24-27.

2 Mel Krantzler, Learning to Love Again (New York: Thomas Y. Crowell Co., 1977), pp. 102-14.

3 Jim Smoke, Growing in Remarriage (Old Tappan, NJ: Revell, 1990), p. 88.

4 Jean Baer, The Second Wife (New York: Doubleday Co., 1972), pp. 209-13.

5 Jim Smoke, pp. 35-40.

6 Frederick F. Flach, A New Marriage (New York: McGraw-Hill Book Co., 1978), pp. 65-66.

7 Smoke, pp. 47-54.

8 Flach, pp. 137-42.

9 Smoke, p. 92.

10 "Twenty Major Issues in Remarriage Families," Journal of Counseling and Development, July/August 1992, vol. 70, pp. 709-17.

FINDING THE RIGHT ONE FOR YOU

내게 꼭 맞는 배우자 찾기

초판 1쇄 발행	2019년 5월 16일
초판 2쇄 발행	2019년 7월 15일
지은이	H. 노먼 라이트
옮긴이	유정희
펴낸이	여진구
책임편집	이영주 김윤향
편집	최현수 안수경 김아진 권현아
책임디자인	마영애 조은혜ㅣ노지현 조아라
기획·홍보	김영하
해외저작권	기은혜
마케팅	김상순 강성민 허병용
마케팅지원	최영배 정나영
제작	조영석 정도봉
경영지원	김혜경 김경희
이슬비전도학교	최경식
303비전성경암송학교	박정숙
303비전장학회 & 303비전꿈나무장학회	여운학
펴낸곳	규장

주소 06770 서울시 서초구 매헌로 16길 20(양재2동) 규장선교센터
전화 02)578-0003 팩스 02)578-7332
이메일 kyujang0691@gmail.com 홈페이지 www.kyujang.com
페이스북 facebook.com/kyujangbook 인스타그램 instagram.com/kyujang_com
카카오스토리 story.kakao.com/kyujangbook
등록일 1978.8.14. 제1-22

ⓒ 한국어 판권은 규장에 있습니다.
이 출판물은 저작권법에 의해 보호를 받는 저작물이므로 무단 전재와 무단 복제를 할 수 없습니다.

책값 뒤표지에 있습니다.
ISBN 978-89-6097-585-9 03230

이 도서의 국립중앙도서관 출판시도서목록(CIP)은 서지정보유통지원시스템 홈페이지(http://seoji.nl.go.kr)와
국가자료종합목록구축시스템(http://www.nl.go.kr/kolisnet)에서 이용하실 수 있습니다.
(CIP제어번호 : CIP2019018432)

규 | 장 | 수 | 칙

1. 기도로 기획하고 기도로 제작한다.
2. 오직 그리스도의 성품을 사모하는 독자가 원하고 필요로 하는 책만을 출판한다.
3. 한 활자 한 문장에 온 정성을 쏟는다.
4. 성실과 정확을 생명으로 삼고 일한다.
5. 긍정적이며 적극적인 신앙과 신행일치에의 안내자의 사명을 다한다.
6. 충고와 조언을 항상 감사로 경청한다.
7. 지상목표는 문서선교에 있다.

하나님을 사랑하는 자 곧 그의 뜻대로 부르심을 입은 자들에게는 모든 것이 合力하여 善을 이루느니라 (롬 8:28)

Member of the
Evangelical Christian
Publishers Association

규장은 문서를 통해 복음전파와 신앙교육에 주력하는 국제적 출판사들의 협의체인 복음주의출판협회(E.C.P.A:Evangelical Christian Publishers Association)의 출판정신에 동참하는 회원(Associate Member)입니다.